AF577446

SV

Band 1530 der Bibliothek Suhrkamp

# Ludwig Wittgenstein
# Betrachtungen zur Musik

Aus dem Nachlass zusammengestellt
und alphabetisch geordnet
von Walter Zimmermann auf der Basis
der Transkriptionen des Wittgenstein-Archivs
an der Universität Bergen

Suhrkamp Verlag

Erste Auflage 2022

Originalausgabe

Umschlaggestaltung nach einem Konzept von Willy Fleckhaus.
Satz: Sebastian Jehl
Druck: Pustet, Regensburg
Dieses Buch wurde klimaneutral produziert:
climatepartner.com/14438-2110-1001.
Printed in Germany
ISBN 978-3-518-22530-1

www.suhrkamp.de

# Betrachtungen zur Musik

Der Titel meines Buches: »Philosophische Betrachtungen. Alpha-

Themen aneinandergereiht<br>
betisch nach ihren Gegenständen geordnet .«<br>
Stichworten angeordnet

MS-154, 1932, S. 1

INHALT

INHALT

Dieses Buch ist das Ergebnis der Begegnung eines Komponisten mit der Philosophie und der Person Ludwig Wittgensteins. Seit meiner Jugendzeit bin ich mit jener Musik verbunden, mit der sich auch Wittgenstein beschäftigt. Von daher haben mich seine zahlreichen Reflexionen zu musikalischen Themen immer interessiert. Es schien mir, dass sich daraus viel für das grundsätzliche Verständnis des Phänomens Musik lernen lässt. So hält Wittgenstein an der Sprachfähigkeit von Musik fest und geht mit Komponisten hart ins Gericht, die sich ins Ornamentale, Plakative flüchten. Seine Klarheit des Denkens setzt der Unverbindlichkeit des musikalischen Ausdrucks das Festhalten an logisch durchdrungenen musikalischen Texturen entgegen. Seine zahlreichen Analogien zu anderen Sinnesqualitäten entfalten einen Reichtum an Beziehungen zwischen Musik und Sprache, Musik und Farben, Musik und Mimik, der mich als spielerisch Gesinnten immer wieder überrascht. Spiel und Ernst weiß Wittgenstein auf eine fast tänzerische Art miteinander zu verbinden.

Wittgenstein ist eine komplexe Persönlichkeit, die nicht nur sympathische Züge trägt. Zum einen genießt Wittgenstein außerordentliche Wertschätzung wegen seiner geistigen Intensität, die sich auch in der Musik zeigte. Er liebte die Wiener Klassiker bis einschließlich Brahms, war in der Lage, sämtliche Beethoven-Symphonien auswendig zu pfeifen und spielte Klarinette zusammen mit dem Volksschullehrerkollegen Rudolf Koder in Puchberg. Dort wurde er allerdings später vom Dienst suspendiert wegen der harten körperlichen Züchtigungen, unter denen seine Schüler zu leiden hatten. Das verweist auf zwiespältige Facetten in seiner Persönlichkeit; auch in seiner Einschätzung von Musik zeigt sich durchaus Fragwürdiges. Beispielsweise ist die Art und Weise, in der er Gustav Mahler kritisierte, kaum nachvollziehbar, und seine Bemerkungen über das »Rassegesicht« von Bruckner und Schubert sind ebenfalls schwer erträglich.

Angesichts der engen Beziehung dieses großen Denkers zur Musik schien es mir sinnvoll, die sehr verstreuten Bemerkungen Wittgensteins zu musikalischen Topoi kompakt zusammenzustellen. Das Buch beschränkt sich auf das Ordnen von Wittgensteins Gedanken zur Musik und will die Quellen ausführlich und präzise vorstellen. Aus dem 20.000-seitigen Nachlass wurde zunächst eine Liste mit Stichworten erstellt, die es ermöglichte, alle Gedanken Wittgensteins zur Musik aufzuspüren. Danach wurde der gesamte Nachlass chronologisch gelesen, um weitere versteckte Bemerkungen aufzufinden. So entstand nach und nach ein Alphabet der Stichworte zur Musik, entsprechend dem Wunsche Wittgensteins. (siehe Motto S. 7)

Die Stichworte sind in jeweils unterschiedliche Kontexte eingebettet und fordern so den Leser auf, sie in ihren verschiedenen Bedeutungsfacetten immer wieder von neuem zu durchdenken. So sind die jeweiligen Gedanken zur Musik in die unmittelbar vorausgehenden und die folgenden Gedanken eingebettet, um die sie umgebenden Analogien oder Assoziationen sichtbar zu machen. Auf diese Weise ermöglicht der Kontext jeweils ein umfassenderes Verständnis als es der bloße isolierte Gedanke vermöchte.

Auch wenn es in diesem Buch vorrangig nicht um eine Interpretation der dargebotenen Texte geht – diese sollen im Gegenteil erst einmal ganz für sich wirken –, so gibt doch gerade die zusammenhängende Lektüre dieser Stücke ein inhaltlich feines Gewebe, eine Kontur.

So sei als Beispiel der erste Eintrag unter dem Stichwort »AKKORD« zitiert, in dem Wittgenstein einen Vergleich zieht zwischen sich verändernden Gesichtszügen und einer Umdeutung von Tönen (enharmonische Verwechslung):

> Was ich meine ist natürlich auch nicht daß dieser Mensch etwa sein Gesicht in ein im gewöhnlichen Sinne mutiges ändern kann wohl aber vielleicht daß es auf diese + diese Art in ein solches übergehen kann. Viel eher ist das damit zu vergleichen daß ich diesen Accord einmal als Überleitung in die + einmal in jene Töne höre. (Der Unterschied zwischen f + eis)
>
> MS-146, 12.12.1933, S. 44

Dies erinnert an einen von Wittgenstein mehrfach notierten Aphorismus, der die Möglichkeit, Phänomene unterschiedlich aufzufassen und zu werten, auf folgende Weise anspricht:

> Wie, wenn man sagte: »denke Dir diesen Schmetterling, genau so wie er ist, aber häßlich statt schön«?!
>
> MS-115, 1933, S. 20

Der hierzu komplementäre und ergänzende Gedanke ließe sich etwa anhand des Stichworts »KLANG« herauspräparieren. Denn im Klang scheint sich gerade ein unverfügbarer und integraler Eindruck zu melden, – wenn auch in einem Modus der epistemischen »Verborgenheit«:

> ›Seine Schmerzen sind mir verborgen‹, das wäre, als sagte ich: ›Diese Klänge sind meinem Auge verborgen.‹
>
> MS-138, 15.2.1949, S.21

Die »Verborgenheit« des Klanges – als eines gleichsam existentiellen Gestus, ähnlich dem Schmerz – entspricht insoweit dem von Wittgenstein berufenen »Unaussprechlichen«, das sich nur im Schweigen offenbart. In seinem Tractatus (6.45) schreibt Wittgenstein: »Das Gefühl der Welt als begrenztes Ganzes ist das mystische«. Dieses Ganze ist nicht mehr sagbar, sondern es kann nur angedeutet werden. Gerade darin zeigt sich aber die Nähe zur Musik, in der Inhalt und Weg, Vorgang und Resultat aufgehoben sind. Und so notiert Wittgenstein gelegentlich seinen Wunsch,

> »eine Melodie zu komponieren«, die »dann mein Leben quasi zusammenfassen könnte.«
>
> Ms-183, 28.4.1939, S.9f.

Ziel des Ganzen ist, ein Nachschlagewerk vorzulegen, das die Gedanken Wittgensteins zur Musik in ihrer genauen Transkription der Gedankenentstehung zugänglich macht. Grammatikalische und orthographische Fehler werden durch [sic] gekennzeichnet. Andere kleine Fehler z.B. Großschreibungen bei Adjektiven wurden stehen gelassen: Gramverzerrten (S.19), Platonischen (S.67) etc. Die Rechtschreibung der Komponistennamen wurde allerdings korrigiert. Die Notenbeispiele im Anhang S.218–253 (Notensatz: Nils Günther) sind für das vertiefende Verständnis der von Wittgenstein erwähnten Musikstücke hinzugefügt.

Es werden immer die jeweils ersten Formulierungen eines Gedankens in den Notizbüchern samt ihren Varianten übernommen. Dazu gehören Überschreibungen, Unterstreichungen, Durchstreichungen, Unterwellungen, durch Schrägstriche getrennte längere alternative Formulierungen etc. (siehe S.17) Die meisten Gedanken drehen sich um mehr als ein

Stichwort. Es wurde soweit wie möglich dem Stichwort ein Ort im Alphabet zugeteilt, das den jeweiligen Hauptgedanken verkörpert, ähnlich der Schönbergschen Aufteilung musikalischer Verläufe in Haupt- und Nebenstimme. Schließlich wird die Transkription der Geheimschrift, der das Prinzip des umgekehrten Alphabets a=*z*, b=*y*, usw. zugrunde liegt, durch Kursivschrift kenntlich gemacht.

So können die Lesenden diesen Gedankenformulierungen seismographisch folgen, finden sich mäandernd eher in einem Steinbruch wieder, als auf dem geraden »Talweg« (Michel Serres) eines emendierten Textes.

Dieses Buch hätte ohne die fachkundige Mitarbeit und Unterstützung aus unterschiedlichen Disziplinen nicht realisiert werden können. Ich danke vor allem Sebastian Jehl für die typografische Konzeption und Gestaltung. Ohne seine kreative Mitwirkung wäre das Konzept der genauen Darstellung der Notizbücher in diesem Buch nicht zustande gekommen. Mein weiterer Dank geht an Daphne Bielefeld, Albert Breier, Yonghee Kim, Alejandro Moreno, Marc Sabat und Katharina Raabe für die Unterstützung bei der editorischen Arbeit. Schließlich geht mein Dank an Prof. Alois Pichler vom Wittgenstein Archiv an der Universität Bergen, der die Nachlassveröffentlichung seit Jahren betreut und mir mit wertvollen Ratschlägen zur Seite stand.

Im Gedenken an Dr. Max Hadersbeck (1956–2020), der zusammen mit seinem Team und Alois Pichler den Nachlass Wittgensteins in der Suchmaschine WiTTFind bereitstellte und damit eine immense und wertvolle Arbeit leistete, die auch diesem Buch zugute kam.

Walter Zimmermann

**Quellen**

Wittgenstein's Nachlass: The Bergen Electronic Edition, hg. vom Wittgenstein-Archiv an der Universität Bergen unter der Leitung von Claus Huitfeldt, Oxford 2000.

Wittgenstein Source Bergen Nachlass Edition, hg. vom Wittgenstein-Archiv an der Universität Bergen unter der Leitung von Alois Pichler, in: Wittgenstein Source (2009–) [wittgensteinsource.org], Bergen 2015–.

Interactive Dynamic Presentation (IDP) of Ludwig Wittgenstein's philosophical Nachlass [http://wittgensteinonline.no/], hg. vom Wittgenstein-Archiv an der Universität Bergen unter der Leitung von Alois Pichler, Bergen 2016–.

WiTTFind: Eine Zusammenarbeit zwischen dem Wittgenstein-Archiv an der Universität Bergen unter der Leitung von Alois Pichler und dem Centrum für Informations- und Sprachverarbeitung an der Ludwig-Maximilians-Universität München unter der Leitung von Max Hadersbeck. Bergen und München 2016–.

## LEGENDE

1. Unterstreichungen
2. ~~Unterstreichung + Streichung~~
3. Unterwellung
4. ~~Unterwellung + Streichung~~
5. Unterstrichelung
6. ~~Unterstrichelung + Streichung~~
7. Unterpunktung
8. ~~Unterpunktung + Streichung~~

Texteingriffe Ludwig Wittgensteins werden im Schriftsatz möglichst originalgetreu dargestellt

nachträgliche Ergänzung + Variante 1 + Variante 1 Variante 1.1. Variante 1.2.
~~Variante 2~~ Variante 2

Nachträgliche Ergänzungen und alternative Formulierungen Wittgensteins werden durch Hochstellung in kleinerer Schrift und Parallelisierung der Alternativen in den Schriftsatz übersetzt. Dabei werden auch Alternativen, die Wittgenstein in eckige Klammern stellte, vereinheitlichend in der Übereinanderschreibung dargestellt.

*Kursivierungen*

Gedanken, die in Geheimschrift verfasst wurden, stehen kursiv – außerdem die Variablen im mathematischen Satz.

[sic]

*sic erat scriptum* / so stand es geschrieben
Grammatikalische und orthographische Eigenheiten in den Manuskripten Wittgensteins werden vom Herausgeber gekennzeichnet.

## FUGE

Die ästhetische Kritik eines Kunstwerkes lenkt unsere Aufmerksamkeit auf gewisse Züge. Indem sie das Werk mit anderen zusammenstellt, beschreibt mit andern Vorgängen vergleicht etc. etc. sie sagt etwa: gib auf diese Klimax acht etc.

Hier verwechselt man wieder leicht Grund + Ursache.

Wenn man einen Komponisten gefragt hätte; warum schreibst Du in der Form der Fuge etc.? Oder: warum befolgst Du diese Regel der Fuge?

Die Ästhetik lehrt uns wesentlich ein System kennen. Sie lehrt uns ein System sehen.

Daß uns ihre letzten Gründe am Schluß »ansprechen« müssen, damit hat sie, sozusagen, nichts zu tun. Und sie beschreibt auch nicht diesen Zustand, oder vielmehr diese vielen Zustände des seelischen Gleichgewichts. Sie ist sozusagen axiomatisch.

MS-156a, 1932–33, S. 54v ff.

Die Ironie in der Musik. Bei Wagner z. B. in den Meistersingern. Unvergleichlich tiefer im ersten Satz der IX. im Fugato. Hier ist etwas, was in der Rede dem Ausdruck grimmiger Ironie entspricht.[1]

~~Man~~ Ich hätte auch sagen können: das Verzerrte in der Musik. In dem Sinne in dem man von Gramverzerrten Zügen spricht. Wenn Grillparzer sagt, Mozart habe in der Musik nur das »Schöne« zugelassen, so heißt das, glaube ich, daß er nicht das Verzerrte, Gräßliche zugelassen habe, daß in seiner Musik sich nichts findet, was diesem entspricht. Ob das ganz wahr ist, will ich nicht sagen, aber angenommen, es ist so, so ist es ein Vorurteil Grillparzer, daß es von Rechts

1 Ludwig van Beethoven: Symphonie Nr. 9 Op. 125, 1. Satz, Notenbeispiel S. 218

wegen nicht anders sein dürfe. Daß die Musik nach Mozart (besonders natürlich durch Beethoven) ihr Sprachgebiet erweitert hat ist weder zu preisen, noch zu beklagen, sondern: so verhät es sich so hat sie sich gewandelt. In Grillparzers Verhalten ist eine Art von Undankbarkeit. Wollte er noch einen Mozart haben? Könnte er sich etwas vorstellen, was ~~wie~~ so einer nun komponieren würde? Hätte er sich Mozart vorstellen können, wenn er ~~von seiner Existenz nichts gewusst~~ Mozarts Musik ihn nicht gekannt hätte?
Hier hat auch der Begriff »das Schöne« manchen Unfug angestellt.

MS-133, 1.11.1946, S.16rf.

## HYMNE

Eine Musikkapelle am Ende einer Feierlichkeit ist im Begriffe die Nationalhymne zu spielen. Die Noten liegen auf den Pulten; ~~sie haben bereits den ersten Takt gespielt;~~ der erste der erste Takt ist schon erklungen; da unterbricht sie ein Elementarereignis. Wäre es nicht möglich ~~gewesen~~ daß der Dirigent die Spieler die Absicht hatte/en die Hymne nicht zu spielen sondern sie nach den ersten Takten zu unterbrechen? Wenn dies aber nicht Und wenn dies nicht der Fall war so hatte er also die Absicht die Hymne zu spielen. Aber worin bestand diese Absicht. Hier möchte ich sagen: Sie lag schon ganz in der Situation.

MS-180b, 1944, S.11r

## KANON

Könnte man nicht sagen fragen: »Zeig mir wie dieses Thema einen Kanon gibt«. Und wer so gefragt wurde müßte nun beweisen, daß es einen Kanon gibt. – Man würde den »wie« fragen, den man zeigen lassen will, daß er überhaupt versteht wovon hier die Rede ist.

MS-164, 1941–44, S.24f.

Es ist ein mathematischer Satz: daß das Thema … einen Kanon in der Unterquart bilden kann.

MS-127, 1944, S.196

## OUVERTÜRE

Mir geht in den letzten Wochen immer wieder ein Thema im Kopf herum + ich brumme oder pfeife es: es ist der Schluß der Ouvertüre zu den ›Lustigen Weibern‹,[2] manchmal auch ein andres Stück der Ouvertüre. Es entspricht dies gar nicht besonders meiner Stimmung, noch habe ich das Stück so besonders gern + doch drängt es sich mir immer wieder auf. Ich möchte wissen warum. Als ich diese Zeilen schrieb + das Wort »Lustige Weiber«, dachte ich: sollte da der Schlüssel liegen? Aber ich wüßte nicht, wieso. Ich glaube das Thema fiel mir damals ein als ich noch bei Anna Rebni[3] wohnte + da konnte das damit zusammenhängen, daß dort in der Küche ein paar lustige Weiber waren, aber die machten mir keinen großen Eindruck.

MS-119, 4.10.1937, S.68f.

Die ›Notwendigkeit‹, mit der der zweite Gedanke auf den ersten folgt. (Figaro Ouvertüre.)[4] Nichts dümmer, als zu sagen, es sei ›angenehm‹ den einen nach dem andern zu hören! – Aber das Paradigma, wonach ~~nach dem~~ das alles richtig ist, ist freilich dunkel. ›Es ist die natürliche Entwicklung.‹ Man macht eine Handbewegung, möchte sagen: »natürlich!« – Man könnte den Übergang auch einem Übergang ~~verschiedenen Übergängen~~ (dem Eintritt einer neuen Figur) in einer Geschichte, z.B., oder einem Gedicht, vergleichen. {So paßt dies Stück in die Welt unsrer Gedanken + Gefühle hinein.}

MS-134, 30.3.1947, S.78

Denk Dir einen Stil, in dem Schriftsteller eine Geschichte in mehreren Varianten veröffentlichen. (Etwa wie die drei Leonoren Ouvertüren.)[5]

MS-134, 27.6.1947, S.173

2 Otto Nicolai: *Die Lustigen Weiber von Windsor* (Ouvertüre), Notenbeispiel S. 219

3 Anna Rebni (1879–1947), norwegische Bäuerin, Freundin Wittgensteins, auf deren Hof er zeitweise ein kleines Zimmer bewohnte.

4 Ouvertüre zu Wolfgang Amadeus Mozarts Oper *Figaros Hochzeit*, Notenbeispiel S. 220

5 Ludwig van Beethoven: Anfänge der drei *Leonoren-Ouvertüren*, Notenbeispiel S. 221

## PROGRAMMUSIK

Wäre es denkbar daß über zwei identischen Abschnitten eines Musikstücks Anweisungen stünden, die uns aufforderten es einmal so einmal so zu hören, ohne, daß dies auf den Vortrag irgend einen Einfluß ausüben sollte. Es wäre etwa das Musikstück für eine Spieluhr geschrieben + die beiden gleichen Abschnitte ~~würde~~ wäre in der gleichen Stärke + dem gleichen Tempo zu spielen – nur jedesmal anders aufzufassen.
Nun, wenn auch ein Komponist so eine Anweisung noch nie geschrieben hat, könnte nicht ein Kritiker sie schreiben?
Wäre so eine Anweisung nicht vergleichbar mit einer Überschrift der Programmusik (»Tanz der Landleute«)?[6]

MS-132, 15.10.1946, S. 188 f.

## REFRAIN

Das eigentümliche Gefühl, das uns das Wiederkehren eines Refrains gibt. Ich möchte eine Geste machen. Aber die Geste ist eigentlich gar nicht charakteristisch für gerade das Wiederkehren eines Refrains.
Vielleicht könnte ich ein Wort finden, das die Situation besser charakterisiert; aber es würde auch nicht erklären, warum der Refrain mir wie ein Witz vorkommt, warum seine Wiederkehr ein Lachen oder Grinsen bei mir hervorruft. Wenn ich zu der Musik tanzen könnte, so könnte ich am allerbesten ausdrücken, gerade wie mich der Refrain berührt. Ja einen bessern Ausdruck könnte es gewiß nicht geben.
Ich könnte z. B. vor den Refrain die Worte »wie gesagt« setzen. Und das wäre gewiß treffend; aber es erklärt nicht, warum der Refrain mir einen stark komischen Eindruck macht. Denn ich lache doch nicht immer, wenn ein »wie gesagt« am Platz ist.

MS-130, 1944–46, S. 144 f.

6 Ludwig van Beethoven: Symphonie Nr. 6 Op. 68, 3. Satz: *Lustiges Zusammensein der Landleute*, Notenbeispiel S. 222

## SONATE

Man kann auch nicht sagen ich beweise eine Gleichung wenn ich drei beweise.
Wie die Sätze einer Suite <u>Sonate</u> nicht <u>einen</u> Satz ergeben.

MS-154, 1932, S. 85r

## SYMPHONIE

Das genaueste Bild eines ganzen Apfelbaumes hat in gewissem Sinne unendlich viel weniger Ähnlichkeit mit ihm als das kleinste Maßliebchen mit dem Baum hat. Und in diesem Sinne ist eine Brucknersche Symphonie mit einer Symphonie der heroischen Zeit[7] unendlich näher verwandt als eine Mahlerische. Wenn diese ein Kunstwerk ist, dann eines <u>gänzlich</u> andrer Art. (Diese Betrachtung aber selbst ist eigentlich Spenglerisch.)[8]

MS-154, 1932, S. 18vf.

»Diese Tulpe ~~Blume~~ ist schön!« — »Was findest Du an ihr schön?« – »Schau Dir die Form an; sie hat gerade die richtige Länge + der Kelch ist offen aber sozusagen noch gespannt noch nicht schlaff.«

Was ist an dieser Blume schön? Was an dieser Landschaft, – an dieser Melodie an dieser Symphonie? Was ist der Schönheit aller dieser gemeinsam? Ist hier noch etwas Gemeinsames? Und wenn noch ein dünner Faden durch alle hindurchläuft, ist er es der sie ~~untereinander~~ für uns verbindet? Nein. Sie sind durch ein breites + starkes Band mit einander verbunden aber keine der Fasern aus denen es besteht läuft durch von einem Ende zum andern.

Ist die Schönheit dem Anblick inhärent? Warum sollte man sie nicht inhärent nennen? Kommt das nicht darauf an was man den ›Anblick‹ nennt? – Denn, daß etwas schön ist besteht nicht darin, daß es die

7 der Zeit der Wiener Klassik, besonders Ludwig van Beethovens
8 Oswald Spengler (1880–1936), Geschichts- und Kulturphilosoph

Ursache einer bestimmten Wirkung ist (eines Wohlgefühls etwa).

MS-157a, 1934, S. 26vf.

*Das Maß des Genies ist der Charakter, – wenn auch der Charakter an sich nicht das Genie ausmacht.*
*Genie ist nicht ›Talent und Charakter‹, sondern Charakter der sich in der Form eines speziellen Talents kundgibt. Wie ein Mensch aus Mut einem ins Wasser nachspringt, so schreibt ein anderer aus Mut eine Symphonie. (Dies ist ein schwaches Beispiel.)*

MS-162b, 1939, S. 22rf.

## VARIATION

[…] Ich höre Variationen über ein Thema + sage: »Ich sehe noch nicht, inwiefern das eine Variation des Themas ist, aber ich merke eine gewisse Ähnlichkeit (Analogie).« Bei gewissen charakteristischen Punkten der Variation ›wußte ich, wo ich im Thema bin‹; + diese Erfahrung konnte darin bestehen, daß ~~mir ich~~ mir blitzartig die betreffende Stelle des Themas einfiel ~~im Thema vostellte~~, oder es schwebte mir ihr Notenbild vor, oder ich machte die gleiche Geste, wie an jener Stelle, etc. […]

MS-115, 1936, S. 235

Die drei Variationen vor dem Eintritt des Chors in der 9ten Symphonie[9] könnte man den Vorfrühling der Freude, ihren Frühling und ihren Sommer nennen.

MS-183, 7.2.1931, S. 63f.

Nimm ein Thema wie das Haydnsche (Choräle S.A.)[10] nimm den Teil einer der Brahmsschen Variationen, die dem ersten Teil des Themas entsprechen + stell die Aufgabe den zweiten Teil der Variation

9 Ludwig van Beethoven: Symphonie Nr. 9 Op. 125, 1. Satz, Notenbeispiel S. 223

10 Choräle Sankt Antoni (Anm. d. Hg.): Das Divertimento B-Dur Hob II: 46 »Chorale St. Antoni« stammt nach neueren Forschungen nicht von Joseph Haydn, sondern von seinem Schüler Ignaz Pleyel. Das Thema des »Chorale St. Antoni« hat Johannes Brahms in seinen »Haydn-Variationen« verwendet.

im Stil ihres ersten Teiles zu konstruieren.[11] Das ist ein Problem sehr ähnlich einem mathematischen. Ist die Lösung gefunden, etwa wie sie Brahms gibt so zweifelt man nicht daß dies die Lösung sei / ist<br>so ist uns klar – dies ist die Lösung.

Mit diesem Weg sind wir einverstanden. Und doch ist es hier klar, daß es leicht verschiedene Wege geben kann mit deren jedem wir uns einverst. erklären können, deren jeden wir konsequent nennen können.

MS-161, 1941, S. 61rff.

[…]
Diese Variation ist unendlich vielsagend. Will ich sagen, was sie ~~uns~~ sagt, so mache ich eine gewisse Geste, die etwa ausdrückt, es werde hier eine Moral ausgesprochen. Ich glaube es müßte / muss Worte geben, die ich als die der musikalischen Phrase entsprechenden anerkennen würde. Das was ich wirklich von ihr sage, oder meine Gebärde, sind offenbar ganz ungenügend. Sie mögen, wenn sie von der Musik begleitet sind, passend erscheinen, würden aber niemand, der die Musik nicht kennt eine Ahnung von ihrem Charakter geben.

Wie ist es aber wenn jemand einen Satz in sehr ausdrucksvoller Weise sagt. Wenn etwa jemand eine gewisse Phrase in einem Ton + mit einer Miene ausspricht, wie sie nur ein Amerikaner aussprechen kann. Könnte ich hier den Ausdruck auf andere Weise wiedergeben?
[…]

MS-130, 1944–46, S. 56ff.

Auch, daß eine musikalische Wendung ausdrucksvoll ist, beruht nur auf ihrer Umgebung in der ganzen musikalischen Sprache, zu der sie gehört.
Ich denke hier immer an den Schluß des Allegretto der 7ten Symphonie,

11 Johannes Brahms: Variationen über ein Thema von Haydn Op. 56a (Thema), Notenbeispiel S. 224f.

die letzte Variation des Hauptthemas, + zwar an die 4 Takte 9 bis 12.[12] Sie sind wie ein schließendes Kopfnicken, oder ~~wurden~~ könnten von einem begleitet werden. Sie sind ungeheuer ausdrucksvoll. Gleichsam: unvergeßliche Worte. Aber doch natürlich nur im Zusammenhang: einmal dieser ganzen Variation; dann aber des ganzen Satzes; + das doch auch nur für den, der unsere musikalische Sprache versteht. Und worin dies besteht, das überlege Dir. (Eine Melodie als Melodie erkennen; einen Schluß als Schluß etc.)
Die Wirkung dieser Takte als ein schnelles Zueilen auf den Schluß läßt sich natürlich harmonisch erklären, aber nicht der Ernst, die Bedeutsamkeit dieser Gebärde.

Was ist nun daran, wenn ich sage, ~~der Schluß~~ ~~des Schlusses~~ das Zum-Schluß-gehen dieser letzten Variation sei unbeschreiblich. Ich bin also in der Versuchung, etwas zu beschreiben / eine Beschreibung zu geben, kann es aber nicht. Meine Erklärung wird am Schluß darin bestehen, daß ich die Töne mit einer Gebärde + Miene begleite. Und diese Erklärung befriedigt mich.

Ich will etwas beschreiben, finde aber, ich bin stumm + kann nur eine Gebärde machen.

Und eine Gebärde wird auch nur der verstehen, der z. B. weiß, daß dies die letzte Variation eines viel hin + her gewendeten Themas ist. Und auch nur der, der den eigentümlichen Ton des Ernstes dieser Musik ~~versteht~~ sieht. Und über diesen Ton ließe sich wieder viel sagen; er läßt sich auch wieder nur in einer weiten Umgebung verstehen.

Diese Töne reizen mich zu einer Beschreibung. Nun kann ich nicht sagen, daß sich so eine Beschreibung nicht geben läßt. Es ließe sich vielleicht in einem Gedicht eine Wendung finden, die diesem Ausdruck der Tonsprache entspricht. Und das gäbe mir gewiß große Befriedigung.

12 Ludwig van Beethoven: Symphonie Nr. 7 Op. 92, 2. Satz, Notenbeispiel S. 226

Ist mein Gefühl nicht ähnlich wie das, was man ~~dadurch~~ so ausdrückt: »der Ausdruck liegt mir / es liegt mir auf der Zunge«. Hier ist auch ein Haschen, Suchen.

Ich sage mir: »Was ist das? Was sagt nur diese Phrase? Was drückt sie nur aus?« – Es ist mir als müßte es noch ein viel klareres Verstehen von ihr geben, als das, was ich habe. Und dieses Verstehen würde dadurch erreicht, daß man eine Menge über die Umgebung der Phrase sagt. So als wollte man eine ausdrucksvolle Geste in einer Zeremonie verstehen. Und zur Erklärung mußte ich die Zeremonie gleichsam analysieren. Z. B. sie abändern + zeigen, wie das die Rolle jener Geste beeinflussen würde.

Ich könnte auch sagen: Mir / Es ist, als müßte es zu diesem musikalischen Ausdruck Parallelen auf anderen Gebieten geben.
Es ist als ließe sich hier noch ungeheuer viel verstehen.

Die Frage ist eigentlich: Sind diese Töne nicht der beste Ausdruck für das, was hier ausgedrückt ist? Wohl. Aber das heißt nicht, daß sie nicht durch ein Bearbeiten ihrer Umgebung zu erklären sind.

MS-130, 1944–46, S. 60ff.

Man könnte sich in der Musik eine Variation auf ein Thema denken, die, etwa ein wenig anders phrasiert, als eine ganz andere Art der Variation des Themas aufgefaßt werden kann. (Im Rhythmus gibt es solche mehrdeutigkeiten [sic].) Ja, was ich meine, findet sich wahrscheinlich überhaupt immer wenn eine Wiederholung das Thema in ganz anderem Licht erscheinen läßt.

Ms-132, 9.10.1946, S. 162

### WALZER

Was der Sinn der Musik ist findet man wenn man sich fragt: wie weiß ich daß ein Mensch ein Musikstück (also »seinen Sinn«) versteht? Nun, wenn er bei jedem Ton sagen kann wie er gespielt werden soll, das Tempo jedes Taktes angeben kann. Eventuell auch, wenn er das begründen kann, indem er einmal sagt: das ist so wie wenn jemand sagt … oder: das entspricht diesem Tanzschritt, oder: das ist die Antwort auf jenes oder indem ~~wenn~~ er das Stück auf Schenkersche Weise betrachtet.[13] Oder indem er sagt: das muß wie ein Walzer gespielt werden oder: das ist ernst aber nicht traurig. Wenn das das Kriterium dafür ist daß man den Sinn verstanden hat so ist damit auch gezeigt worin was der Sinn besteht ist.

MS-153b, 1931–32, S. 60vf.

[…]
Es war nicht das die Aufgabe ~~Funktion~~ unserer Beispiele, das Wesen des Ableitens, Lesens, u.s.f. ~~etc.~~, durch einen Schleier unwesentlicher Züge sehen zu lassen. Und die ~~Die~~ Beispiele waren nicht Beschreibungen eines Äußern zu dem Zweck, uns auf ein Inneres ahnen einen Kern ~~er~~raten zu lassen, das den wir aus irgend einem Grund nicht in seiner Nacktheit zeigen können könnten. Wir sind versucht, zu denken, daß diese Beispiele indirekte Hilfsmittel ~~Mittel~~ sind, um in unserm Geist ein gewisses Bild, eine gewisse Idee, entstehen zu lassen zu erzeugen; daß sie etwas andeuten, was sie nicht zeigen können. (Dies geschähe etwa wäre etwa so, wenn ich jemandem ›ein ›Bild‹ davon geben möchte‹, wie es war, als Leute ~~in früheren Zeiten~~ ~~seinerzeit~~ in meiner Jugend Walzer tanzten.) […]

MS-115, 1936, S. 205

~~Jemand fragt: »Als Du von Strauß sprachst, hast Du den gemeint, der die ›Blaue Donau‹ geschrieben hat?« – Ich: »Ja, den habe ich gemeint«.~~ Als ich von Strauß sprach, meinte ich den Komponisten der ›Fledermaus‹.« – Bedeutet das: ich habe, als ich ihn meinte, daran gedacht, daß er ~~Strauß~~ die ›Fledermaus‹ ›Blaue Donau‹ geschrieben hat der Komponist der ›Fledermaus‹ ~~›Blauen Donau‹~~ ist.

MS-115, 1936, S. 258 f.

13 Heinrich Schenker (1868–1935), österreichischer Musiktheoretiker. Die von ihm entwickelte Reduktionsanalyse versucht das musikalische Geschehen auf einen zugrundeliegenden »Ursatz« zurückzuführen, der den Hintergrund des hierarchisch aufgebauten Tonsatzes bildet. Dabei wird die »Urlinie« als Kern der Melodieführung aufgefasst.

CHOR

»Und so deutet das Chor auf ein geheimes Gesetz« möchte man zu der Frazerschen ~~Samm~~Tatsachensammlung sagen. Dieses Gesetz, diese Idee, kann ich nun durch eine Entwicklungshypothese darstellen / ausdrücken oder auch, analog dem Schema einer Pflanze durch das Schema einer religiösen Zeremonie oder aber durch die Gruppierung des Tatsachen-Materials allein, in einer »übersichtlichen« Darstellung.[14]

MS-110, 2.7.1931, S.256f.

Gang • Horen • Sie sprechen den Chor zum Zuschauer gewandt + nur gleichsam seitliche Blicke noch in den Gang werfend. Wenn ich übrigens sage »den Vorgang des Umwendens mit ihren Reden begleitend«, so denke ich mir das nicht so, wie etwa eine Schlacht im Theaterstück von einem gespannten Beobachter geschildert wird. Denn die Horen sind nicht gespannt sondern vollkommen gefaßt. Und sie begleiten den Vorgang mit ihren Reden und umschreien / umspringen ihn nicht.
[…]

MS-153a, 10.5.1931, S.125rf.

GESANG

Du deutest die neue Auffassung als (das) Sehen eines neuen Gegenstandes. Du deutest eine grammatische Bewegung, die Du ~~gemacht hast~~ machst – als quasi-physikalische Erscheinung, die Du entdeckst / beobachtest. (Denke z.B. an die Frage: »Sind Sinnesdaten der Baustoff des Universums?«) Aber mein Ausdruck ist nicht einwandfrei / es ist nicht einwandfrei sich so auszudrücken: Du habest eine ›grammati-

14 »– Alle Gestalten sind ähnlich, und keine
gleichet der andern,
Und so deutet das Chor auf ein
geheimes Gesetz,
Auf ein heilges Rätsel ––«
J.W. von Goethe, aus *Die Metarmorphose der Pflanzen* (1798)

Chor war in der griechischen Antike zunächst die Bezeichnung für einen umgrenzten Tanzplatz. Später bedeutete das Wort den mit Gesang verbundenen Rund- und Reigentanz selbst.

sche« Bewegung gemacht. Du hast vor allem eine neue Auffassung gefunden. So, als hättest Du eine neue Malweise erfunden; oder ~~aber~~ auch, ein neues Metrum, oder eine neue Art der Gesänge. –

MS-116, 1937–38, S. 222 f.

Denken wir uns menschliche Arbeit würde von Gesang begleitet. ~~Sie wird nach dem Rhythmus des Gesangs ausgeführt.~~ Es wird nach dem Rhythmus des Gesangs gearbeitet, der Gesang inspiriert die einzelnen Tätigkeiten. Eine Änderung in den Gesängen macht tiefgreifende Änderungen im Resultat der Arbeit. So könnte der Philosoph die Arbeit der Menschen beeinflussen. Er singt eine bestimmte Melodie, die das Denken der Menschen lenkt.

MS-130, 1944–46, S. 123

Man könnte nun sagen: Ist das alles was Bedeutung ist, dann ist sie etwas sehr unwichtiges. Aber muß man den Gesang eines Vogels bedeutungslos nennen? Können uns nicht Laute viel bedeuten auch wenn sie keine Sprache bilden?

MS-180a, 1944, S. 40v

Wenn mir der Satz wie ein Wortgemälde vorkommen kann. (Aus grünem Ort erschallen Lustgesänge.)[15]

MS-169, 1948–49, S. 28r

### KONZERTSÄNGER

In meinen Vorlesungen trachte ich oft die Gunst meiner Zuhörer durch eine etwas komische Wendung zu gewinnen; sie zu unterhalten damit sie mir willig Gehör schenken. Das ist gewiß etwas Schlechtes. Ich leide oft unter dem Gedanken wie sehr der Erfolg oder der Wert dessen was ich tue von meiner Disposition abhängt. Mehr als bei

15 Die Zeile stammt aus Goethes Ballade *Die erste Walpurgisnacht*. Das Gedicht wurde von Mendelssohn für Soli, Chor und Orchester komponiert (Op. 60, entstanden 1833). Es ist nicht sicher, ob Wittgenstein Mendelssohns Werk kannte. Bei Goethe heißt es »An grünem Ort …«.

einem Konzertsänger. Nichts ist gleichsam in mir aufgespeichert; beinahe alles muß im Moment produziert werden. Das ist – glaube ich – eine sehr ungewöhnliche Art der Tätigkeit oder des Lebens.

MS-183, 2.5.1930, S.13f.

SINGEN

Ich sage »ich kann dieses Thema ~~so + so~~ singen«, ich versuche es + bleibe stecken. Konnte ich's dann singen als ich sagte ich könne es singen, so daß ich also auf jeden Fall recht hatte das zu sagen, oder hat mein Stocken bewiesen, daß ich unrecht hatte? Das kommt drauf an. etc. etc.

MS-109, 13.9.1930, S.137

»Ich meine aber doch mit diesen Worten etwas«. Gewiß: im Gegensatz zu dem Falle wo ich nichts meine, wo ich etwa Silben ihres (angenehmen oder) komischen Klangs wegen aneinanderreihe.

D.h. Einen Satz sinnvoll aussprechen ist ein anderer Vorgang als etwa zu singen lalala.

MS-109, 30.1.1931, S.282

»Wie / Woher weiß ich, daß ich das glaube?«,
»wie weiß ich, daß ich Zahnschmerzen habe?«: in mancher Beziehung sind diese Beispiele / Fälle ähnlich.

Man konstruiert hier nach dem Schema: »Woher weißt Du, daß jemand im andern Zimmer ist?« – »Ich habe ihn drin singen gehört«.
»Ich weiß daß ich Zahnschmerzen habe, weil ich es fühle« ist nach diesem Schema konstruiert + heißt nichts.
Vielmehr: ich habe Zahnschmerzen = ich fühle Zahnschmerzen = ich fühle, daß ich Zahnschmerzen habe (ungeschickter + irreführender Ausdruck). ~~und auch gleichbedeutend mit~~ »Ich weiß, daß ich Zahnschmerzen habe« sagt dasselbe nur noch ungeschickter, es sei denn daß unter »ich habe Zahnschmerzen« eine Hypothese verstanden

wird. Wie in dem Fall: »ich weiß daß die Schmerzen vom schlechten Zahn herrühren + nicht von einer Neuralgie ~~keine sind~~.«

MS-113, 30.1.1931, S. 52v

Möglichkeit einer Sprache, die immer gesungen wird, und die also mit einem Notensystem geschrieben werden muß.

TS-219, 18.4.1932, S. 10

»Ich bin überzeugt, daß wir einem neuen Weltkrieg entgegengehn.« Wann habe ich diese Überzeugung? Immer oder während ich sie ausspreche? Und bei jedem Wort? »Aber die Überzeugung kann ich doch nicht willkürlich ändern. Ich bin nun einmal davon überzeugt, während ich doch auch etwas anderes hätte sagen können.« »Ich hätte das Gegenteil meiner Überzeugung sagen können.« Aber wie konnte das, was ich sage, das Gegenteil von dem sein, wovon ich überzeugt bin? »Ich hätte das Gegenteil sagen können, aber nicht mit Überzeugung.« »Aber nicht mit irgendeiner Überzeugung, doch z. B. mit der gegenteiligen Überzeugung.« Die Überzeugung begleitet das Sprechen, also nicht etwa wie Magenschmerzen, das heißt »ich hätte diesen Satz nicht mit Überzeugung sagen können« ist nicht von der Art des Satzes »ich hätte diesen Satz nicht mit Magenschmerzen sagen können.« Man könnte meinen: »Sonderbar, daß man von etwas sollte überzeugt sein können, was doch erst nach langer Zeit eintreffen wird.« Und dies zeigt, wie die Überzeugung das Bilden des sprachlichen Ausdrucks ist, wenn auch etwa unter ganz bestimmten Umständen und mit ganz bestimmten Erscheinungen seiner Geburt. Man kann nun einwenden: die Überzeugung läßt sich nicht erheucheln, wohl aber der Ausdruck. Nehmen wir an, der Mensch sänge seine Rede. Man schriebe etwa einen Brief nie in Worten allein, sondern mit der Begleitung von Notenzeilen. Könnte nun nicht die einen Satz begleitende musikalische Phrase die Überzeugung sein, die Herzensmeinung? »Aber hier kann man sich doch offenbar verstellen. Denn man kann singen, was man will, aber nicht meinen, was man will.« »Aber warum nimmst du an, man könne singen, was man will? Nehmen wir denn auch an, man könne mit genau dem richtigen Ausdruck singen und sich dabei verstellen?« Hier sehen wir, auf welche Wahrheit James deuten wollte, als er sagte, man weint nicht, wenn man traurig ist, sondern sei traurig, wenn man weint. Die ist natürlich wie es dasteht, unwahr, soll aber heißen, daß die Gefühle des Weinens (das spezifische Erlebnis des Weinens) mindestens ein wesentlicher Teil eines gewissen Gefühls der Trauer sei. Und wenn ich nicht den Ausdruck meines Redens beherrsche, warum sollte ich immer die Worte beherrschen? Kann ich immer sagen, was ich nicht meine?

TS-302, 1933–34, S. 23

Make the following experiment: say and mean a sentence, e.g. – »It will probably rain tomorrow«. Now think the same thought again, mean what you just meant, but without saying anything (neither aloud or to yourself). If thinking that it will rain tomorrow accompanied saying that it will rain tomorrow, then just do the first activity and leave out the second. ––– If thinking and speaking stood in the relation of the words and the melody of a song, we could leave out the speaking and do the thinking just as we can sing the tune without the words.

TS-309, 1933–34, S. 69

Verstehe ich das Wort »herrlich«, wenn ich weiß, wie + bei welcher Gelegenheit es Menschen gebrauchen?
Kann ich es denn dann schon selbst gebrauchen? Ich meine, quasi, mit Überzeugung brauchen?
Konnte ich nicht diesen Gebrauch kennen + ihm dennoch verständnislos folgen? (Wie in gewissem Sinne dem Singen der Vögel.) Besteht also das Verständnis nicht in etwas Anderem; dem Fühlen »in der eignen Brust«, dem Erleben dieser Ausdrücke? – Sie müssen in mein Leben eingreifen.

MS-140, 1933–34, S. 21 f.

We are treating here of cases in which, as one might roughly put it, the grammar of a word seems to suggest the »necessity« of a certain intermediary stage step, although in fact the word is used in cases in which there is no such intermediary step. Thus we are inclined to say, »A man must understand an order before he obeys it«, »He must know where his pain is before he can point to it«, »He must know the tune before he can sing it«, + such like.)

TS-310, 1934–35, S. 82

Denke an die Menschen die, wenn sie einen angeschlagenen Ton nachsingen sollen die Quint davon singen. Ist die Quint nun der gleiche Ton oder nicht?

MS-150, 1934–35, S. 29

»Remembering is a characteristic experience.« But the experience seems is curiously elusive. There are indeed experiences connected with it which are not elusive. We have e.g. memory images, we see so + so before us. But then there are other images besides memory ones.
They only seem elusive when we philosophise about them. Otherwise we say without any hesitation: »I remember so + so«. And not only very sensitive people do so.
Take as example the feeling of ›long, long ago‹ because this is a strong + clearly circumscribed experience. And yet in a sense it seems just as elusive as any other feeling of memory. [»Far away look in his eyes.«]
Tone + gesture of memory
The experience of ~~expressing~~ singing with expression without the feeling.
Suppose the feeling consists a) of feeling the heartbeat b) of not feeling its beat.

MS-150, 1934–35, S. 93

[Bemerkung:] Manche ~~Wenn man gewisse~~ Menschen, wenn sie einen Ton nachsingen sollen, den man auf dem Klavier anschlägt, singen regelmäßig die Quint des ~~diesen~~ Tons. So könnte man sich Man könnte sich daher eine Sprache denken, die den gleichen Namen für Grundton + Quint ~~haben~~ hat. Denke nun ~~aber~~ es fragte jemand ~~Wenn man nun aber fragte~~ : »Was haben Grundton + Quint mit einander gemein?« – Zu sagen, sie haben eine gewisse Affinität, ist ~~wäre~~ natürlich keine Erklärung. (Erklärung der Affinität des ersten + zweiten Gedankens eines Sonatensatzes)

MS-115, 1936, S. 239

[...]

Führe dir die Mannigfaltigkeit der Sprachspiele an diesen Beispielen und andern vor Augen:

Befehlen, und nach Befehlen handeln –

Beschreiben eines Gegenstands nach dem Ansehen, oder nach Messungen –

Herstellen eines Gegenstands nach einer Beschreibung (Zeichnung) –

Berichten eines Hergangs –

Über den Hergang Vermutungen anstellen –

Eine Hypothese aufstellen und prüfen –

Darstellung der Ergebnisse eines Experiments durch Tabellen und Diagramme –

Eine Geschichte erfinden, und lesen –

Theaterspielen –

Reigen singen –

Rätsel raten –

Einen Witz machen, erzählen –

Ein angewandtes Rechnungsexempel lösen –

Aus einer Sprache in die andere übersetzen –

Bitten, Danken, Fluchen, Grüssen, Beten.

[...]

TS-220, 1937; S. 16

[...]

Und auch daran ist mehr, als ich oben sagte, wenn man Einer sagt: »Er kann es nicht denken.« ~~D.h. etwas erklären~~ Man will etwa sagen: Er kann es

nicht mit persönlichem Inhalt erfüllen: er kann nicht wirklich mitgehen, mit seinem Verstand, mit seiner Person. Es ist ähnlich, wie man sagt: Diese Tonfolgen geben keinen Sinn, ich kann sie nicht mit Ausdruck singen. Ich kann nicht mitschwingen. Oder, was hier auf dasselbe hinauskommt: ich schwinge nicht mit.
[...]

MS-117, 1937, S. 31

Denk' Dir Leute die alle Sätze (Behauptungen, Fragen, etc.) wenn sie sie meinen, sich nicht nur in ihrem Aussprechen üben, oder dergl., singen. Vom gesungenen Satz sagen sie, »er lebt«, vom nicht gesungenen, er sei tot.
Wenn diese Menschen über den Begriff ›meinen‹ philosophieren, werden sie versucht sein zu sagen: meinen heiße singen.

MS-116, 31.5.1945, S. 316

»Das Wollen, wenn es nicht eine Art Wünschen sein soll, muß das Handeln selber sein. Es darf nicht vor dem Handeln stehen bleiben.« – Ist es das Handeln, so ist es dies im gewöhnlichen Sinne dieses Worts; also sprechen, singen, gehen, etwas heben, sich etwas vorstellen, etc. aber auch: trachten, versuchen, sich bemühen, ~~alle jene Tätigkeiten zu verrichten~~ all das / dies zu tun.

TS-230a, 1945, S. 141

Ein Kind stampft mit den Füßen im Zorn: ist es nicht willkürlich? Und weiß ich irgend etwas von seinen Bewegungsempfindungen, wenn es dies tut? Im Zorn stampfen ist willkürlich. Kommen; wenn man gerufen wird, in seiner / der gewöhnlichen Umgebung, ist willkürlich / ist willkürlich. Unwillkürliches Gehen, Spazierengehen, Essen, Sprechen, Singen, wäre Gehen, Essen, Sprechen, etc. in einer abnormalen Umgebung. Z.B., bewußtlos: wenn man im übrigen handelt, wie in der Narkose; oder wenn die Bewegung vor sich geht + man weiß nichts von ihr, sobald man die Augen schließt; oder wenn man die Bewegung nicht einstellen kann, so sehr man sich auch bemüht / auch versucht; etc.

MS-134, 3.4.1947, S. 94f.

Wie ist es aber wenn ich Dir sage: »Stell Dir eine Melodie vor«. Ich muß sie mir ›innerlich vorsingen‹. Das wird man ebenso eine Tätigkeit nennen, wie Kopfrechnen.

MS-136, 19.12.1947, S.9a

Zustände: »er hat jetzt Schmerzen« »er hat jetzt wieder Anfälle«, »Hörst Du: der Vogel singt«, »Der Vogel singt jetzt wieder« »Er pflegt jetzt wieder zu singen«. Vielleicht das Harren aber nicht das Erwachen.

MS-136, 1.1.1948, S.41

Ich singe sie mit einem ganz bestimmten Ausdruck«. Dieser Ausdruck ist nicht etwas, was man von der Stelle trennen kann. Es ist ein anderer Begriff. (Ein anderes Spiel.)

Das Erlebnis ist diese Stelle, so gespielt (so, wie ich es etwa vormache; eine Beschreibung könnte es nur andeuten).

MS-144, 6.–7.1949, S.11v

Die Grammophonplatte, der Musikalische Gedanke, die Notenschrift, die Schallwellen, stehen alle in jener abbildenden internen Beziehung zu einander, die zwischen Sprache und Welt besteht. Ihnen allen ist der logische Bau gemeinsam.

MS-104, 1915–18, S. 92

Denken wir an das laute Lesen nach der Schrift. Wir könnten uns natürlich eine Art Tabelle (Grammophonplatten mit den Buchstaben als Aufschriften) denken nach der wir uns hierbei richten könnten. [...]

Ms-153a, 1931, S. 149

»Wenn ich Schmerzen habe, so sind doch da einfach Schmerzen, + von einer Person kommt nichts vor ist überhaupt nicht die Rede.« – Du möchtest also einfach sagen: »Schmerzen!« – »D d ies beschreibt – würdest Du sagen – das ganze Faktum. Aber, erstens, ist das eine Beschreibung? + zweitens, wozu Kann Soll sie dienen ist sie nütze ? Du vergleichst offenbar die Situation der, in welcher Du eine Beschreibung zu geben hast: Die Vorstellung ist eine Welt, die beschrieben werden soll; wie etwa Amerika (etwa) die Erde in einem Geographiebuch beschrieben wird. Die Beschreibung könnte auch von einem Grammophon gesprochen werden. – Inwiefern ist ~~das Wort~~ ~~aber die~~ ~~»Schmerz!«~~ ~~Auffassung des Schmerzes~~ der Ausdruck des Schmerzes aber eine Beschreibung einer Welt; + wozu ~~soll sie dienen~~ ist diese Beschreibung sie nütze?

MS-116, 1937–38, S. 215 f.

Denk Dir, statt in einen Stein würdest Du in ein Grammophon verwandelt.

MS-165, 1941–44, S. 7

Wir sagen von einem Papagei nicht, er spreche zu sich selbst; so wenig wie von einem Grammophon. Aber könnten wir uns nicht vorstellen, daß Gott einem Papagei (plötzlich) Verstand schenkte, + daß dieser er nun zu sich selbst redete? – Aber es ist wichtig, daß ich zu dieser Vorstellung Gott zu Hilfe nahm.

MS-165, 1941–44, S. 209 f.

Ein Grammophon spricht doch; und könntest du nicht annehmen, es habe eine Seele und *meine* mit ihr, was es spricht? Ich verstehe wohl: – es ist schwer, eine Seele mit einer Maschine zur Deckung zu bringen. Und nun gar das Denken dieser Seele mit dem Sprechen der Maschine! Es ist schwer; aber ist es unmöglich? –

TS-242a, 1945, S. 180f.

»Wenn die Menschen immer nur in ihrem Innern zu sich selbst sprächen, so täten sie bloß dasjenige beständig, was sie heute manchmal tun.« – Es ist also ganz leicht, sich dies vorzustellen; {M/m}an braucht nur den leichten Übergang von {E/e}inigen auf {A/a}lle zu machen. (Ähnlich: »Eine unendlich lange Baumreihe ist einfach eine, die nicht zu einem Ende kommt.«) Unser Kriterium dafür, daß Einer zu sich selbst spricht, ist das, was er {uns/~~laut~~} sagt + sein übriges Verhalten; + wir sagen nur von dem, er spreche zu sich selbst, der, im gewöhnlichen Sinne, sprechen kann. Und wir sagen es auch nicht von einem Papagei; {ebensowenig wie/sowenig wie/und auch nicht} von einem Grammophon.

MS-129, 1944, S. 3

Die Meldung ist ein Sprachspiel mit diesen Worten. Es {wäre ~~irreführend~~/würde Verwirrung erzeugen}, wenn wir sagten: Die Worte der Meldung, der gemeldete Satz habe {einen/seinen} bestimmten Sinn, + das Melden, die ›Behauptung‹, füge diesem noch einen hinzu. So, als ob der Satz, von einem Grammophon ausgesprochen, der reinen Logik angehörte, als ob er hier den rein logischen Sinn hätte, als ob wir hier den Gegenstand vor uns hätten, den Logiker in die Hand nehmen + betrachten, – während der behauptete, gemeldete Satz das Ding im Handel ist. Wie man sagen kann: Der Botaniker betrachtet eine Rose als Pflanze, nicht als Schmuck des Kleides, oder Zimmers, oder zarte {zarte Aufmerksamkeit/~~Gallantrie~~}. Der Satz, will ich sagen, hat keinen Sinn außerhalb des Sprachspiels. Das hängt damit zusammen, daß er nicht eine Art Name ist. So daß man sagen könnte: »›Ich glaube ...‹: das ist so.« – wobei man (in sich etwa) auf das deutet, was dem Satz seine Bedeutung gibt.

MS-132, 1946, S. 118f.

Ein Voltmeter, statt die Spannung durch Zeiger + Zifferblatt anzuzeigen könnte sie mit Hilfe einer ~~von~~ Grammophonplatte~~n~~ *aussprechen*. Es sagt etwa, wenn man einen Knopf drückt (es befragt) »Die Spannung beträgt 30 Volt«. Könnte es nun auch Sinn haben, das Voltmeter sagen zu lassen: »Ich glaube, die Spannung beträgt …«? – So einen Fall kann man sich schon denken.
Soll ich nun sagen, das Voltmeter sage etwas über sich selbst aus, – oder über die Spannung? Soll ich sagen, das Voltmeter sage *immer* etwas über sich selbst aus. Und wenn es z. B. eine frühere Ablesung der Spannung wiederholen kann: es habe *geglaubt* die Spannung sei … gewesen?

MS-132, 6.10.1946, S. 127f.

Spricht Einer die Unwahrheit, der mir sagt: »Ich bin nicht bei Bewußtsein«? (Und die Wahrheit, wenn er's bewußtlos sagt? Und wie, wenn ein Papagei sagte »Ich verstehe kein Wort«, oder ein Grammophon »Ich bin bloß eine Maschine«?)

MS-134, 11.4.1947, S. 136f.

Wenn er ein Mensch ist + in *dieser* Umgebung, sage ich er denkt, wenn er so + so spricht. Vom Grammophon sage ich's nicht, obwohl es vielleicht weit gescheiter redet.

MS-136, 3.1.1948, S. 51a

Wie sollen wir uns (nun) die Anwendung des Zeitworts für »denkend reden« vorstellen? Man könnte es natürlich für einen Papagei + ein Grammophon anwenden. Wenn ich aber z. B. einen Satz in einem Übungsbuch lese um ihn in's … zu übersetzen; kaum habe ich ihn gelesen, so fällt mir ein, wie dumm er ist; ich mache vielleicht eine Bemerkung über seinen Inhalt. – Hab ich ihn gedacht? Oder erst *nach* dem Lesen? Das könnte man schwer sagen, wenn nicht das Lesen unter sehr seltsamen Bedingungen vor sich gegangen ist ~~wäre~~. Ich lese »Die Gärtnerin meiner Tante hat schöne Rosen.« Ja; ich kümmere mich um den Inhalt nicht, – aber habe ich nicht doch denkend, d.h. verstehend, gelesen? Was ich sagen will, ist: Ist irgend ein radikaler Unterschied zwischen diesem Lesen, oder Sprechen des Satzes + dem Lesen dieses Satzes in einer Geschichte, etwa?

MS-136, 8.1.1948, S.78af.

### ABSOLUTES GEHÖR

Kannst Du Dir absolutes Gehör vorstellen, wenn Du es nicht hast? Kannst Du es Dir vorstellen, wenn Du es hast? – Kann ein Blinder sich das Sehen von rot vorstellen? Kann ich mir es vorstellen? Kann ich mir vorstellen daß ich so + so spontan reagiere, wenn ich's nicht tue? Kann ich mir's besser vorstellen, wenn ich's tue?

Kann ich aber das Sprachspiel spielen, wenn ich nicht so reagiere?

Beide Überlegungen führen zu dem gleichen Resultat. D.h.: auf beide Arten siehst Du, daß das herankommen muß.

MS-162b, 1939, S. 23r f.

Prüfe: »Das Wort ›absolutes Gehör‹ hat für mich nicht den Sinn, den es für den hat der absolutes Gehör besitzt.«
»›Rot‹ ›Sehen‹ hat für mich einen andern Sinn als für den Blinden.« Soll ich auch sagen: »›Blindheit‹ hat für einen blinden einen andern Sinn als für mich«?

Man ist geneigt zu sagen daß für den Menschen mit absolutem Gehör gewisse Ausdrücke Sinn haben, die für einen anderen Menschen keinen Sinn haben.

MS-162b, 1939, S. 28v f.

Was würden wir von Menschen sagen, die die Worte »Ich sehe diese Figur jetzt als …, jetzt als …« nicht verstünden? Würde ihnen ein wichtiger Sinn fehlen, ist es ähnlich, als wären sie blind; oder farbenblind; oder ohne absolutes Gehör?

MS-130, 30.7.1946, S. 226

Was geht dem verloren, der kein absolutes Gehör hat? – Vielleicht etwas weniger, als Einer glauben möchte, der es hat.

MS-131, 31.8.1946, S. 162

»Wer absolutes Gehör hat, muß ein anderes Tonerlebnis haben, als ich.« – Und Jeder, der absolutes Gehör hat, das gleiche? Und wenn das nicht ~~(sein muß)~~, warum muß es ein anderes sein, als das meine?

MS-133, 3.11.1946, S.19v

Wir werden uns des Aspekts nur im Wechsel bewußt. Wie wenn sich Einer nur des Wechsels der Tonart bewußt ist, aber kein absolutes Gehör hat.

MS-135, 20.7.1947, S.25r

Absolutes + relatives Gehör. Hier ist etwas Ähnliches: Ich höre den Übergang von einem Ton zum andern. Aber nach kurzer Zeit kann ich einen Ton nicht mehr als den höheren oder tieferen jener ~~der~~ beiden erkennen. Und es müßte auch keinen Sinn haben von einem solchen »Erkennen« zu reden; wenn es nämlich kein Kriterium des richtigen Erkennens gäbe.

MS-132, 12.10.1947, S.177

Die Frage liegt ~~uns~~ nahe: Könnten wir uns Menschen denken, die nie etwas als etwas s$^{e}_{\text{ä}}$hen. ~~Was sollen wir sagen:~~ Würde diesen ein wichtiger Sinn fehlen; ähnlich als wären sie ~~blind, oder~~ farbenblind etwa oder als fehle ihnen ohne absolutes Gehör? Nennen wir solche diesen Menschen einmal »gestalt-« oder »aspektblind«.

MS-137, 19.2.1948, S.24a

Wie es ein absolutes Gehör gibt + Leute, die es nicht besitzen, so könnte man sich doch denken, daß es mit Bezug auf das Farbensehen bei den Farben eine große Zahl verschiedener Veranlagungen gäbe.

Vergleiche z.B. den Begriff ›satte Farbe‹ mit ›warme Farbe‹. Müßten alle Leute ›warme‹ + ›kalte‹ Farben kennen? es sei denn, daß man sie einfach lehrt, eine bestimmte Disjunktion von Farben so, bzw. ~~oder~~ so zu nennen.

Könnte nicht z.B. ein Maler gar keinen Begriff von ›vier reinen Farben‹ haben, ja, es lächerlich finden von solchen zu reden?

MS-173, 27.3.1950, S.6vf.

Könnte es nicht Menschen geben, die unsre Ausdrucksweise, daß Orange ein rötliches Gelb ist (etc.) nicht verstünden + die nur dort geneigt wären, so etwas zu sagen, wo ein Orange (z.B.) in einem wirklichen Farb~~verlauf~~übergang von Rot nach Gelb vorkommt? Und für solche könnte es auch leicht ein rötliches Grün geben.
Sie könnten also nicht ›die Mischfarbe analysieren‹, unsern Gebrauch von *x* lich *y* nicht erlernen. (Ähnlich Menschen ohne absolutes Gehör.)

MS-173, 1950, S.30vf.

Wer absolutes Gehör hat, kann ein Sprachspiel erlernen, welches ich nicht erlernen kann.

MS-173, 1950, S.86v

Wenn Einer behauptet »ich kann mir ganz vorstellen wie es ist, absolutes Gehör zu haben« ohne daß er es hat, so würden wir ihm sagen, das sei nicht möglich. Wir würden ihm sagen: Wir verstehen Dich nicht. Und der Grund ist, daß wir seine Äusserung nicht anerkennen, wenn er gewisses nicht tun kann.

MS-162b, 1939, S.45rf.

FEINHÖRIGKEIT

*In aller großen Kunst ist ein wildes Tier: gezähmt. Bei Mendelssohn, z.B. nicht. Alle grosse Kunst hat als ihren Grundbaß die primitiven Triebe des Menschen. Sie sind nicht die Melodie (wie, vielleicht, bei Wagner), aber das was der Melodie* ihre / die *Tiefe* + Gewalt *giebt.*
*In diesem Sinne kann man Mendelssohn einen ›reproduktiven‹ Künstler nennen. –*
*Im gleichen Sinn: mein Haus für Gretl*[16] *ist das* Produkt / Resultat *entschiedene Feinhörigkeit, guter Manieren, der Ausdruck eines großen Verständnisses (für eine Kultur, etc.). Aber das ursprüngliche Leben, das wilde Leben, welches*

16 1926–1928 entwarf Wittgenstein für seine Schwester Margarethe ein Haus in der Kundmanngasse 19, Wien III.

*sich austoben möchte – fehlt. Man könnte also auch sagen; es fehlt ihm die Gesundheit (Kierkegaard). Treibhauspflanze.)*

MS-122, 1940, S.88rf.

## AKKORD

[...] Was ich meine ist natürlich auch nicht daß dieser Mensch etwa sein Gesicht in ein im gewöhnlichen Sinne mutiges ändern kann wohl aber vielleicht daß es auf diese + diese Art in ein solches übergehen kann. Viel eher ist das damit zu vergleichen daß ich diesen Accord einmal als Überleitung in die + einmal in jene Töne höre. (Der Unterschied zwischen f + eis)

MS-146, 1933–34, S. 44v f.

[...] Die Umdeutung eines Gesichtsausdrucks ist aber/wohl zu vergleichen mit der Umdeutung eines Akkordes in der Musik, wenn wir ihn einmal als Überleitung in diese einmal in jene Tonart ›empfinden/hören‹. (Vergleiche auch den Unterschied Mischfarbe, Zwischenfarbe.)

MS-115, 1933, S. 27

Inhärent, – da denken wir an Eigenschaften der Farbe, Härte etc. Man frägt also ist das Gesicht schön in dem selben Sinne wie es blaß ist? Oder ist etwas/es schön wie es nützlich ist? D.h. ist die Grammatik des Wortes ›schön‹ der des Wortes ›blaß‹ analog oder der des Wortes ›nützlich‹?
Heißt ›schön‹: angenehm?
Seine Bedeutung ist mit der von »angenehm« verwandt. – Aber denke: Was ist es was die Akkordfolgen zusammenhält die die Harmonielehre erlaubt? Daß sie angenehm sind? Oder soll ich sagen: wenn auch nicht, daß sie angenehm sind so doch daß sie eine spezifische Empfindung/~~ein spezifisches Gefühl~~ oder Einstellung in uns hervorrufen? Ist dieses Gefühl etwas wie ein freudiges Entgegenkommen, Empfangen im Gegensatz zur Reaktion der Abwehr + des sich Verschließens? Gewiß sind diese Reaktionen mit im Spiel! Aber warum befriedigt uns die Erklärung durch sie alle nicht? Wir möchten sagen: Diese Empfindungen etc. sind nur Begleitungen der Schönheit die Schönheit selbst ist am Gegenstand. Aber prüfen wir nun: Wenn auch das freudige Entgegenkommen + alles solche dem von der Harmonielehre gebilligten Folgen eigen ist ist die Harmonielehre in der Weise auf unsere Empfindungen aufge-

baut daß wir prüfen ob uns eine Folge mehr oder weniger angenehm ~~oder nicht~~ ist wie wir etwa ~~den Geschmack~~ die Ingredienzien einer Speise nach dem Geschmack abwägen? Und ist etwa der Unterschied nur der daß es für den Geschmack von Tonfolgen allgemeinere gültige Gesetze gibt als für den von Speisen?
Ja läßt sich überhaupt ein Grund angeben, warum die Harmonielehre ist wie sie ist? Und, vor allen, muß sich so ein Grund angeben lassen?

MS-157a, 4.6.1934, S. 24v ff.

[…]
You should now notice the difference between the various cases in which we say that an experience consists of several experiences elements or that it is a compound experience. We might say to the doctor, »I don't have one pain; I have two: toothache and headache.« And one might express this by saying, »My experience of pain is not simple, but compound, I toothache and headache.« Compare with this case that in which I say, »I have got both pains in my stomach and a general feeling of sickness.« Here I don't separate the constituent experiences by pointing to two localities of pain. Or consider this statement: »When I drink sweet tea, my taste experience is a compound of the taste of sugar and the taste of tea.« Or again: »If I hear the C Major chord my experience is composed of hearing C, E, and G.« And, on the other hand, »I hear a piano playing and some noise in the street.« A most instructive example is this: in a song words are sung to certain notes. In what sense is the experience of hearing the vowel a sung to the note C a composite one? Ask yourself in each of these cases: What is it like to single out the constituent experiences in the compound experience?
[…]

310, 1934–35, S. 141 f.

Mischfarbe: »Sehe ich eine oder zwei Farben wenn ich ein weißliches Grün sehe?«
»Macht die Erde zwei Bewegungen oder eine Bewegung?«
Verwandt + doch sehr verschieden: »Habe ich eine oder drei Klangerfahrungen wenn ich einen Dreiklang höre?«

Ist süßer Tee ein Geschmack oder zwei Geschmäcker?

MS-150, 1934–35, S.96

Denk Dir Einer, der nicht im Stand ist einen Akkord zu zerlegen, + z.B. auch dann die Zerlegung nicht anerkennt, wenn sie ihm gezeigt wird.

MS-133, 3.11.1946, S.20r

Denk Dir Rot als den Gipfel aller Farben angesehen. Die besondere Rolle des Dreiklangs in unserer Musik. Unser Unverständnis für die alten Kirchentonarten.[17]

MS-133, 10.11.1946, S.33rf.

»Rot ist einfach«. – Was heißt das, warum ist man geneigt das zu sagen? Was ist nicht einfach? Nun, ein Sessel, z.B. – Ist ein Dreiklang zusammengesetzt? Viele sagen, er ~~bilde~~ sei nicht einfach: Grundton + Terz + Quint, sondern sei eine neue Einheit. Könnte der Sessel nicht auch als neue Einheit aufgefaßt werden?
Die Farbe Orange wird man vielleicht zusammengesetzt nennen. Aber muß sie es für Jeden sein, muß jeder geneigt sein sie als Produkt einer Farbmischung aufzufassen?
Denk an den Abscheu Goethes vor der Idee, weiß sei zusammengesetzt. Was heißt hier »zusammengesetzt«? und was heißt hier »einfach«?

Schau ein weißliches Grün an: Bist Du hier ebenso geneigt zu sagen, es sei einfach? Und wenn nicht, – war es also diese Zusammensetzung (aus den Grundfarben inclusive Schwarz + Weiß) die ~~was~~ Du beim reinen Rot vermißtest?

MS-133, 2.11.1946, S.16f.

17 Das System der acht Kirchentonarten oder Modi war in der europäischen Musik ungefähr vom 9. bis zum 17. Jahrhundert beherrschend. Anders als im Dur-Moll-System ist nicht die Anordnung der Ganz- und Halbtonschritte für die Zuordnung zu einem Modus ausschlaggebend, sondern der Zielton (Finalis), der Hauptton (Repercussa, Tenor), der Umfang (Ambitus) der Melodie und bestimmte melodische Wendungen. Das verlangt ein anderes Hören als das für die dur-molltonale Musik des 18. und 19. Jahrhunderts angemessene.

## HARMONIELEHRE

Ist nicht die Harmonielehre wenigstens teilweise Phänomenologie, also Grammatik? Die Harmonielehre ist nicht Geschmacksache.

TS-209, 1930 S. 2

Does Harmony treat of our feelings? Is it psychology?

MS-150, 1934–35, S. 61

Welche Anwendung hat (nun) der Beweis für den Mann, welcher Ornamente / der Tapetenmuster entwirft? Aus ästhetischen Gründen entwirft er Multiplikationsfiguren. (Die Regeln des Multiplizierens können / ~~könnten~~ in diesem Fall die Rolle der Regeln der Harmonielehre spielen.) *[Ich bin sehr geistreich.]*

MS-117, 9.2.1940, S. 159

Wäre es mir, z. B., daran gelegen, Widersprüche, etwa zu ästhetischen Zwecken zu erzeugen, so könnte / würde ich nun den Induktionsbeweis (der Widerspruchsfreiheit) unbedenklich annehmen + sagen: es ist hoffnungslos, in diesem Kalkül einen Widerspruch erzeugen zu wollen; der Beweis zeigt Dir, daß es nicht geht. (Beweis in der Harmonielehre.) – – –

MS-117, 8.3.1940, S. 241

Gäbe es eine Harmonielehre der Farben, so würde sie etwa mit einer Einteilung der Farben ~~(+ Farbzusammenstellungen)~~ in verschiedene Gruppen anfangen + gewisse Mischungen, oder Nachbarschaften verbieten, andre erlauben; + Und sie würde, wie ~~unsre~~ / die Harmonielehre, keine Begründung ihrer Regeln angeben / geben / ihre Regeln nicht begründen.

MS-173, 30.3.1950, S. 21r

## INTERVALLE

Ebendasselbe ist der Fall wenn wir sagen ein Ton sei im Einklang mit einem anderen. Es ist Unsinn (nicht falsch) zu sagen die Terz von C sei im Einklang mit C.

MS-108, 23.2.1930, S. 89

Daß es unsinnig ist von einer Farbe zu sagen sie sei eine Terz höher als eine andere kann nicht bewiesen werden. Ich kann nur sagen »wer diese Worte in der Bedeutung verwendet wie ich es tue der kann mit dieser Combination keinen Sinn verbinden, ~~verbindet er~~ hat sie für ihn einen Sinn so versteht er etwas anderes unter den Worten als ich.«

MS-108, 28.2.1930, S.99

Die Frage ist kann man sagen daß die Mathematik heute gleichsam ausgezackt – oder ausgefranst – ist + daß man sie deshalb wird abrunden können. Ich glaube man kann das erstere nicht sagen, ebensowenig wie man sagen kann die Realität sei struppig weil es 4 Primäre Farben, 7 Töne in einer Oktav, 3 Dimensionen im Sehraum etc. gäbe.

MS-108, 13.5.1930, S.159

Eine phänomenologische Frage: Inwiefern ist ein Ton derselbe Ton, wie seine Oktav? oder: was hat ein Ton mit seiner Oktav gemeinsam? Können wir aber sozusagen auf der Tonleiter Schritt für Schritt hinaufsteigen und dann überrascht sein, daß alle 8 Töne wieder einer kommt, der die gewisse merkwürdige Ähnlichkeit mit dem Ausgangs$^{\text{punkt}}_{\text{ton}}$ hat?
Ist es eine Erfahrungstatsache, daß alle 8 Töne eine Oktave kommt?

TS-219, 1932–33, S.9

[...] Denken wir uns nun aber doch einen Menschen, der vorgäbe »er könne die Schattierungen von Rot in Grün kopieren« und auch wirklich beim Anblick des roten Täfelchens mit allen (äußeren) Zeichen des genauen Kopierens einen grünen Ton mischte und so fort bei allen ihm gezeigten roten Tönen. $^{\text{Dem}}_{\text{Diesem}}$ gegenüber wären wir in der gleichen Lage ~~Der wäre für uns auf der selben Stufe~~, wie einer, der auf die gleiche Weise (durch genaues Hinhorchen) Farben nach Violintönen mischte. Wir würden in dem Fall sagen: »Ich weiß nicht, wie er es macht«; aber nicht in dem Sinne, als verstünden wir nicht die verborgenen Vorgänge in seinem Gehirn oder seinen Muskeln, sondern, wir verstehen nicht, was es heißt »dieser Farbton sei eine Kopie dieses Violintones«. Es sei denn, daß damit nur gemeint ist, daß ein bestimmter Mensch erfahrungsgemäß einen bestimmten Farbton mit einem bestimmten Klang assoziiert (ihn zu sehen behauptet, malt, etc.). Anderseits wäre ich vielleicht befriedigt, wenn man mir sagte, der Mann kopiere insofern, als er einen tieferen Violinton ~~dunkleren Ton~~ dunkler male + die sieben Töne der Oktav in den »sieben Farben des Regenbogens«. Der Unterschied zwischen dieser Assoziation und dem Kopieren, auch wenn ich selbst beide Verfahren kenne besteht zeigt sich darin, daß es für die assoziierte Gestalt keinen Sinn hat, von Projektionsmethoden zu reden, und daß ich von dem assoziierten Farbton sagen kann »jetzt fällt mir bei dieser Farbe (oder diesem Klang) diese Farbe ein, vor 5 Minuten war es eine andere«. Etc. Wir könnten auch niemandem sagen »Du hast nicht richtig assoziiert«, wohl aber »Du hast nicht richtig kopiert«. Und die Kopie einer Farbe – wie ich das Wort gebrauche – ist nur eine; und es hat keinen Sinn, (hier) von verschiedenen Projektionsmethoden zu reden.

TS-213, 1933, S. 49f.

Man kann ein rotes Täfelchen als Muster für das Malen eines rötlichen Weiß, oder eines rötlichen Gelb (etc.) verwenden – aber kann man es auch als Muster für das Malen eines Tones von Blaugrün (z. B.) verwenden? – Wie, wenn ich jemand, mit allen äußern Zeichen des genauen Kopierens, einen roten Fleck blaugrün ›wiedergeben‹ sähe? – Ich würde sagen: »Ich weiß nicht, wie er es macht!«, oder auch: »Ich weiß nicht was er macht.« – Aber angenommen, er ›kopierte‹ nun diesen Ton von Rot bei verschiedenen Gelegenheiten in eben diesem Blaugrün, + etwa andere Töne von Rot regelmäßig in andern blaugrünen Tönen – soll ich nun sagen, er kopiere ~~hier~~, oder er kopiere nicht? – Nein, wie Du willst.
Was heißt es aber, daß ich nicht weiß ›was er macht‹? Sehe ich denn nicht, was er macht? Aber ich sehe nicht in ihn hinein! – Nur dieses Gleichnis nicht! Wenn ich ihn rot in rot kopieren sehe, was weiß ich denn da? Weiß ich, wie ich es mache? Freilich, man sagt: ich male eben die gleiche Farbe. – Aber wie, wenn er sagt: »+ ich male die

Quint zu dieser Farbe«? Sehe ich einen besonderen Vorgang der Vermittlung, wenn ich die ›gleiche‹ Farbe male?
Nimm an, ich kenne diesen Menschen als einen ehrlichen Menschen; er gibt ~~kopiert~~, wie ich es beschrieben habe, ein Rot durch ein Blaugrün wieder – aber nun nicht ~~immer~~ den gleichen Ton immer durch den gleichen, ~~ja manchmal kopiert er genau +~~ sondern einmal durch einen ~~diesen~~, einmal durch einen andern Ton ~~jenen~~. – Soll ich sagen: »ich weiß nicht, was er macht«? – Er macht, was ich sehe – aber ich würde es nie tun; ich weiß nicht, warum er es tut; seine Handlungsweise ›ist mir unverständlich‹.

MS-116, 1937–38, S. 434 ff.

KONTRAPUNKT

Wie prüfst Du das Thema auf eine kontrapunktische Eigenschaft? Du transformierst es nach dieser Regel, setzt es so mit einem andern zusammen; u. dergl. So erhältst Du ein ein bestimmtes ~~das + das~~ Resultat. Du erklärst es, wie Du es durch ein Experiment auch erhieltest.
Soweit konnte, was Du tust, auch ein Experiment sein. Das Wort »erhältst« ist hier zeitlich gebraucht; Du erhieltst das Resultat ~~zu der~~ um 3 Uhr ~~+ der Zeit~~. – In dem mathematischen Satz, den ich dann forme ist das Verbum (»erhält«, »ergibt« etc.) unzeitlich gebraucht.
Die Tätigkeit der Prüfung brachte ~~ergab~~ das + das Resultat hervor. Die Prüfung war bis jetzt also sozusagen experimentell. Nun wird sie als Beweis aufgefaßt. Und der Beweis ist das Bild einer dieser Prüfung.

MS-164, 1941–44, S. 3 f.

Der Kontrapunkt könnte für einen Komponisten ein außerordentlich schwieriges Problem darstellen; das Problem nämlich: in welches Verhältnis soll ich mit meinen Neigungen mich zum Kontrapunkt stellen. Er mochte ein konventionelles Verhältnis gefunden haben aber wohl fühlen, daß es nicht das seine sei. Daß die Bedeutung nicht klar sei, welche der Kontrapunkt für ihn haben solle. (Ich dachte dabei an Schubert; daran, daß er am Ende seines Lebens noch Unterricht im Kontrapunkt zu nehmen wünschte. Ich meine, sein Ziel sei vielleicht nicht gewesen, einfach mehr Kontrapunkt zu lernen, als vielmehr sein Verhältnis zum Kontrapunkt zu finden.)

MS-163, 4.7.1941, S. 25r ff.

Die Prüfung ist natürlich wieder analog der eines musikalischen Themas auf eine contrapunktische Eigenschaft hin.

MS-127, 1944, S. 228 f.

Denk Dir Gleichungen als Ornamente (Tapetenmuster) verwendet; + nun eine Prüfung dieser Ornamente daraufhin, welcher Art Kurven sie entsprechen. Die Prüfung wäre analog ~~von der Art~~ der der kontrapunktischen Eigenschaften eines Musikstücks.

MS-124, 16.3.1944, S. 137

Einen dreifachen Kontrapunkt gibt es nur in einer ganz bestimmten musikalischen Umgebung.

MS-138, 27.2.1949, S. 28b

ORGELPUNKT

»Ich habe gesagt, ›sie ist nicht zu Hause‹, habe aber dabei gewußt, daß sie zu Hause war«. Wie geht dieses Wissen zeitlich mit dem Sagen des Satzes zusammen? Wie eine continuierliche Begleitung, ein Orgelpunkt, zu einem Thema?
Hast Du es in jedem Augenblick gewußt, + braucht das Wissen keine Zeit?
Ein falsches Bild verführt uns.

MS-111, 7.7.1931, S. 3f

Um uns über die Grammatik des Wortes »verstehen« klarer zu werden, fragen wir: Wann verstehen wir den Satz? – Wenn wir ihn ganz ausgesprochen haben? Oder während wir ihn aussprechen? – Ist das Verstehen ein artikulierter Vorgang wie das Sprechen des Satzes; + entspricht seine Artikulation der des Satzes? Oder ist es unartikuliert + begleitet den Satz wie ein Orgelpunkt ein Thema?

MS-140, 1933–34, S. 13r

## INSTRUMENTATION

Wenn der Brahmsschen Instrumentierung Mangel an Farbensinn vorgeworfen wird, so muß man sagen daß die Farblosigkeit schon in der Brahmsschen Thematik liegt. Die Themen schon sind schwarzweiß, wie die Brucknerschen schon färbig;[18] auch wenn Bruckner er sie tatsächlich aus irgendeinem Grund auf nur einem System niedergeschrieben hätte, so daß wir von einer Brucknerschen Instrumentierung nichts wüßten.

Nun könnte man sagen: dann ist ja alles in Ordnung, denn zu schwarz-weißen Themen gehört auch eine schwarz-weiße (farblose) Instrumentation. Ich glaube nur daß gerade hier die Schwäche der Brahmsschen Instrumentation liegt, indem sie nämlich vielfach doch nicht ausgesprochen schwarz-weiß ist.

Dadurch entsteht dann der Eindruck der uns oft glauben macht, wir vermißten Farben, weil die Farben, die da sind, nicht erfreulich wirken. In Wirklichkeit vermissen wir, glaube ich, Farblosigkeit. Das zeigt sich auch oft deutlich z.B. im letzten Satz des Violinkonzerts wo es sehr merkwürdige Klangeffekte gibt (einmal als blätterten die Töne wie dürre Blätter von den Violinen ab) + wo man das doch als einen einzelnen Klangeffekt empfindet, während man die Klänge bei Bruckner als die das selbstverständliche Umkleidung Fleisch zu den Knochen dieser seiner Themen empfindet. (Ganz anders ist es beim Brahmsschen Chorklang der der Thematik ebenso angewachsen ist wie der Brucknersche Orchesterklang der Brucknerschen Thematik.) (Die Harfe am Schluß des ersten Teils des Deutschen Requiems.)[19]

Ms-183, 24.10.1931, S. 105ff.

Es ist beinahe, wie wenn man sagt: Was ist der Fehler an in diesem Musikstück? es klingt nicht gut in den Instrumenten. – Nun, den Fehler

18 Johannes Brahms: Symphonie Nr. 4 Op. 98, 1. Satz, Notenbeispiel S. 228
Anton Bruckner: Symphonie Nr. 4 WAB 104, 1. Satz, Notenbeispiel S. 231

19 Johannes Brahms: Ein deutsches Requiem Op. 45, 7.: *Selig sind die Toten*, Notenbeispiel S. 232
Johannes Brahms: Violinkonzert Op. 77, 3. Satz, Notenbeispiel S. 234

muß man nicht in der Instrumentation suchen; man könnte ihn in den Themen suchen.

MS-117, 1.3.1940, S.205

»Der Mensch denkt, fühlt, wünscht, glaubt, will, weiß.« Das klingt ~~wie ein ganz ver~~nünftiger ~~Satz~~ vernünftig. So ~~Etwa~~ wie ~~dieser~~: »Der Mensch zeichnet, malt, modelliert, ~~haut in Stein~~.« oder: »Der Mensch kennt Saiteninstrumente, Blasinstrumente …« Der Jener erste Satz ist ~~klingt wie~~ eine Aufzählung alles dessen, was der Mensch mit seinem Geiste tut. Aber so wie man zum Satz über die Instrumente die Frage stellen kann ~~fragen könnte~~: »Und kennt der Mensch nicht auch Instrumente, die aus quiekenden Ratten bestehen?« + die Antwort darauf lautet wäre: Nein –– so müßte es ~~man~~ zu der Aufzählung der Geistestätigkeiten auch eine Frage geben ~~stellen können der Art~~: »Und können die Menschen nicht auch …?«

MS-135, 9.12.1947, S.81v

BANJO

One might object to this argument that all these interpretations pre-suppose another word-language. And this objection is significant if by »interpretation« we only mean »Translation into a word-language«. ––– Let me give some hints which might make this clearer. Let us ask ourselves what is our criterion when we say that someone has interpreted the ostensive definition in a particular way. Suppose I give to an Englishman the ostensive definition »this is what the Germans call ›Buch‹«. Then, in the great majority of cases, at any rate, the English word »book« will come into the Englishman's mind. We may say he has interpreted »Buch« to mean »book«. The case will be different if e.g., we point to a thing which he has never seen before and say: »This is a banjo«. Possibly the word »guitar« will then come into his mind, possibly no word at all but the image of a similar instrument, possibly nothing at all. Supposing then I give him the order »now pick a banjo from amongst those things«. If he picks what we call a »banjo« we might say »he has given the word ›banjo‹ the correct interpretation«; if he picks some other instrument:– »he has interpreted ›banjo‹ to mean ›string instrument‹«.

We say »he has given the word ›banjo‹ this or that interpretation«, and are inclined to assume a definite act of interpretation besides the act of choosing.

TS-309, 1933–34, S. 3

FLÖTE

Kann man jemand befehlen, einen Satz zu verstehen? Warum ist es Unsinn zu sagen: »Versteh das!«? Aber wenn mir Einer sagt: »versteh diesen griechischen Satz!«, so kann ich doch den Befehl befolgen, indem ich griechisch lerne –, + den Satz ihn dann verstehe. Sagt man nur darum nicht »versteh dies!« – weil es sich nicht ohne weiteres ausführen läßt? Aber man kann doch dennoch Einem, der nie Flötenblasen ~~Violinspielen~~ gelernt hat, befehlen »Blas dieses Stück!«. Ist es nicht dies:, daß »Verstehen« keine Tätigkeit ist? (»Rufe Dir Schmerzen hervor!« – nicht: »Habe Schmerzen!«)

Ms-116, 1937–38, S. 26

KLARINETTE

Vergleiche: 1 »Wissen was eine Pflanze ist«

3 »Wissen wie hoch der Stephansturm wieviel 25 × 25 ist«

4 »Wissen wie eine Klarinette klingt«

2 »Wissen wie man das Wort ›Pflanze‹ gebraucht«.

~~Im dritten Fall wäre es allerdings seltsam zu sagen, man wisse es, könne es aber nicht sagen.~~ Wenn wir uns darüber wundern daß Einer etwas wissen, + es nicht sagen kann, werden wir da nicht durch eine scheinbare Analogie mit einem Fall wie No. 3 geleitet?

Ms-115, 1933, S. 41

Vergleiche: wissen und sagen,

wieviele m hoch der Montblanc ist

wie das Wort »Spiel« gebraucht wird

wie eine Klarinette klingt.

Wer sich wundert, daß man etwas wissen könne und nicht sagen, denkt vielleicht wohl an einen Fall, wie den ersten. + gewiß Gewiß nicht an einen, wie den dritten.

MS-142, 1936–37, S. 66

KLAVIER

Das sind die gefährlichen Verschiebungen des Sinnes »ich höre die Musik«, »ich höre das Klavier«, »ich höre ihn klavierspielen«.

MS-107, 11.10.1929, S. 161

[...] Now the first thing I want you to notice about all these expressions is that they can all be used in two ~~very~~ different senses: I will call them the relative + the ~~absolute~~ or ethical use ~~meaning~~. The relative use of these words is their use relative to some predetermined end. When I say »this is a good piano« I mean it comes up to a certain standard of tone etc. which I have fixed + which I conceive as its purpose. It has only sense to say that a piano is good if you have previously fixed what sort of qualities a piano must have to deserve that name. And the same applies when I say that a man is a good piano player or a good golf player or that a road is good etc. In all such cases »good« simply means: coming up to a certain standard which I have previously fixed. The same applies to the word »important« in the ~~ordinary~~ relative sense. In this sense we say something is important for a certain purpose. The same applies to »right«. The right road is that which leads to the place I want to go to. It is right relative to the desired end. In this relative sense the words »value«, »good«, »importance« etc. are easily understood + present no great problems. Now in Ethics these same words are used apparently in a ~~an entirely~~ different sense. Supposing I could play the piano + one of you a great connoisseur of piano playing heard me + said, »Well you're playing pretty badly« + suppose I answered him : »I know I'm playing badly but I don't want to play any better«. All the connoisseur could say would be »well then that's all right«, + there would be an end to the discussion. The connoisseur would have judged me by certain standards which he could if necessary explain + I would agree that he had ranked me rightly. Now take another case suppose I had told one of you a preposterous lie + this man came to me + said »look here you have behaved like a beast« + now I were to answer »Yes I know I behaved badly but then I didn't want to behave any better«. W/Could he then say »then that's all right«? ~~Obviously not.~~ He would say »well you ought to want to behave better«. The difference was that this man was making an ethical / absolute judgment whereas the ~~other~~ connoisseur made a relative judgment. Now the essence of this difference seems to me to be obviously this: Every judgment of relative value, goodness, importance etc. ~~can be~~ is a simple statement of facts + can be put in such a form that it loses all appearance of a judgment of value. Instead of saying »this is the right road« I can say equally well »this is the road that leads me to where I want to go«. »This is a good piano player« simply means that he can play pieces of a certain degree of complicatedness in a certain definable way. To say »the violin has a good voice« means it has a tone agreeable to the ear + so on. Now what I wish to contend is this that although all relative judgments can be shown to be statements of facts no statement of fact can ever be or imply what we call an absolute that is ethical judgment. […]

MS-139a, 1929, S. 2vff.

*Heute Nachmittag hörte ich Koder der mir vorspielte. Ich redete ihm ins Gewissen, er solle das Klavierspiel ernst nehmen, sein Spiel war mir nicht ernst genug. Dann ging ich zu Helene + pfiff mit ihrer Begleitung Schubertlieder + meine Gedanken waren nie wirklich koncentriert ich dachte immer an mich selbst + konnte mich nicht wirklich einfühlen oder der Sache hingeben. Es war nie wirklicher Ernst. Ich tat immer irgendetwas aber es war nie oder beinahe nie das Richtige. Ich sagte mir vor daß dass die Sache ernst sei aber es flog alles an mir vorüber. Ich fühlte dass ich ein Schwein bin weil ich auch echtes mit unechtem mische. Möchte mir Gott Reinheit + Wahrheit schicken.*

MS-108, 28.12.1929, S. 46

Man hat natürlich das Recht ein Behauptungszeichen zu verwenden, wenn man es im Gegensatz etwa zu einem Fragezeichen gebraucht.

Irreleitend ist es nur wenn man meint daß die Behauptung nun aus zwei Akten bestehe dem Erwägen + dem Behaupten (beilegen des Wahrheitswertes oder dergl.) + daß wir diese Akte nach dem geschriebenen Satz ausführen ungefähr wie wir nach Noten Klavier spielen. Mit dem Klavierspielen nach Noten ist nun allerdings das laute, oder auch leise, Lesen nach dem geschriebenen oder gedruckten Satz zu vergleichen + ganz analog, aber nichts, was wir denken nennen. Ist also z. B. ein Behauptungszeichen im geschriebenen Satz, so wird wieder ein Behauptungszeichen im gelesenen sein (etwa die Betonung oder der Stimmfall). Aber nicht, als ob im geschriebenen Satz das Zeichen, im Gedachten aber die Bedeutung anwesend wäre. –

Ms-113, 10.3.1932, S. 50rf.

Und wer ~~(mit der Hand)~~ eben darum auf einen Körper zeigt, zeigt dadurch, aber in anderem Sinne, auf seine Farbe, seine Gestalt, den Ort an dem er sich befindet. Wie der, welcher jemand Klavier spielen hört, dadurch in anderem Sinne das Musikstück hört, welches gespielt wird + in noch anderem Sinne die Schönheit des Stückes. – Aber was heißt es »er hört in anderem Sinne«, »er zeigt in anderem Sinne«? Was ich meine wäre jedenfalls in einer Definition ausgedrückt die etwa sagte: auf eine Farbe zeigen heißt: auf einen Körper zeigen der die Farbe hat. Also etwa $F(\varphi) = (\exists x) \cdot \varphi x \cdot Fx$.[20]
Daß $F$ von $\varphi$ in anderm Sinne ausgesagt wird als von $x$ heißt, daß ich statt $Fx$ nicht wieder einen Ausdruck wie die rechte Seite setzen kann.

TS-213, 1933, S. 33r

»Ich sehe mich selbst Klavierspielen«. Wie weißt Du daß Du Dich siehst? Nun ich erkenne mich. – Wie weißt Du daß Du Dich siehst? Erkennst Du Dich da auch?

MS-156b, 1933–34, S. 38rf.

20 Wittgensteins logisch-mathematische Ausdrucksweise leitet sich von Russells und Whiteheads Principia Mathematica her. Zum Verständnis der hier verwendeten Formel siehe die Fußnote auf Seite 189

Wir könnten uns vorstellen, daß die/das Beispiel einer Sprache […] die ganze Sprache des A und B ist; ja die ganze Sprache eines Volksstammes/Stammes. Die Kinder werden dazu erzogen diese Tätigkeiten zu verrichten, diese Wörter dabei zu gebrauchen, + so auf die Worte des Andern zu reagieren.
Ein wichtiger Teil der Abrichtung wird darin bestehen, daß der Lehrende auf die Gegenstände weist, die Aufmerksamkeit des Kindes auf sie lenkt, und dabei ein Wort ausspricht; z.B. das Wort ›Platte‹ beim Vorzeigen dieser/~~einer~~ Form. (Dies will ich nicht ›hinweisende Erklärung‹, oder ›Definition‹, nennen, weil ja das Kind noch nicht nach der Benennung fragen kann. Ich will es ›hinweisendes Lehren der Wörter‹ nennen. – Ich sage, es wird einen wichtigen Teil der Abrichtung bilden, weil es bei Menschen so der Fall ist, nicht, weil es sich nicht anders vorstellen ließe.) Dieses hinweisende Lehren der Wörter, kann man sagen, schlägt/macht eine assoziative Verbindung zwischen dem Wort + dem Ding. Aber was heißt das? Nun es kann Verschiedenes heißen, – aber man denkt wohl zunächst daran, daß dem Kind/Lernenden das Bild des Dings vor die Seele tritt wenn $e^{s}_{r}$ das Wort hört. Aber wenn das nun geschieht – ist das der Zweck des Worts? – Ja, es kann der Zweck sein. – Ich kann mir eine solche Verwendung von Wörtern/~~denken, daß Wörter~~ (d.h. also Lautreihen) denken/~~dazu verwendet werden~~. (Ihr Aussprechen ist gleichsam ein Anschlagen einer Taste auf einem/dem Vorstellungsklavier.) Aber in der Sprache […] ist es nicht der Zweck der Wörter Vorstellungen zu erwecken. (Es kann freilich auch gefunden werden, daß dies dem eigentlichen Zweck förderlich ist.) […]

MS-142, 1936–37, S. 4f.

*Habe Mut + Geduld auch zum Tod, dann wird dir vielleicht das Leben geschenkt! Möchte doch der Schnee um mich beginnen wieder Schönheit zu gewinnen + nicht bloß Traurigkeit zu haben!*
Ich träumte heute morgen: Ich stehe am Klavier (undeutlich gesehen) + sehe auf einen Text eines Schubert-Liedes. Ich weiß, daß er im Ganzen sehr dumm ist, bis auf eine schöne Stelle am Ende, die heißt:

*»Betrittst Du wissend*
*meine Vorgebirge,*
*Ward Dir's in einem Augenblicke*
*klar,«*

Dann weiß ich nicht, was kommt + es schließt:

»Wenn Wie ich vielleicht schon in der Grube modre.«[21]

[…]

MS-183, 22.2.1937, S. 196f.

Was heißt es: Ich ›höre‹ nicht im gleichen Sinne in anderem Sinne: das Klavier, seinen Klang, das Musikstück, den Klavierspieler , der es spielt, seine Geläufigkeit? Ich ›heirate‹ nicht im gleichen in anderem Sinne: eine Frau, + ihr Geld.

Ms-116, 1937–38, S. 31

Denke, Du habest Schmerzen + zugleich hörst Du, wie hörst zugleich, wie jemand nebenan Klavier gestimmt wird spielt. Du sagst: »es wird bald aufhören«. ↔ Es ist doch wohl ein Unterschied, ob Du den Schmerz meinst, oder das Klavierstimmen spiel! – Freilich; aber worin besteht dieser Unterschied? Ich gebe zu: es wird in vielen Fällen der Meinung eine Richtung der Aufmerksamkeit entsprechen, so wie auch oft ein Blick, eine Geste, oder ein Schließen der Augen, das man ein ›Nach-innen-blicken‹ nennen könnte.

Ms-116, 1937–38, S. 187

Kann ich nun sagen, die Tagebuchnotizen teilen ihm etwas mit Können ihm nun diese Eintragungen ~~Aufzeichnungen~~ etwas mitteilen wenn nämlich aus ihnen seine ganze Sprache besteht.

21 Der Text ist unter den Liedern von Franz Schubert nicht zu ermitteln; der Kontext läßt aber auch die Interpretation zu, daß es sich um ein von Wittgenstein nur erträumtes Lied handelt! In zwei Briefen an Moore (7.3.1941 und 17.6.1941) erwähnt Wittgenstein das Gedicht »Das heilige Feuer« von Conrad Ferdinand Meyer, dessen Wortwahl vergleichbare Assoziationen wecken kann: »Auf das Feuer mit dem goldnen Strahle / Heftet sich in tiefer Mitternacht / Schlummerlos das Auge der Vestale, / Die der Göttin ewig Licht bewacht. / Wenn sie schlummerte, wenn sie entschliefe, / Wenn erstürbe die versäumte Glut, / Eingesargt in Gruft und Grabestiefe / Würde sie, wo Staub und Moder ruht. / Eine Flamme zittert mir im Busen / Lodert warm zu jeder Zeit und Frist / Die, entzündet durch den Hauch der Musen, / Ihnen ein beständig Opfer ist. / Und ich hüte sie mit heilger Scheue / Daß sie brenne rein und ungekränkt; / Denn ich weiß, es wird der ungetreue Wächter / lebend in die Gruft versenkt.«

(Kann meine ~~die~~ rechte Hand meiner ~~der~~ linken ein Geschenk machen?) Warum soll es ihm nicht Vergnügen machen sie durchzugehen + ~~dabei~~ sie gleichsam auf der Klaviatur seiner Erinnerung + Phantasie spielen zu lassen? – Oder, warum sollen sie ihm nicht etwas längst Vergessenes + Wichtiges in die Erinnerung zurückrufen, sagen wir ein Unrecht das ihm widerfahren ist + er nun rächen will. Und ~~Aber~~ dann teilen ihm die Zeichen etwas mit. Aber wenn wir uns vorstellen daß sich diese Mitteilung in der Mehrzahl der Fälle als fiktiv erwiese, oder als unnütz, ist sie dann noch Mitteilung? Kann ich z. B. sagen der Traum teilt ihm etwas mit? Vielleicht: er sieht den Traum als Mitteilung an, wenn er etwa immer so handelt wie wir es täten, wenn uns eine Mitteilung gemacht wurde.
Denke statt dem Tagebuch ein Bilderbuch. Kann es ihn nicht unterhalten?

MS-119, 13.11.1937, S. 103rf.

[…] Denken wir an eine Bildbeschreibung die Beschreibung eines Bildes, ~~es sei~~ ein Interieur. Zwei Formen der Beschreibung ~~können wir uns denken~~ ~~sind möglich~~: In der einen heißt es ~~etwa~~: »Durch das Fenster im Hintergrund fällt Licht auf den Tisch der einen langen Schatten auf … wirft. »Durch den ~~Im~~ Spiegel sehen wir in ein weiteres Zimmer ~~ein weiteres Fenster + durch dasselbe~~ Das Klavier ist durch den Reflex der Wand aufgehellt u.s.w. … In der anderen heißt es: »In der Hinterwand ein helles Fenster. ~~Der Tisch in der Mitte des Zimmers~~ Die Seite des Tisches, die ihm zugekehrt ist ist hell … das Klavier an der der Wand zugekehrten Seite heller … Im Spiegel das Bild eines weiteren Zimmers. Vielleicht wird man sagen, die erste Art der Beschreibung sei nur dort anzuwenden, wo die Lichter + Schatten etc. wirklich im Bild motiviert seien. Dem ist aber nicht so. Erscheint z. B. eine ganz unmotivierte Helligkeit an einem Gegenstand des Bildes, so können wir einfach sagen: »Von einer unsichtbaren Quelle fällt ein grelles Licht auf …« […]

MS-120, 21.2.1938, S. 78vf.

Denke, Du fühltest einen ~~hättest~~ Schmerz zugleich hörst Du wie jemand Klavier stimmt. Du sagst: »e$^{r}_{s}$ wird (hoffentlich) bald aufhören.« Es ist doch wohl ein Unterschied, ob Du den Schmerz meinst oder das ~~den~~ Klavierstimme n/r!.« – Freilich, aber worin besteht dieser Unterschied. Ich gebe zu: es wird im allgemeinen was Du meinst mit einer ›Richtung der Aufmerksamkeit‹ verknüpft sein, so wie auch oft mit einer Geste, einem Richten des Blickes, oder einem Schließen der Augen, das ~~welches~~ man ein Nach-Innen-Blicken nennen kann / könnte.

MS-120, 26.2.1938, S. 89v

Man sagt auch: »Ich meine natürlich die Schmerzen; ich habe auf das Klavierstimmen gar nicht achtgegeben.« – Aber

meinen ≠ achtgeben.

Ja die Art + Weise des Gebrauchs des einen Wortes
ist ganz + gar verschie-
ist von der des anderen
den von der des anderen (Wortes)
gänzlich / ganz + gar verschieden.

MS-120, 27.2.1938, S. 94r

Das Klavierspielen, ein Tanz der menschlichen Finger.

MS-162b, 1939, S. 60v f.

Worin besteht dieses Meinen (der Schmerzen oder des Klavierspielens).
Es kommt keine Antwort – denn die / jede Antwort / die die sich uns etwa zuerst anbiet et/en taug t/en nicht s. »Und doch meinte ich damals das eine + nicht das andre.« Ja; nun hast Du nur den ersten Satz mit Emphase wiederholt, obwohl ihm ja niemand widersprochen hatte / einen Satz mit Emphase wiederholt, dem ja niemand widersprochen hat.

MS-130, 1944–46, S. 18f.

Es gibt freilich charakteristische Situationen dafür, daß man den Schmerz + nicht das Klavierspiele~~n~~ meint. Eine solche ist, daß man sich nur mit dem / seinem Schmerz beschäftigt, ihn zu lindern sucht, an ihn denkt, + das Klavierspiel kaum beachtet. Aber »den Schmerz meinen« beschreibt diese Situation nicht.

MS-130, 1944–46, S. 21f.

Das Klavier[spielen dient] dazu Musik zu machen. Aber könnte einer nicht auf der Klaviatur spielen um seine Finger gelenkiger zu machen (etwa auf Anraten des Orthopäden); oder um [jemand] eine chiffrierte Mitteilung zu machen. Was soll man noch Klavierspielen nennen, was nicht mehr. So ist es mit der Mathematik. – Was wäre nun reines Klavierspielen. Wäre es eine Tätigkeit bei der es erstens auf den Zweck nicht ankäme, zweitens natürlich auch nicht auf das äußere Mittel der Klaviatur?

MS-127, 1944, S. 158 f.

»Daß du das Klavierspiel meintest, bestand darin, daß du an's Klavierspiel dachtest.« »Daß du in diesem Brief diesen Menschen mit dem Wort ›Du‹ meintest, bestand darin, daß du an ihn schriebst.« Der Irrtum ist: daß Meinen nicht in etwas besteht.

Ms-130, 1944–46, S. 19 f.

Wie wichtig ist es, daß es eine bildliche Darstellung der [visuellen] Bewegung gibt + nichts ihr entsprechendes für die ›kinästhetische Bewegung‹?
»Mach eine Bewegung, die so ausschaut!« – »Mach eine Bewegung, die diesen Klang erzeugt!« – Mach eine Bewegung, die dieses K-Gefühl erzeugt!« Das K-Gefühl richtig kopieren, würde in diesem Fall heißen die Bewegung dem Augenschein nach richtig wiederholen.

Denke Dir die Bewegung sehr schmerzhaft, so daß der Schmerz jede andere leise Empfindung an dieser Stelle übertäuben würde / übertäubte.

Mach eine Bewegung (etwa wie beim Klavierspielen mit den Fingern; wiederhole sie, aber mit geringerem Ausschlag. Erinnerst Du Dich, welches der beiden Gefühle Du gestern, etwa, bei der ersten / ~~dieser~~ Bewegung hattest?
Man sagt etwa: »Nein, diese Bewegung hat gestern etwas anders ausgesehen« – aber auch: »Die Bewegung ist nicht ganz die gleiche – ich hatte nicht genau dieses K-Gefühl«?

Ms-131, 7.9.1946, S. 210 f.

Wie unterscheiden sich Gesichtseindrücke von Gehöreindrücken? – Soll ich antworten: »Das läßt sich nicht sagen; aber wer sieht + hört / sehen + hören kann, weiß, daß sie *total* verschieden sind.« Könnte man sich denken, daß bei einem Menschen *ein* bestimmter Gesichtseindruck derselbe wäre wie *ein* bestimmter Gehörseindruck? so daß er diesen einen Eindruck durchs Auge + durchs Ohr erhalten könnte? Würde dieser etwa auf ein Bild zeigen + einen Ton am Klavier anschlagen + uns sagen, *diese* beiden sind identisch? Und würden wir ihm das glauben? Und warum nicht? Würden wir ihm glauben, daß die ›Affektion der Seele‹ in beiden Fällen dieselbe sei? Und wenn wir's glaubten, wie könnten wir das Faktum verwenden?

Ms-134, 1.4.1947, S. 81 f.

Kann man definieren: Die Figur immer so gesehen haben, heißt: sie so gesehen, + sie nie anders gesehen zu haben?

»Aber *erlebt* man nicht die Bedeutung?« »Aber hört man nicht das Klavier?« Jede der beiden Fragen kann sachlich + begrifflich gemeint sein, d. h.: gebraucht werden. (Zeitlich, oder zeitlos.)

»Aber ist der Ausdruck »die Bedeutung erleben« nicht der einzig *natürliche* Ausdruck? – Das könnte nur heißen: ist er nicht der, der uns / den wir spontan kommt / einfällt / gebrauchen?; ohne ihn gelernt zu haben; die primitive Äußerung des Erlebnisses?
Und nun kommt die Frage: Aber erleben wir die Bedeutung nicht ›ebenso‹ wie z. B. Farben oder Töne? Und da müssen wir nun die begrifflichen Unterschiede erklären / angeben.
[…]

MS-135, 8.12.1947, S. 75r f.

Ich habe eine solche Angst davor, daß jemand im Hause Klavier spielt, daß ich, wenn es geschehen ist + das Klimpern aufgehört hat, noch eine Art Halluzination habe, als ginge es weiter. Ich kann es dann ganz deutlich hören, obwohl ich weiß daß es nur in meiner Einbildung ist.

MS-135, 17.12.1947, S. 96v

## ORCHESTER

Man hört ~~ein~~ Musik~~stück~~ anders, wenn man nahe am Orchester sitzt + die Hörner aus der, die Hoboen aus jener Richtung hört; anders wenn man sieht, wer jetzt spielt + anders, wenn man mit geschlossenen Augen zuhört.

MS-120, 12.12.1937, S. 50r

*Ein Lehrer, der während des Unterrichts gute, oder selbst sogar erstaunliche Resultate aufweisen kann, ist darum kein guter Lehrer, denn es ist möglich, daß er seine Schüler, während sie unter seinen unmittelbaren Einfluß stehen, zu einer ihnen unnatürlichen Höhe emporzieht, ohne sie doch zu dieser Höhe zu entwickeln, so daß sie sofort zusammensinken, wenn der Lehrer die Schulstube verläßt. Dies gilt vielleicht von mir; ich habe daran gedacht. (Mahlers Lehraufführungen waren ausgezeichnet, wenn ~~solange~~ er sie leitete; das Orchester schien sofort zusammenzusinken, wie wenn er es nicht selbst leitete.)*

MS-122, 13.1.1940, S. 96rf.

## ORGEL

Ich könnte mir eine Orgel denken deren Register durch Tasten zu betätigen wären, die den Spieltasten des Manuals ganz gleichgeformt ~~wären~~ + unter diese verstreut wären ~~daß das Manual wie ein gewöhnliches aussähe~~. Und es könnte nun ein philosophisches Problem entstehen~~; daß etwa~~: »wie sind stumme Töne möglich«. Und der würde das Problem lösen, der auf den Gedanken käme die Registertasten durch Züge zu ersetzen, die mit den Spieltasten keine Ähnlichkeit hätten haben.

MS-114, 1933, S. 118v

Das Problem, welches ich im Falle der Orgel beschrieben habe, ist ein ~~gewöhnliches~~ philosophisches im gewöhnlichen Sinne des Wortes. Ein dem philosophischen analoges Problem oder eine Beunruhigung könnte etwa dadurch entstehen daß jemand nun auf allen Tasten spielte, daß das Ergebnis nicht wie Musik klänge + daß er doch versucht wäre zu glauben es müsse Musik sein etc.

MS-145, 1933, S. 42

*Not funk but funk conquered is what is worthy of admiration + makes life worth having been lived. Der Mut, nicht die Geschicklichkeit; nicht einmal wie Inspiration, ist das Senfkorn, das zum großen Baum empor wächst. Soviel Mut, soviel Zusammenhang mit Leben + Tod. (Ich dachte an Labor's + Mendelssohn's Orgelmusik.)[22] Aber dadurch, dass man den Mangel an Mut in einem Andern einsieht, erhält man selbst nicht Mut.*

MS-117, 4.2.1940, S. 151

PAUKE

Denke Dir Du gingest mit jemand spazieren + zwar in einem Gespräch. Du würdest dann wie das Gespräch vor sich geht bald langsamer bald schneller gehen + da + dort immer wieder stehnbleiben. Der welcher das Gespräch mit anhört wird diese Pausen im Gehen ganz natürlich finden da sie ja auch unmittelbar aus dem Leben des Gespräches hervorgehen. Nehmen wir nun an das Gespräch würde nur dem Sinn nach von jemandem wiedergegeben (etwa in eine andere Sprache übersetzt) + man müßte dazu auch wieder den gleichen Weg gehen + es wären die Stellen bezeichnet an denen damals geruht wurde so würden diese erzwungenen Pausen im Gehen jetzt als äußerst störend wirken die doch früher dem Gespräche geholfen haben. So verhält es sich mit der Übersetzung der Platonischen Dialoge in Dialogform. Nur in dem ursprünglichen einzigen Gang des Gespräches waren die bejahenden + verneinenden Antworten natürliche + helfende Ruhepunkte. In der Übersetzung sind es qualvolle störende Aufenthalte. Denken wir uns ein Thema dessen Rhythmus durch Paukenschläge auf dem ersten Taktteil unterstützt würde + nun, daß diese Schläge ein wenig etwas verschoben würden! Wer wollte nun nicht lieber ohne diese Unterstützung auskommen?

MS-153a, 10.5.1931, S. 117vf.

22 Josef Labor (1842–1924), österreichischer Komponist, Organist und Pianist, Freund der Familie Wittgenstein

[...] Der Unterschied zwischen Schwarz +, etwa, einem dunkeln Violett ist ähnlich dem zwischen dem Klang der ~~einer~~ großen Trommel + dem Klang einer Pauke. Vom erstern sagt man, es sei ein Geräusch, kein Ton. Es ist matt + ganz Schwarz.

MS-173, 12.4.1950, S. 54v

PIANOLA

Wenn ich einen Apparat machte der nach Noten spielen könnte der also auf das Notenbild (die zurückgeworfenen Lichtstrahlen) in der Weise reagierte, daß er – etwa – die entsprechenden Tasten einer Klaviatur drückte (ein »Pianola« ist ja wesentlich von dieser Art) + wenn dieser Apparat bis jetzt immer klaglos funktioniert hätte, so wäre doch weder er noch sein Funktionieren der Ausdruck einer allgemeinen Regel. Ferner, dieses Funktionieren ist, wie immer er funktioniert, an sich weder richtig noch falsch d. h. weder der Notenvorlage entsprechend noch ihr nicht entsprechend.
Kein Mechanismus, welcher Art immer, kann eine solche Regel etablieren. Man kann nur sagen: ~~dies~~ der Mechanismus arbeitet bis jetzt dieser Regel gemäß (was natürlich heißt daß er auch anderen Regeln gemäß arbeitet). Das Funktionieren des Apparates bis zum gegenwärtigen Zeitpunkt würde gewisse Regeln zu seiner Beschreibung ausschließen aber nie eine Regel eindeutig bestimmen.

MS-109, 28.11.1930, S. 260 f.

Nur in diesem Sinne bildet z. B. das Pianola die Loch-Schrift auf dem Streifen in das Musikstück ab den Verlauf des Musikstückes ab. Oder der Musterwebstuhl die Sprache der gelochten Karten in das Muster des Gewebten Stoffes.

MS-109, 29.11.1930, S. 269 f.

Die Sprache mit den Bärten von Schlüsseln zu vergleichen. Ebenso kann ich sie aber auch mit der Perforation der Pianolarolle vergleichen.

TS-213, 1933, S. 194v

Man kann sich denken, daß ein Mensch die Sprache erfindet; daß er die Erfindung macht andere menschliche Wesen statt seiner / für sich arbeiten zu lassen indem er sie durch Strafe + Belohnung abrichtet auf Zurufe hin gewisse Tätigkeiten zu verrichten. Diese Erfindung wäre analog der Erfindung einer ~~Dampf~~Maschine ~~etwa~~.

Das System von Zurufen, Signalen, welches er verwendet, wäre analog dem System der Durchlöcherung des Papierstreifens eines Pianolas. (Ich denke mir hier übrigens ein solches welches auch Stärke + Schwäche des Tons selbsttätig nach den ›Zeichen‹ auf dem Papierstreifen regelt.) Der Mensch der nach Noten spielt kann dann auch als eine Spielmaschine aufgefaßt werden + wir könnten uns auch eine Spielmaschine denken, die das Musikstück von den gewöhnlichen gedruckten Noten ›herunterläse‹.
(Jede solche Vorrichtung wie der gelochte Streifen eines Pianolas ist dem Bart eines Schlüssels zu vergleichen, + man könnte von der Sprache des Schlüsselbartes reden.)

MS-114, 1933, S. 112rf.

Die Grammatik besteht aus Vereinbarungen. So eine Vereinbarung ist es z. B., wenn sie sagt: »das Wort ›rot‹ bedeutet diese Farbe«. Eine solche Vereinbarung kann also etwa in einer Tabelle enthalten sein. – Nun wie könnte denn die~~se~~ Vereinbarung (~~also~~) in einem Mechanismus (einem dem Pianola analogen) Platz finden? Nun, es ist / wäre doch möglich, daß in dem Mechanismus ein Teil von der Art einer Tabelle sich befindet, der zwischen das einer / ~~der~~ Sprache Analoge + den übrigen Mechanismus eingeschaltet ist.

»Sinn haben« bedeutet die Zugehörigkeit zu einem bestimmten System.
Wenn man bei der Pianolarolle vom Zweck ihrer Perforierung (nicht ihrer Wirkung spricht, so ist es leicht auf »Sinn« + »Unsinn« überzugehn. Denn der Zweck wird zum Voraus beschrieben + ist unabhängig von der Erfahrung.

Freilich stellt eine hinweisende Erklärung eines Worts eine Verbindung her zwischen einem Wort + ›einer Sache‹ + der Zweck dieser Verbindung ist etwa daß der Mechanismus dessen Teil unsre Sprache ist auf gewisse Weise funktioniert. Die Erklärung ~~bewirkt~~ kann also das richtige Arbeiten bewirken, wie die Verbindung zwischen Taste + Hammer im Klavier; aber die Verbindung besteht nicht darin, daß das Hören des Worts nun die Wirkung hat, wenn es vielleicht auch diese Wirkung hat, weil die Verbindung (so) gemacht wurde. Und die Verbindung, nicht die Wirkung, bestimmt die Bedeutung.

MS-114, 1933, S. 114vf.

Könnte man aber nicht so sagen: Die Sätze, die wir aussprechen, haben einen bestimmten Zweck, sie sollen gewisse Wirkungen hervorrufen. Sie sind Teil eines Mechanismus, etwa eines psychologischen, + ihre Wörter sind auch solche Teile (Hebel, Zahnräder, u. dergl.). Das Beispiel, welches darzustellen / ~~zu illustrieren~~ scheint / ~~was wir meinen~~, woran wir hier denken ist ein Musikautomat, eine Spielmaschine. Sie enthält eine Rolle, Walze, etc. auf welcher das Musikstück in irgend einer Notation (durch die Stellung von Löchern, Stiften, usw.) ~~auf~~geschrieben ist steht. Es ist als gäben diese Schriftzeichen den Befehl, der dann von den Tasten und Hämmern etc. ausgeführt wird. Und sollen wir also nicht sagen, daß der Sinn des Zeichens seine Wirkung ist? – Aber wie, wenn die Spielmaschine verdorben / ~~nicht in gutem Zustand~~ / in schlechtem Zustand ist, + ~~die Schrift das wo auf der Rolle steht statt einer Reihe von Tönen der Tonreihe ein Zischen und Klopfen hervorbringt~~ / ~~das Zeichen, das wo auf der Rolle steht statt einer Reihe von Tönen der Tonreihe ein Zischen und Klopfen hervorbringt~~ / die Zeichen auf der Rolle bringen statt der Tonreihe ~~ein~~ Zischen + Klopfen hervor? – Vielleicht sagt man: der Sinn der Zeichen sei ihre / die Wirkung auf einen Mechanismus in gutem Zustand, also: der Sinn eines Befehls sei seine Wirkung auf einen willigen Menschen. Aber was wird hier als Kriterium der Willigkeit angesehen? [...]

MS-140, 1933–34, S. 26r

Soweit ein Teil meines Ausdrucks einfach dazu bestimmt ist auf das Gemüt des Andern eine bestimmte Wirkung hervorzurufen wie etwa

die laute Stimme ihn einschüchtert soweit rechne ich es nicht unter die Zeichen. Aber warum sollte nicht ein Wort bloß zu diesem Zweck gebraucht werden oder ein Lärm anderer Art.
Wir können uns auch etwas denken das ganz wie ein Satz aussieht + dessen Wirkung darin besteht daß jedes der Worte eine bestimmte Wirkung auf den der es hört hervorruft + der ganze Satz etwa wie eine Art Aussage wirkt oder wie eine Reihenfolge verschiedener Waschungen + Abreibungen.
Anderseits muß doch auch jeder wirkliche Satz so wirken neben seiner eigentlichen Funktion. Die erste Wirkung des Satzes auf uns wäre dann wie die Wirkung der Pianolarolle auf die Tastatur.

MS-156a, 1932–33, S. 32rff.

Man möchte nun sagen: gewiß, die Bedeutung eines Wortes ist seine Wirkung. Denn die Sätze, die wir sagen, haben einen bestimmten Zweck, sie sollen ~~wollen~~ gewisse Wirkungen hervorbringen. Also sind sie offenbar Teil eines Mechanismus (etwa eines psychologischen) zur Herbeiführung dieser Wirkung + die Wörter sind auch solche Teile (Hebel, Zahnräder u. dergl.). Und das einfachste Beispiel wäre die Wirkung einer Gruppe von Löchern in dem Tonstreifen eines Pianolas. Wie aber, wenn das Pianola nicht richtig funktioniert, weil etwas in seinem Mechanismus in Unordnung geraten ist? Wenn jetzt also diese Gruppe von Löchern statt einer musikalischen Phrase ein Klopfen + Zischen hervorruft. Sollen wir jetzt sagen dies sei der Sinn jener Zeichen auf der Rolle? Vielleicht sagt man Der Sinn sei die Wirkung auf ein Pianola in gutem Zustand (der Sinn eines Befehls seine Wirkung auf einen willigen Menschen).
Nicht der Wirkung entspricht der Sinn, sondern dem Zweck. Der Zweck wird festgesetzt …
Soll Kann ich also sagen, der Zweck eines Wortes ist seine Bedeutung? – Was ist also der Zweck des Wortes »Groß«? (Sage nicht, es sei einfach der, im Hörenden eine Vorstellung von Groß hervorzurufen.) Hat dieses Wort einen Zweck Kann man von dem Zweck dieses Wortes reden? Nach dem Zweck der Löcher auf der Pianolarolle gefragt werde ich ihre Wirkungsweise im Pianola

beschreiben. Aber ich könnte nicht den Zweck dieser Löcher als Teil des Zwecks des Pianolas darstellen.
Schachspiel.

MS-156a, 1932–33, S. 46v ff.

[...] we should call »being guided by the signs« is a mechanism of the type of a pianola. Here, in the working of the pianola we have a clear case of certain actions, those of the hammers of the piano, being guided by the pattern of holes in the pianola roll. We could use the expression, »The pianola is *reading off* the record made by the perforations in the roll«, and we might call patterns of such perforations *complex signs* or *sentences*, opposing their function in a pianola to the function which similar devices have in mechanisms of a different type, e.g., the combination of notches and teeth which form a key bit. The bolt of a lock is caused to slide by this particular combination, but we should not say that the movement of the bolt was guided by the way in which we combined teeth and notches, i.e., we should not say that the bolt moved *according* to the pattern of the key bit. You see here the connection between the idea of being guided and the idea of being able to read new combinations of signs: for we should say that the pianola *can* read any pattern of perforations, of a particular kind, it is not built for one particular tune or set of tunes (like a musical box), -- whereas the bolt of the lock reacts to that pattern of the key bit only which is predetermined by/in the construction of the lock. We could say that the notches and teeth forming a key bit are not comparable to the words making up a sentence but to the letters making up a word, and that the pattern of the key bit in this sense did not correspond to a complex sign, to a sentence, but to a word.

TS-310, 1934–35, S. 65 f.

[...] Also, in the different case of a reading machine which is a mechanism connecting signs with the reactions to these signs, e.g., a pianola, we could say, »only after such-and-such a thing has been done to the machine, e.g., certain parts had been connected by wires, the machine actually read; the first letter which it read was a d«. —

TS-310, 1934–35, S. 70

Schauen wir nun zurück auf die Diskussion des Sprachspiels. Wir sehen es war keine Erklärung / Es war keine rechte Erklärung, zu sagen, B werde dann von den Kombinationen der Buchstaben geführt, wenn er auch andere Befehle ausführen könnte. – Ja, als wir fragten ob B in von den Zeichen geführt werde, oder nicht, waren wir immer in Versuchung / ~~versucht~~ zu antworten / sagen, wir könnten dies nur entscheiden / ~~die Frage nur beantworten~~, wenn wir in die eigentliche Verbindung hineinsehen könnten / hineinsähen, zwischen dem Sehen der Zeichen + dem Handeln nach ihnen. Denn wir haben ein bestimmtes Bild davon, was wir in einem Mechanismus die / ~~die~~ ›Führung eines Teil es / s durch andre Teile‹ nennen / nennen würden. – Und zwar fällt uns, wenn wir über unser / das Geführtwerden durch die Zeichen / ~~im Falle (47)~~ nachdenken, sofort ein / ~~der~~ Mechanismus ein von der Art / von der Type des Pianolas ein. Hier haben wir den klaren Fall einer / der Führung: das Spiel / des Spiels der Klaviertasten geführt durch die Perforierung des Papierstreifens / ~~in der Papierrolle~~. Wir könnten den Ausdruck gebrauchen: das / ~~Der Mechanismus des~~ Pianola läse die Perforierungen der Rolle herunter. Und man könnte / ~~wir könnten~~ Gruppen solcher Perforierungen ›komplexe Zeichen‹, oder ›Sätze‹, nennen, – wenn man ihre Funktion ~~in Gegensatz bringt~~ / entgegenstellt der Funktion ähnlicher Einrichtungen in einem Mechanismus anderer Art / einer andern Art / Type von Mechanismen. Z.B. der Funktion der Zähne eines Schlüsselbartes. Der Riegel des Schlosses wird durch diese bestimmte / von dieser bestimmten Zusammenstellung / ~~Kombination~~ / Anordnung von Zähnen bewegt. Aber wir werden nicht sagen, die Bewegung des Riegels werde geführt / geleitet durch die Aufeinanderfolge dieser dieser / ~~der~~ verschiedenen Zähne. D.h. / , oder, der Riegel bewegt / bewege sich nicht ›dieser Aufeinanderfolge‹ / dieser Aufeinanderfolge gemäß.

Man sieht hier den Zusammenhang zwischen der Idee des Geführtwerdens + der der Fähigkeit neue Zeichenverbindungen zu lesen: Denn wir können sagen, das Pianola könne jede beliebige / irgend eine Kombination von / beliebige Kombinationen der Perforierungen lesen; es ist nicht zum ~~Erzeugen~~ / ~~Hervorbringen~~ einer bestimmten Tonfolge gebaut; während der Riegel des Schlosses nur von der / auf die Anordnung der Zähne bewegt wird / von Zähnen reagiert die im / durch den Bau des Schlosses vorausbestimmt ist. – Wir könnten sagen, die Zähne des Schlüsselbartes seien nicht vergleichbar den Wörtern eines Satzes, sondern Buchstaben eines Worts; der Bart des Schlüssels entspräche nicht einem komplexen Zeichen Satz, sondern einem Wort.

Ms-115, 1936, S. 193f.

[…]

Oder in dem hiervon verschiedenen Fall einer Lesemaschine Maschine, die, etwa ähnlich wie das dem Pianola, Zeichen mit Lauten verbindet verbände, könnte man sagen: »Erst nach dem das + das an der Maschinerie geschehen war – etwa gewisse Teile durch Drähte verbunden worden waren – hat fing die Maschine gelesen an zu lesen; der erste Buchstabe, den sie las gelesen hat, war … ~~ein ›d‹~~«. Im Falle hier ~~war~~ ein Wesen ~~Mensch (oder Tier)~~ eine ›Lese-Maschine‹, wenn es auf gedruckte Zeichen, die man ihm vorlegt, in bestimmter Weise reagierte. Von keiner Verbindung zwischen dem Sehen des Zeichens des Zeichens + der Reaktion, von keinem Mechanismus, ist in diesem Fall die Rede. Der Lehrer kann auch ~~hier~~ vom Abgerichteten nicht sagen: »Vielleicht hat er dieses Wort ~~liest er dieses~~ gelesen ~~Wort~~«, – denn es besteht ist ja kein Zweifel darüber, was er getan hat. – Die Veränderung, als der Schüler zu lesen anfing, war eine Veränderung seines des Verhaltens (im Allgemeinen allgemeinen); + dem der Ausdruck »das erste Wort im neuen Zustand« haben wir hat hier keinen Sinn gegeben erhalten. (Vergleiche damit diesen Fall:

. . . . . . . . .   .   .   .   .   .

In dieser Figur folgt eine Reihe von Punkten in weiten Abständen einer Reihe von Punkten in ~~mit~~ engen Abständen. Welches ist (von links nach rechts) der letzte Punkt der engen ersten Reihe + welches der erste Punkt der weiten zweiten? Angenommen diese Punkte wären Löcher in der Scheibe einer Syrene; dann würden wir einen hohen Ton hören, der auf einen tiefen folgt. In welchem Augenblicke hört der tiefe Ton auf + fängt der hohe an?)

[…]

MS-115, 1936, S. 198f.

Die Perforierung des Papierstreifens im Pianola eine Sprache?

TS-235, 1945, S. 1

## STREICHINSTRUMENTE

Es ist schade daß Spengler nicht bei seinen guten Gedanken geblieben ist + weiter gegangen ist als er verantworten kann. Allerdings wäre durch die größere Reinlichkeit sein Gedanke schwerer zu verstehen gewesen aber auch dadurch erst wirklich nachhaltig wirksam. So ist der Gedanke daß die Streichinstrumente zwischen 15–1600 ihre Endgültige Gestalt angenommen haben von ungeheurer Tragweite (+ Symbolik).[23] Nur sehen die meisten Menschen wenn man ihnen so einen Gedanken ohne viel drumherum gibt nichts in ihm. Es ist wie wenn einer glaubte daß ein Mensch sich immer unbegrenzt weiter entwickelt + man sagte ihm: schau, die Kopfnähte eines Kindes schließen sich mit … Jahren + das zeigt Dir schon daß die Entwicklung überall zu einem Ende kommt was sich da entwickelt ein geschlossenes Ganzes ist das einmal vollständig da sein wird + nicht eine Wurst die beliebig lang weiterlaufen kann.

MS-183, 6.5.1930, S. 19f.

Man sagt ~~(Ich sage)~~: – »In diesem Augenblick verstand ich, welchen Gesichtsausdruck er meinte – ich sah ihn vor mir.« Hier ist also Verstehen ein Bewußtseinszustand, oder Vorgang. Ganz ähnlich~~, wenn ich sage~~: »Als ich dieses Stück Quartett neulich hörte, da verstand ich es.« Nein; man sagt »Ich hörte ihm mit Verständnis zu«, aber nicht »Ich verstand es die ganze Zeit«.

MS-116, 1937–38, S. 96

23 »Als Newton und Leibniz um 1670 die Infinitesimalrechung entdeckten, war der fugierte Stil vollendet. Und um 1740, als Euler begann, die endgültige Fassung der funktionalen Analysis zu formulieren, wurde durch Stamitz und seine Generation die letzte und reifste Form der musikalischen Ornamentik gefunden, die des vierteiligen Satzes als einer reinen unendlichen Bewegtheit. […] Der Ursprung dieser Tonsprache liegt in den endlich erreichten Möglichkeiten unsrer tiefsten und innerlichsten, der Streichmusik, und so gewiß die Geige das edelste aller Instrumente ist, … so gewiß liegen ihre jenseitigsten, heiligsten Augenblicke völliger Verklärung im Streichquartett und in der Violinsonate.« (Oswald Spengler, Der Untergang des Abendlandes, München 1972, S. 298).
Statt des von Wittgenstein genannten Zeitraumes 15–1600 sollte es wohl besser heißen 16–1700. Die von Spengler genannten Jahreszahlen harmonieren ausgezeichnet mit den Lebensdaten Antonio Stradivaris (1648–1737), des größten aller Geigenbauer.

## TROMPETE

Zeitliches Verhältnis des Ausdrucks Befehls »geh zur Tür hinaus« + der Handlung, die ihn befolgt.
Denken wir uns den Befehl durch ein Trompetensignal gegeben.
Und den Unterschied zwischen dem Befolgen des Befehls »geh zur Tür hinaus« + eines Befehls, der mir etwa jeden Schritt zur Tür vorzeichnet. Offenbar ist der obere Befehl einem Element des andern ~~gleich~~ analog .

MS-110, 5.3.1931, S.136f.

Die Anwendung der Rechnung muß für sich selber sorgen. Und das ist, was am ›Formalismus‹ richtig ist.
Die Zurückführung der Arithmetik auf symbolische Logik soll die Application der Arithmetik zeigen; gleichsam den das Ansatzstück den Ansatz, mit mittels welchem sie an auf ihrer Anwendung angebracht ist sitzt. So als zeigte man Einem erst eine Trompete ohne das Mundstück – + nun das Mundstück, welches uns lehrt zeigt, wie eine Trompete mit dem menschlichen Körper verwendet, geblasen, wird in Contact gebracht wird. Das Ansatzstück aber, das uns Russell gibt ~~zeigt~~, ist einerseits zu eng anderseits zu weit – zu eng + zu weit; zu allgemein + zu speziell. Die Rechnung sorgt für ihre eigene Anwendung.

MS-122, 30.10.1939, S.12vf.

Ich erwarte jeden Augenblick eine Explosion. Ich bin nicht im Stande irgend einer andern Sache meine Aufmerksamkeit zuzuwenden; schaue in meine Zeitung aber ohne zu lesen. Fragt mich Einer, warum ich so gespannt + nervös scheine so sage ich, ich erwarte jeden Augenblick die Explosion.
Wie war es nun: beschreibt beschrieb dieser Satz eben jenes Verhalten? Aber wie unterscheidet sich dann die Erwartung der Explosion von der eines ganz andern Ereignisses. Z.B. von der Erwartung eines bestimmten Signals (3 Trompetenstöße)? […]

MS-165, 1941–44, S.15f.

VIOLINE / GEIGE

[…] Kann ich also sagen: Wenn ein grünes Täfelchen rot bezeichnen kann, dann nicht anders als das a auf der Violine? Aber man hat ein Gefühl als wäre das nicht so; als gäbe es hier eine Projectionsmethode (nur nicht eine (uns) so bequeme wie die welche rot in rot projiziert) die rot in grün projiziert. Wenn das so ist, so müssen wir wissen, was diese Projectionsmethode auf ein anderes Argument angewandt ergibt (denn eine Projectionsmethode ist wesentlich eine Variable). […]

MS-112, 11.11.1931, S. 85rf.

Anderseits ist es wohl denkbar, daß Menschen in Assoziationen von den Farben die sie Farben mit Violintönen mit Violintönen assoziieren so genau übereinstimmten daß Einer zum Andern sagen könnte: »Nein, diesen Violin Ton hast Du nicht richtig dargestellt ~~gemalt~~, er war gelblicher als Du ihn gemalt hast«; + der Andere würde etwa ~~nun nicht~~ antworten: »Du hast recht es hat mir selber so geschienen«. —

MS-114, 1933, S. 123v

Es ist jene Redeweise, die uns ~~Dich~~ hindert, die Tatsachen unparteiisch zu sehen. Betrachte die Aussprache eines Worts durch die Darstellungsform der Schreibung: Wie leicht kann man sich da überreden, daß zwei Worte – z. B. »für« und »führ« – im täglichen Gebrauche ~~doch verschie-~~ verschiedenen ~~den klingen~~ Klang haben – weil man sie verschieden ausspricht, wenn man sein Augenmerk gerade auf den Unterschied ihrer Schreibung richtet. Damit zu vergleichen ist die Meinung, ein Violinspieler mit feinem Gehör greife f immer etwas höher als eis. Ü ~~Ue~~berlege dir solche Fälle! – So kann es geschehen dass das Darstellungsmittel eine Einbildung erzeugt. Denken wir also ~~Also denk~~ nicht, wir müssten ~~Du müsstest~~ einen spezifischen seelischen Vorgang finden, weil das Verbum ~~Tätigkeitswort~~ »verstehen« dasteht und weil man sagt: Verstehen sei eine seelische Tätigkeit.

TS-233b, 1937, S. 17

Der verworrene Gebrauch der psychologischen Gebrauchswörter [Wörter]. »Denken« z. B. Wenn das Wort »Violine« nicht nur [allein] [bloß] das Instrument sondern auch [manchmal] den Geiger, die Geigenstimme, den Geigenklang, das Geigenspiel bezeichnet.

MS-137, 1948, S. 75a

Daß die Farben keine Eigenschaften sind, zeigt die Analyse der Physik, zeig$^{\text{ten}}_{\text{en}}$ die internen Relationen in welchen die Physik die Farben zeigt.
Wende dies auch auf Klänge an.

Ms-103, 11.9.1916, S.52r

… of scientific expression they are a misuse of language in fact they are nonsense. The word »to wonder« has of course a good sense which we all understand if it means to wonder at a certain state of things to wonder that such + such is the case. It has a good + clear sense to say that I wonder at some unusually dressed man as I have never seen before or at some strange sound etc. etc. It is also clear what it means to wonder at the existence of say a building which you thought had been pulled down long ago for here it has a meaning to say »I did not think that this building still existed« or to say that it does exist. On the other hand it's nonsense + not a proposition at all to say that colour + sound exist + for this reason it's nonsense to say that I wonder at their existence. Now the $^{\text{right}}_{\text{correct}}$ expression of what we mean when we say that colour + sound etc. exist is not a proposition at all but really the vocabulary …

MS-139a, 1929, S.8

Bei einem Onomatopoetischen Wort gehört der Klang mit zum Symbol. Es ist als schreibe man des Wort »rot« mit roter ~~Tinte~~, das Wort »grün« mit grüner Tinte.

MS-109, 31.1.1930, S. 190

Unterscheidet sich etwa ein vorgestellter Ton von dem gleichen wirklich gehörten durch die Klangfarbe?

MS-108, 22.7.1930, S.230

»Der Klang scheint mir von dort zu kommen.« – »Genau aus welcher Richtung?«

MS-111, 15.7.1931, S.21

Die Erinnerungszeit unterscheidet sich unter anderem dadurch von der physikalischen, daß sie ein Halbstrahl ist dessen Anfangs/Endpunkt die Gegenwart ist. Der Unterschied zwischen Erinnerungszeit + physikalischer Zeit ist natürlich ein logischer. D.h.: die beiden Ordnungen könnten sehr wohl mit ganz verschiedenen Namen bezeichnet werden + man nennt sie nur beide »Zeit« weil eine gewisse grammatische Verwandtschaft besteht ganz wie zwischen Kardinal + Rationalzahlen; Gesichtsraum, Tastraum + physikalischem Raum; Farbtönen + Klangfarben, etc., etc.

MS-112, 27.11.1931, S.131rf.

[…]
»Ich kann diese~~n~~ Glasscheibe ~~Tisch~~ nicht sehen, aber ich kann sie ~~ihn~~ fühlen«. Kann man sagen: »ich kann das Nachbild nicht sehen, aber …«?
Vergleiche: »Ich sehe den Tisch deutlich«;
»ich sehe das Nachbild deutlich«.
»Ich höre die Musik deutlich«;
»ich höre das Ohrensausen deutlich«.
~~Vergleiche die Grammtik~~ Ich sehe den Tisch nicht deutlich heißt etwa: ich sehe nicht alle Einzelheiten des Tisches; – was aber heißt es: »ich sehe nicht alle Einzelheiten des Nachbildes«, oder: »ich höre nicht alle Einzelheiten des Ohrenklingens«? Könnte man nicht sehr wohl statt »ein Nachbild sehen« sagen: »ein Nachbild haben«? Denn: ein Nachbild »sehen«? im Gegensatz wozu? – […]

MS-114, 27.5.1932, S.4vf.

Wie ist es wenn man einmal die besondere Klangfarbe eines Tones hört/merkt ein andermal nur den Klang als solchen?

MS-148, 1934–35, S.1v

[…] Mental images of colours, shapes, sounds, etc. etc. which play a role in communication by means of language we put in the same category with patches of colour actually seen, sounds heard. […]

TS-310, 1934–35, S.20

[…]
Wenn man jemandem die Königsfigur im Schachspiel zeigt + sagt: »Das ist der Schachkönig«, so erklärt man ihm dadurch nicht den Gebrauch dieser Figur, – es sei denn, daß er die Regeln des Spiels schon kennt, bis auf diese letzte Bestimmung: die Form / Gestalt einer Königsfigur.
Man kann sich denken, er habe ~~das Spiel zuerst mit geschriebenen Zeichen~~ die Regeln des Spiels gelernt, ohne daß ihm je eine wirkliche Spielfigur / ~~Holzfigur~~ gezeigt wurde. Die Form der Spielfigur entspricht hier dem Klang oder Aussehen / der Gestalt eines Wortes.
[…]

MS-142, 1936–37, S. 26

Ich sage mit geschlossenen Augen: »Der Klang kommt von dort, nicht von dort.« Wie kommt es, daß dies kein Widerspruch ist? Denke ich sage: »der Schall kommt von dort« und zeige dabei nicht in der / ~~die~~ Richtung ~~en~~ sondern drehe mich mit geschlossenen Augen so, daß mein Gesicht in der / ~~die~~ Richtung des Schalls sieht. Ich weiß dann in einem Sinne aus welcher Richtung der Schall kommt + in einem andern Sinne weiß ich es nicht.

MS-120, 20.2.1938, S. 81r

»Was wäre aber hier die Bedeutung der Laute?« – Was ist sie in der Musik? Obwohl ich gar nicht sagen will, daß diese Sprache der ~~Lautgebärde~~ klanglichen Gebärden mit Musik verglichen werden müßte.

MS-129, 1944, S. 175

»Eine / Die Bedeutung ist doch nicht etwas, was man erleben kann!« – Warum nicht? – Die Bedeutung ist kein Sinneseindruck. Aber was sind Sinneseindrücke? So etwas, wie ein Geruch, ein Geschmack, ein Schmerz, ein Klang, etc., etc. Aber was ist ›so etwas wie‹ alle diese Dinge? Was ist ihnen gemeinsam? Diese Frage ist natürlich nicht dadurch zu beantworten, daß man sich in diese Sinneseindrücke vertieft. Man könnte aber so fragen: »Unter was für / welchen Umständen würden wir sagen, jemand habe eine Art von Sinneseindrücken, die uns fehlen?« –Wir sagen z.B. von Tieren sie hätten ein Organ, womit sie das + das wahrnehmen, + so ein Sinnesorgan muß nicht einem der unsern ähnlich sein.

MS-131, 17.8.1946, S.59f.

Welchen Begriff von der Gleichheit, Identität, haben wir?
Du kennst die Verwendungen des Wortes »Gleich«, wenn es sich um gleiche Farb^en^~~töne~~, ^gleiche Klänge^, gleiche Formen, gleiche Längen, gleiche Zeiten, gleiche Gefühle handelt, + Du entscheidest, ^ob nun der + der^ ob man nun hier / Fall in diese Familie aufgenommen werden / auch noch von ›Identität‹ reden soll, oder nicht.

MS-132, 16.10.1946, S.191

Einen Aspekt möchte man oft vergleichen (mit) einer angeschlagenen Note, die ausklingt.

MS-135, 18.7.1947, S.21v

Soll ich den ganzen Bereich des Psychologischen den des ›Erlebens‹ nennen? Also etwa alle psychologischen Verben ›Erlebnisverben‹. (›Erlebnisbegriffe‹) Ihr Charakteristikum ist dies, daß ihre dritte Person auf Grund von Beobachtungen ausgesprochen wird, nicht aber die erste. Jene Beobachtung ist Beobachtung des Benehmens. Eine Unterklasse der Erlebnisbegriffe sind die ›Erfahrungsbegriffe‹. ›Erfahrungen‹ haben Dauer, einen Verlauf; sie können gleichförmig, oder ungleichförmig verlaufen. Sie haben Intensität. Sie sind nicht Charaktere von Gedanken. Vorstellung ist Erfahrung. Eine Unterklasse der ›Erfahrungen‹ sind die ›Eindrücke‹. Eindrücke haben räumliche und zeitliche Beziehungen zueinander. Es gibt Mischeindrücke. Z.B. Gemische von Gerüchen, Farben, Klängen. ›Gemütsbewegungen‹ sind ›Erlebnisse‹, aber sind nicht ›Erfahrungen‹. [...]

TS-229, 1947, S.385

Gesichts- und Gehörsempfindungen / Sinnesempfindungen können zu gleicher Zeit anfangen + enden, in andere solche Empfindungen übergehen. Der Übergang kann plötzlich + oder allmählich sein. Ein Ton kann von dort kommen, wo man etwas sieht. Es gibt Mischklänge + Mischfarben. Es gibt Intensitäten des Gehörten + Gesehenen.

MS-136, 18.12.1947, S. 2a

Mit welchem Recht gebraucht er da das Wort »sehen«? Oder hat er keine Berechtigung + ist es nur eine Sprachdummheit? Oder liegt ist die einzige Berechtigung darin, daß ich auch geneigt bin und andere geneigt sind, zu sagen: einmal »ich sehe es als das«, einmal »ich sehe es als jenes«? Es könnte so sein. Aber ich bin durchaus abgeneigt, das anzunehmen; ich fühle, ich *muß* sagen »ich sehe etwas«. Was soll das aber heißen? — Ich habe doch das Wort sehen« *gelernt*. Was paßt ist doch nicht das *Wort*, der sein Klang oder das geschriebene Bild. Der *Gebrauch* des Worts »sehen« ist es, was mir die Idee aufnötigt, ich *sehe* dies.

Was ich über den Gebrauch des Wortes gelernt habe, muß mich zwingen, es hier zu gebrauchen.

MS-136, 15.1.1948, S. 113a

Klangfarbe. Warum will man von der Farbe des Klangs der Klarinette oder Flöte reden? Es ist beinahe, als könnte man, wie sie klingen, durch Farben darstellen. Nicht aber, als sei der Unterschied einer, wie zwischen Rot + Gelb etwa, sondern mehr wie der zwischen einer gewissen *Art* von Rot, Gelb etc. + einer andern Art dieser Farben. Also *eher* wie der Unterschied zwischen reinen + schmutzigen Farben. – Aber wie es Zwischenglieder, Mischungen solcher Farbarten gibt, so auch der Klangfarben, + wie es dort heller + dunkler gibt so auch hier, + so wie es dort reiner + unreiner gibt, auch hier.

MS-136, 21.1.1948, S. 136bf.

Man möchte sagen: der vorgestellte Klang sei in einem andern *Raum*, als der gehörte. Das Gesehene in einem anderen Raum, als das Vorgestellte. (Frage: Warum?) Hören ist mit Hinhorchen verbunden; einen Klang sich vorstellen, nicht. Darum ist der gehörte Klang in einem andern Raum als der vorgestellte.

TS-233b, 1948, S. 48

Farbe, Klang, Geschmack, Temperatur, diese haben eine subjektive + eine objektive Seite. Das heißt doch wohl: sie geben manchmal an, was ich fühle, manchmal beschreiben sie die Außenwelt. – Nun, das subjektive Zwischenglied scheint in meiner Kenntnis der Körperstellung zu fehlen.

MS-137, 6.12.1948, S.117b

Aber er könnte sie doch sehen, wie ich + Du. – Aber das Wort »Empfinden« ist doch auch nicht einwandfrei. – Was nehme ich denn mit der Empfindung wahr? Nehme ich, außer der sogenannten Traurigkeit der Gesichtszüge, auch die traurige Stimmung des Menschen wahr? Oder schließe ich diese aus dem Gesicht? Sage ich: »Seine Züge + sein Benehmen waren traurig, also war wohl auch er traurig«?

Hierher gehört, glaube ich, die Frage: Macht ›traurige Musik‹ uns traurig? Es scheint, Ja + Nein. Wir machen z.B. ein trauriges Gesicht, oder doch / oder ein Gesicht, welches Trauer spiegelt.

Man sieht die Trauer, insofern man z.B. den traurigen Gesichtsausdruck sieht, aber man sieht doch nicht den traurigen Klang seiner Stimme.
[...]

MS-138, 23./24.1.1949, S.8b

»Seine Schmerzen sind mir verborgen«, das wäre, als sagte ich: »Diese Klänge sind meinem Auge verborgen.«

MS-138, 15.2.1949, S.21b

## GLOCKEN

Das wird erst dann seltsam, wenn der Befehl etwa ein Glockenzeichen ist. – Denn in welchem Sinne mir dieses Zeichen mitteilt was ich zu tun habe, außer daß ich es eben einfach tue und das Zeichen da war ––. Denn es ist auch nicht das, daß ich es erfahrungsgemäß immer tue, wenn das Zeichen gegeben wird.
Darum hat es ja auch ohne weiteres keinen Sinn zu sagen: »Ich muß gehen, weil die Glocke geläutet hat«. Sondern dazu muß noch etwas anderes gegeben sein.

MS-110, 1.7.1931, S.244f.

Dieses andere ist, oder hängt damit zusammen, daß ich es mir – z.B. – vorgenommen habe, auf das Glockensignal so zu handeln. Aber in dem Vor satz nehmen geschah es ja auch nicht, daß ich so handelte + wenn ich auch eine Handlung der selben Art ausführte so führte ich doch ~~nicht die, die~~ meinen Vorsatz nicht aus und meine Handlung war ein weiteres Symbol.
Ich meine: Ich rede hier immer von »dieser Handlung« (oder sage, ich habe mir vorgenommen »so« zu handeln) aber damit kann ich doch nur höchstens ein Bild von ihr geben.

MS-110, 1.7.1931, S. 245

Wenn ich nun bei einem weiteren Glockenschlag wieder so handle, so ist diese Wiederholung keine hypothetische, sondern ich wiederhole die Handlung bewußt. D.h. richte mich nach meiner Erinnerung.

MS-110, 1.7.1931, S.246

Denn wie ist (denn) so ein Moment bestimmt? Etwa durch einen Glockenschlag? Und kann ich denn nun die ganze, mit diesem Schlag gleichzeitige Erfahrung wirklich beschreiben? Wenn man daran denkt, es zu versuchen, wird man sofort gewahr, daß es eine Fiktion ist, wovon wir reden.

MS-111, 7.7.1931, S.8

## KLINGEL

Es ist doch offenbar nicht un$^{\text{denkbar}}_{\text{möglich}}$, daß Einer die gelbe Blume so mit einem Phantasiebild sucht, wie ein Anderer mit dem färbigen Täfelchen, oder ein Dritter in irgend einem Sinne, mit dem Bild einer Reaktion, die durch das, was er sucht, hervorgerufen werden soll (Klingel).
Womit immer aber er suchen geht (mit welchem Paradigma immer), nichts zwingt ihn das als das Gesuchte anzuerkennen, was er am Schluß wirklich anerkennt, + die Rechtfertigung in Worten, oder andern Zeichen, die er dann von dem $^{\text{Ergebnis}}_{\text{Resultat}}$ gibt, rechtfertigt wieder nur in Bezug auf eine andere Beschreibung in derselben Sprache.

MS-110, 2.7.1931, S.266

Mit einem Draht nach einem Kurzschluß suchen; er ist gefunden, wenn es läutet. Aber suche ich dabei auch nach etwas, was der Idee des Klingelns gleich ist? u.s.w. u.s.w.

MS-110, 3.7.1931, S.272

Kompositionen die am Klavier, auf dem Klavier, komponiert sind, solche, die mit der Feder denkend + solche die mit dem inneren Ohr allein komponiert sind, müssen einen ganz verschiedenen Charakter tragen, + einen Eindruck ganz verschiedener Art erzeugen.
Ich glaube bestimmt, daß Bruckner mit dem inneren Ohr + einer Vorstellung vom spielenden Orchester, Brahms mit der Feder komponiert hat. Das ist natürlich viel einfacher dargestellt, als es ist. Eine Charakteristik aber ist damit getroffen.

Aus der Notenschrift der Komponisten müßte man sich hierüber Aufschluß holen können. Und wirklich war, glaube ich, die Notenschrift Bruckners ungeschickt + schwerfällig.

Bei Brahms die Farben des Orchesterklanges Farben von Wegmarkierungen.

MS-183, 6.5.1931, S. 76f.

Mangelnde Strenge meines Stils + der »Komposition«.

MS-156a, 1932–33, S. 59r

Denk' Dir Einer sagte: »Ich will eine Komposition hören, die so geht:

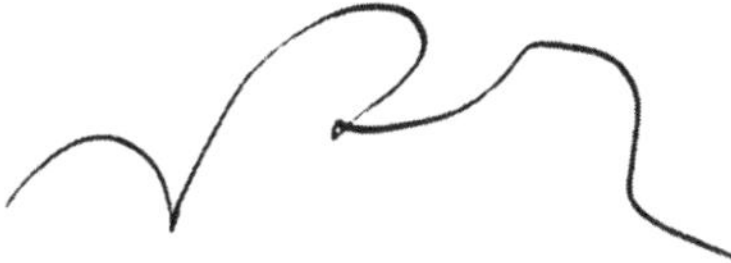

Müßte das unsinnig sein? Könnte es nicht eine Komposition geben von der sich zeigen ließe, daß sie, in irgend einem wichtigen Sinne, dieser Linie entspräche?

MS-127, 20.1.1943, S. 32

Man könnte sich auch so einen Unterricht in einer Art von Rechnen denken. Die Kinder können dann ein jedes auf seine Weise, rechnen; solang sie nur auf die innere Stimme horchen + ihr folgen. Dieses Rechnen wäre wie ein Komponieren.

MS-127, 1944, S. 107f.

### KOMPONIST

Namen der Komponisten. Manchmal ist es die Projektionsmethode die wir als gegeben betrachten. Wenn wir uns etwa fragen: Welcher Name würde den Charakter dieses Menschen treffen. Manchmal aber projizieren wir den Charakter in den Namen + sehe diesen als das Gegebene an. So scheint es uns daß die uns wohlbekannten großen Meister gerade die Namen haben die zu ihrem Werk passen.

MS-146, 1933–34, S. 44v

Hätte es einen Sinn einen Komponisten zu fragen, ob man eine Figur *so* oder *so* hören soll, wenn das nicht auch heißt, ob man sie auf diese, oder jene Weise *spielen* soll?

MS-135, 11.10.1947, S. 72rf.

Das Verstehen + die Erklärung einer musikalischen Phrase. – Die einfachste Erklärung ist manchmal eine Geste; eine andere wäre etwa ein Tanzschritt, oder Worte die einen Tanz beschreiben. – Aber ist denn nicht das Verstehen der Phrase ein Erlebnis während wir sie hören? + was tut nun die Erklärung? Sollen wir an *sie* denken, während wir die Musik hören? Sollen wir nun den Tanz, oder was immer es ist dabei vorstellen? Und wenn wir's tun, – warum soll man *das* ein verständnisvolles Hören der Musik nennen?? Kommt's auf's Sehen des Tanzes an, so wäre es ja besser *er* würde vorgeführt statt der Musik. Alles das aber ist ein Mißverständnis.
Ich gebe Einem eine Erklärung, sage ihm »Es ist wie wenn …«; nun sagt er »Ja jetzt versteh ich's« ~~+ spricht es~~ oder »Ja jetzt weiß ich wie es zu spielen ist«. Vor allem mußte er ja die Erklärung nicht *annehmen*; es ist ja nicht, als hätte ich ihm sozusagen überzeugende Gründe dafür gegeben, daß diese Stelle vergleichbar ist dem + dem. Ich erklärte ihm ja z.B. nicht aus Äußerungen des Komponisten, diese Stelle habe ~~solle~~ das + das dar[zu]stellen.

MS-137, 15.2.1948, S. 20bf.

Wir reden also über Muster im Lebensteppich.

Willst Du also sagen, daß es das Lebensmuster des echten + des geheuchelten Schmerzes nicht gibt? Aber kann ich sie beschreiben?

Denk Dir es handelte sich wirklich um Muster auf einem langen Band.
Das Band zieht an mir vorbei + ich sage einmal »dies ist das Muster S«, einmal »das ist das Muster V«. Manchmal weiß ich für einige Zeit nicht, welches es ist; manchmal sage ich am Ende »Es war keins von beiden«.
Wie könnte man mich lehren, diese Muster zu erkennen? Man zeigt mir einfache Beispiele, dann auch komplizierte von beiden Arten. Es ist beinahe, wie ich den Stil zweier Komponisten unterscheiden lerne. Warum zieht man aber bei den Mustern diese *schwer faßliche* Grenze? Weil sie in unserm Leben von Wichtigkeit ist.

MS-169, 1948–50, S. 68vf.

BACH

Es besteht kein Grund anzunehmen daß eine Menge gewöhnlicher Menschen dasselbe leisten können also dieselben Effekte hervorbringen können, die *ein* ungewöhnlicher Mensch hervorbringen kann. Das heißt nicht nur, daß eine Anzahl mittelmäßiger Komponisten nicht das Wohltemperierte Klavier hätten schreiben können, sondern kein Grund zur Annahme besteht es hätte ein weittragendes geschichtliches Ereignis, das *einen* Mann zum Zentrum hatte, ähnlich auch von einer Masse sehr gewöhnlicher Menschen ohne einen außerordentlichen Führer bewirkt werden können. Es ist in keinem Sinne klar, daß zur Erzeugung eines großen weitausgebreiteten Effekts nicht eine Konzentration großer Energie in *einem* Menschen nötig sei. Dies von vornherein anzunehmen ist eine Dummheit, die sich kein Wissenschaftler in seiner Wissenschaft erlauben könnte.

MS-135, 12.7.1947; S. 2vf.

Bach hat gesagt, er habe alles nur durch Fleiß geleistet. Aber ein solcher Fleiß setzt eben Demut + eine ungeheure Leidensfähigkeit, also

Kraft, voraus. Und wer sich dann vollkommen ausdrücken kann, spricht eben zu uns die Sprache eines großen Menschen.

MS-137, 28.5.1948, S.40a

## BEETHOVEN

Beethoven ist ganz + gar Realist; ich meine, seine Musik ist ganz wahr, ich will sagen: er sieht das Leben ganz wie es ist + dann erhebt er es. Es ist ganz Religion + gar nicht religiöse Dichtung. Drum kann er in wirklichen Schmerzen trösten wenn die Andern versagen + man sich bei ihnen sagen muß: aber so ist es ja nicht. Er wiegt in keinen schönen Traum ein sondern erlöst die Welt dadurch daß er sie als Held sieht, wie sie ist.

MS-183, 1.3.1931, S.72

Die Melodien der frühen Beethovenschen Werke haben (schon) ein anderes Rassegesicht als z.B. die Melodien Mozarts. Man könnte den Gesichtstypus zeichnen der den diesen Rassen entspräche. Und zwar ist die Rasse Beethovens gedrungener, grobgliedriger, mit runderem oder viereckigerem Gesicht, die Rasse Mozarts mit feineren schlankeren + doch rundlichen Formen + die Haydens groß + schlank von der Art mancher österreichischer Aristokraten. Oder lasse ich mich da von dem Bild verführen das ich von den Gestalten dieser Männer habe. Ich glaube nicht.

Merkwürdig zu sehen, wie ein Stoff sich einer Form widersetzt. Wie der Nibelungenstoff sich der dramatischen Form widersetzt. Er will kein Drama werden + wird keins + nur dort ~~gibt er nach~~ ergibt er sich wo der Dichter oder Komponist sich entschließt episch zu werden ~~ihn episch zu behandeln~~. So sind die einzigen bleibenden + echten Stellen im »Ring« ~~der Nibelungen~~ die epischen, in denen Text oder Musik erzählen. Und darum sind die eindrucksvollsten Worte des »Rings« die der Bühnenweisungen.

MS-183, 13.10.1931, S.99f.

Es gibt Probleme an die ich nie herankomme, die nicht in meiner Linie oder in meiner Welt liegen. Probleme der Abendländischen Gedankenwelt an die Beethoven (+ vielleicht teilweise Goethe) herangekommen ist + mit denen er gerungen hat die aber kein Philosoph je angegangen hat (vielleicht ist Nietzsche an ihnen vorbeigekommen).
Und vielleicht sind sie für die abendländische Philosophie verloren d.h. es wird niemand da sein der den Fortgang dieser Kultur als Epos empfindet also beschreiben kann. Oder richtiger sie ist eben kein Epos mehr oder doch nur für den der sie von außen betrachtet + vielleicht hat dies Beethoven vorschauend getan (wie Spengler einmal andeutet). Man könnte sagen die Zivilisation muß ihren Epiker voraushaben. Wie man den eigenen Tod nur voraussehen und vorausschauend beschreiben nicht als Gleichzeitiger von ihm berichten kann. Man könnte also sagen: Wenn Du das Epos einer ganzen Kultur ge be schrieben sehen willst so mußt Du es unter den Werken der Größten dieser Kultur also zu einer Zeit suchen in der das Ende dieser Kultur nur hat vorausgesehen werden können, denn später ist niemand mehr da es zu beschreiben. Und so ist es also kein Wunder wenn es nur in der dunklen Sprache der Voraus ahnung sicht geschrieben ist + für die Wenigsten verständlich.

MS-110, 16.10.1931, S. 12f.

[...] Aber was heißt das hier eine Farbe käme mir rot vor? Ich habe ja keine anderen Muster dieser Farbe; also kommt mir vor sie heiße ›rot‹.
Ich kann doch nicht sagen: sie kommt mir vor, wie sie mir vorkommt / scheint mir zu sein, wie sie mir zu sein scheint.
Und doch ist es mir, als könnte ich sagen: »Ob ich mich nun irre, oder nicht – diese Farbe erscheint mir rot.« Es ist, als sagte ich einen bestimmten Charakter von der Farbe des Gegenstandes aus, den roten Charakter. Als applizierte ich immer wieder die Röte die ich sehe, auf etwas a A nderes, zöge sie gleichsam immer wieder der Farbe an. (Als hätte es Sinn von Beethoven zu sagen »er ist ein Beethoven!«,

Watson[24] machte mich auf eine Stelle in Omar Kayam aufmerksam »and this round mug men call ›the sky‹ « [beiläufig].)

MS-120, 20.11.1937, S. 2rf.

Die Stelle in der 6ten Symphonie, bei der man die Sonne ~~durch-~~ scheinen sieht, während es noch regnet.[25] Es ist sicher klar, diese Takte würden uns allein, außerhalb des ganzen Zusammenhangs diesen Eindruck nicht geben. Aber es ist ein Eindruck; nicht ein Schluß, den wir ziehen. Wir sagen uns nicht: »Da jetzt das Gewitter offenbar zu Ende geht, so ist das wohl das Durchbrechen der Sonne etc.« Sondern dies Bild drängt sich uns ~~unwiderstehlich~~ auf.
Wenn ich sage: »Das würde außerhalb dem Zusammenhang der Symphonie nicht geschehen«, so ist daran etwas unklar. Man kann fragen: »Wie weißt Du das?« – Ich meine aber: Es wäre freilich denkbar, daß jemand, der nur jene Takte kennt, fände, sie seien irgendwie jenem Naturvorgang zu vergleichen; aber diese Idee wäre nicht in derselben Weise verankert, wie sie es ist, wenn wir die Symphonie ~~hören~~ kennen.

MS-130, 1944–46, S. 111f.

Es ist, als hätte das Wort, das ich verstehe, ein bestimmtes leichtes Aroma das dem Verständnis entspricht. Als unterschieden sich zwei mir wohlbekannte Wörter nicht bloß durch ihren Klang oder ihr Aussehen, sondern, auch wenn ich mir nichts bei ihnen vorstelle, noch durch eine Atmosphäre. – Aber erinnere Dich daran, wie die Namen berühmter Dichter + Komponisten eine eigene Bedeutung in sich aufgesogen zu haben scheinen. So daß man also sagen kann: »Beethoven« + »Mozart« klingen nicht nur anders sondern es begleitet sie auch ein anderer Charakter. Wenn Du aber nun diesen Charakter näher beschreiben solltest, – würdest Du ihre Bilder zeigen, oder ihre Musik?

MS-131, 12.8.1946, S. 28f.

24 Alister G. D. Watson (1908–1982), Mathematiker
25 Ludwig van Beethoven: Symphonie Nr. 6 in F-Dur Op. 68, 4. Satz: *Gewitter. Sturm.*, Notenbeispiel S. 236f.

Nun, es könnte so sein: Denk Dir ein Maler wollte ein Bild entwerfen: »Beethoven beim Schreiben der 9ten Symphonie« – ich könnte mir leicht vorstellen, was etwa auf so einem Bild zu sehen sein könnte. Aber wie, wenn Einer darstellen wollte, wie Göthe ausgesehen hätte beim Schreiben der 9ten Symphonie? Da wüßte ich mir nichts vorzustellen, was nicht höcht unpassend inkongruent + lächerlich wäre.

MS-131, 30.8.1946, S.152

Es ist aber doch wichtig, daß es alle diese Paraphrasen gibt! Daß man die Sorge mit den Worten beschreiben kann »Ewiges Düstre steigt herunter«. Ich habe vielleicht die Wichtigkeit dieses Paraphrasierens nie genügend betont.
Man stellt die Freude dar durch ein lichtumflossenes Gesicht, durch Strahlen, die von ihm ausgehen. Natürlich heißt das nicht, daß Freude + Licht einander ähnlich sind; aber wir assoziieren – gleichgültig warum – die Freude mit dem Licht. Es könnte ja sein, daß diese Assoziation dem Kind wenn es sprechen lernt, beigebracht wird, daß sie nicht natürlicher ist, als der Klang der Wörter selbst – – genug, daß sie besteht. (»Beethoven« + Beethovens Werke)

MS-134, 20.3.1947, S.52f.

Lernt das Kind, das den Buchstaben F kennen lernt, ihn, oder diese Form, als ein F auffassen? – Es lernt diese Form so + so gebrauchen. Der Ausdruck »Etwas als ein F auffassen« hat nur Sinn, wenn man die Form nicht für ein F hält. Ein F sehen, heißt nicht, etwas was man sieht als ein F auffassen. (Wie man zwar einen andern Komponisten, aber nicht Beethoven für einen Beethoven halten kann.) – Das heißt: Erst muß es ein F geben, ehe man etwas als ein F auffassen kann.

MS-136, 13.1.1948, S.102af.

Denke, ich Ich höre ein Beethoven'sches Werk + sage »Beethoven!« – Hat das Wort hier eine andere Bedeutung, als in dem Satz »Beethoven wurde im Jahre 1770 zu Bonn geboren«? (Wer den Ton des jenes Ausrufs nicht verstünde, könnte man ihn etwa erklären: »So spricht schreibt nur Beethoven«.)

MS-137, 28.10.1948, S.82b

Hat also das Wort »Beethoven« ein Beethovengefühl?

MS-169, 1948–50, S. 3v

In Beethovens Musik findet sich zum ersten Mal, was man den Ausdruck der Ironie nennen kann. Z. B. im ersten Satz der Neunten und zwar ist er bei ihm eine fürchterliche Ironie, etwa die des Schicksals.[26] – Bei Wagner kommt die Ironie wieder, aber ins Bürgerliche gewendet.
Man könnte wohl sagen, daß Wagner + Brahms, jeder in andrer Art, Beethoven nachgeahmt haben; aber was bei ihm kosmisch war, wird ist bei ihnen irdisch ~~Ausdruck~~. Es kommen bei ihm die gleichen Ausdrücke vor, aber sie folgen andern Gesetzen.

Das Schicksal spielt ja auch in Mozarts oder Haydens Musik keinerlei Rolle. Damit beschäftigt sich diese Musik nicht.
Dovey[27] [sic], dieser Esel, sagt einmal dies, oder etwas Ähnliches, habe damit zu tun, daß Mozart Lektüre einer gewissen Art gar nicht zugänglich gewesen sei. Als ob es ausgemacht wäre, daß nur die Bücher die Musik der Meister bestimmt hätten. Freilich hängen Musik + Bücher zusammen. Aber wenn Mozart in seiner Lektüre nicht große Tragik fand, fand er sie darum nicht im Leben? Und sehen Komponisten immer nur durch die Brillen der Dichter?

MS-138, 27.2.1949, S. 28af.

»Das große Herz Beethovens« – niemand könnte sagen »das große Herz Shakespeares«. ›Die gelenke Hand, die neue Naturformen der Sprache geschaffen hat‹ schiene mir richtiger.

Der Dichter kann eigentlich nicht von sich sagen »Ich singe wie der Vogel singt« – aber S. hätte es vielleicht von sich sagen können.

MS-173, 12.4.1950, S. 35vf.

26 Ludwig van Beethoven: Symphonie Nr. 9 Op. 125, 1. Satz, Notenbeispiel S. 238

27 Gemeint ist offensichtlich Sir Donald Tovey (1875–1940), britischer Pianist, Komponist und Musikwissenschaftler.

Ich kann Shakespeare darum nicht verstehen, weil ich in der gänzlichen Asymmetrie die Symmetrie finden will.

Mir kommt vor, seine Stücke seien, gleichsam, enorme Skizzen, nicht Gemälde; sie seien hingeworfen, von einem, der sich sozusagen alles erlauben kann. Und ich verstehe, wie man das bewundern + es ~~für~~ die höchste Kunst nennen ~~halten~~ kann, aber ich mag es nicht. – Wer daher vor diesen Stücken sprachlos steht, den kann ich verstehen; wer sie aber bewundert, so wie man Beethoven etwa bewundert, der scheint mir Shakespeare mißzuverstehen.

MS-174, 1950, S. 5r

**BRAHMS**

Unfruchtbar + träg. Zu dem Geistigen: Ich denke mir dann immer: haben diese Großen dazu so unerhört viel gelitten, daß heute ein Arschgesicht kommt + seine Meinung über sie abgibt. Dieser Gedanke erfüllt mich oft mit einer Art von Hoffnungslosigkeit. – Gestern saß ich eine Zeit lang im Garten von Trinity[28] + da dachte ich merkwürdig wie die gute körperliche Entwicklung aller dieser Leute mit völliger Geistlosigkeit zusammengeht (ich meine nicht Verstandlosigkeit). Und wie andererseits ein Thema, von Brahms voll von Kraft, Grazie, + Schwung ist + er selbst einen Bauch hatte.[29] Dagegen hat der Geist der Heutigen keine Sprungfedern unter den Füßen. Ich möchte den ganzen Tag nur essen + schlafen. Es ist als wäre mein Geist müde. Aber wovon? Ich habe in allen diesen Tagen nichts Wirkliches gearbeitet. Fühle mich blöd + feig.

MS-183, 29.4.1930, S. 11 f.

Die Musik der vergangenen / aller Zeiten entspricht immer gewissen Maximen des guten + rechten der selben Zeit. So erkennen wir in Brahms die

28 Trinity College in Cambridge
29 Johannes Brahms: Rhapsodie Op. 79 Nr. 2, Notenbeispiel S. 240

Grundsätze Kellers etc. etc.[30] Und darum muß eine gute Musik die heute oder vor kurzem gefunden wurde, die also modern ist, absurd erscheinen, denn wenn sie irgend einer der heute ausgesprochenen Maximen entspricht so muß sie Dreck sein. Dieser Satz ist nicht leicht verständlich aber es ist so: Das Rechte heute zu formulieren dazu ist so gut wie niemand gescheit genug + alle Formeln, Maximen, die ausgesprochen werden sind Unsinn. Die Wahrheit würde allen Menschen ganz paradox klingen. Und der Komponist der sie in sich fühlt muß mit seinem Gefühl im Gegensatz stehen zu allem jetzt Ausgesprochenen + muß also nach den gegenwärtigen Maßstäben absurd, blödsinnig, erscheinen. Aber nicht anziehend absurd (denn das ist das was doch im Grunde der heutigen Auffassung entspricht) sondern nichtssagend. Labor ist dafür ein Beispiel dort wo er wirklich Bedeutendes geschaffen hat wie in einigen, wenigen, Stücken.

MS-183, 27.1.1931, S. 59f.

Zwischen Brahms + Mendelssohn herrscht entschieden eine gewisse Verwandtschaft; + zwar meine ich nicht die welche sich in einzelnen Stellen in ~~bei~~ Brahmsschen Werken zeigt, die an Mendelssohnsche Stellen erinnern sondern man könnte die Verwandtschaft von der ich rede dadurch ausdrücken daß man sagt, Brahms tue das mit ganzer Strenge was Mendelssohn mit halber getan hat. Oder: Brahms ist oft fehlerfreier Mendelssohn.[31]

MS-154, 1932, S. 24rf.

Die musikalische Gedankenstärke bei Brahms.

MS-156b, 1933–34, S. 14v

Die Sätze »ich gehe spazieren« + »ich gehe nicht spazieren« sind einander entgegengesetzt. – »Ja warum nennt man sie denn einander

30 Gottfried Keller (1819–1890), Schweizer Schriftsteller. Brahms hat einige Gedichte Kellers vertont.

31 Felix Mendelssohn-Bartholdy: Streichquartett Nr. 6 Op. 80, 1. Satz, Notenbeispiel S. 241
Johannes Brahms: Streichquartett Nr. 1 Op. 51, 1. Satz, Notenbeispiel S. 242

entgegengesetzt?« – Nun, sieh den Gebrauch des Wortes »nicht« an. Man glaubt ~~z. B.~~, weil es Sinn hat zu sagen Mozart war ein größerer Komponist als Brahms es müsse nun ein analoger Satz für je zwei Komponisten oder Dichter etc. Sinn haben (nicht gelten). Es müsse sozusagen eine Größenmessung nun in jedem Fall geben wenn wir vielleicht auch zu unwissend sind sie auszuführen. Während es hier ähnlich ist wie mit den Messungen im Gesichtsraum wo es sinnlos (nicht falsch) ist zu sagen, eine Strecke sei ein Zehntausendstel der andern.

MS-156b, 1933–34, S. 19vf.

Das überwältigende Können bei Brahms.

MS-147, 1934, S. 22r

In den Zeiten der stummen Filme hat man alle Klassiker zu den Filmen gespielt aber nicht Brahms + Wagner.
Brahms nicht weil er zu abstrakt ist. Ich kann mir eine aufregende Stelle in einem Film mit Beethovenscher oder Schubertscher Musik begleitet denken + könnte eine Art Verständnis für die Musik durch den Film bekommen. Aber nicht ein Verständnis Brahmsscher Musik. Dagegen geht Bruckner zu einem Film

MS-157a, 1934, S. 44vf.

›Brahms hat alles herausgebracht, was in dem Thema liegt ist.‹[32] Aber wäre es in dem Thema gewesen, wenn er's nicht herausgebracht hätte? – D.h. wenn das Ganze da ist, so ist es als hätte die Entwicklung in dem Thema gelegen. ›Es liegt schon irgendwie in dem Thema, er holt es nur heraus.‹ – Wir sind geneigt zu sagen: »diese Entwicklung liegt bereits in dem Thema«. Vergleiche damit den Fall: »Ja, das war das Wort, das ich damals sagen wollte«, »Ich habe damals das gemeint«. Wir hätten auch sagen können: Dies ist die natürliche Entwickelung des dieses Themas. – Und in wiefern ist sie natürlich? Um dies ~~das~~ zu beant-

32 Johannes Brahms: Streichquartett Nr. 3 Op. 67, 3. Satz: Trio, Notenbeispiel S. 243

worten, dazu genügt es nicht, daß wir ~~müssen wir einfach~~ das Thema genau anschauen; sondern (vor allem) die Entwicklungen andrer musikalischer Themen.

MS-121, 10.5.1938, S. 6vf.

BRUCKNER

*Ich glaube, das gute Österreichische (Grillparzer, Lenau, Bruckner, Labor) ist besonders schwer zu verstehen. Es ist in gewissem Sinne subtiler als alles andere, und seine Wahrheit ist nie auf Seiten der Wahrscheinlichkeit.*

MS-107, 7.11.1929, S. 184f.

Mir ist nur dann wohl wenn ich, in ~~irgend~~ einem gewissen Sinn, begeistert bin. Und dann habe ich wieder Angst vor dem Zusammenbruch dieser Begeisterung.
Heute zeigte mir Mrs Moore eine dumme Kritik einer Aufführung der 4ten Symphonie von Bruckner wo der Kritiker über Bruckner schimpft + auch von Brahms + Wagner respektlos redet. Es machte mir zuerst keinen Eindruck da es das Natürliche ist daß alles – großes + kleines – von Hunden angebellt wird. Dann schmerzte es mich doch. In gewissem Sinne fühle ich mich berührt (seltsamerweise) wenn ich denke daß der Geist nie verstanden wird.

MS-183, 29.4.1930, S. 10f.

Die Musik Bruckners hat nichts mehr von dem langen + schmalen (nordischen?) Gesicht Nestroys, Grillparzers, Haynds etc. sondern hat ganz + gar ein rundes volles (alpenländisches?) Gesicht, von noch ungemischterem Typus als das Schuberts war.

MS-154, 1932, S. 26f.

Von einer Brucknerschen Symphonie kann man sagen, sie habe zwei Anfänge: den Anfang des ersten + den Anfang des zweiten Gedankens.
Diese beiden Gedanken sind miteinander nicht blutsverwandt sondern verhalten sich verhalten sich nicht wie Blutsverwandte zueinander zueinander wie Mann und Weib ~~Frau~~.

Die Brucknersche Neunte ist gegen die Beethovensche geschrieben / gleichsam ein Protest gegen die Beethovensche + dadurch wird sie erträglich, was sie ~~sonst~~, als eine Art Nachahmung, nicht wäre. Sie verhält sich zur Beethovenschen sehr ähnlich, wie der Lenausche Faust zum Goetheschen, nämlich der katholische Faust zum aufgeklärten etc. etc.

MS-120, 19.2.1938, S. 71rf.

Ich könnte von einem Bild von Picasso sagen, ich sehe es nicht als Menschen. Oder von manchem: ich hätte es lange nicht als das, was es darstellt, sehen können, tue ~~könne~~ es aber jetzt. Das ist doch ähnlich dem: ich war lange nicht im Stande dies als Einheit zu hören, jetzt aber hör ich's so. Früher schien es nur wie lauter kurze Stücke, die immer wieder abreißen, – jetzt hör ich's als Organismus. (Bruckner.)

MS-137, 7.1.1949, S. 142a

## CHOPIN

Das Sprechen der Musik. Vergiss nicht, daß ein Gedicht, wenn auch / obgleich in der Sprache der Mitteilung abgefaßt, nicht im / in einem Sprachspiel der Mitteilung verwendet wird.
Könnte man sich nicht denken, daß Einer der Musik nie gekannt hat + zu uns kommt + jemand einen nachdenklichen Chopin spielen hört, daß der überzeugt wäre, dies sei eine Sprache + man wolle ~~habe~~ ihm nur den Sinn geheimhalten.
In der Wortsprache ist ein starkes musikalisches Element. (Ein Seufzer, der Tonfall der Frage, der Verkündigung, der Sehnsucht, alle die unzähligen Gesten des Tonfalls.)

MS-134, 29.3.1947, S. 77

## LABOR

*Labor ist, wo er gute Musik schreibt absolut unromantisch. Das ist ein sehr merkwürdiges + bedeutsames Zeichen.*

MS-111, 7.7.1931, S. 2

Der Gedanke ist schon vermudelt, + läßt sich nicht mehr gebrauchen. (Eine ähnliche Bemerkung hörte ich einmal von Labor, ~~über~~ musikalische Gedanken betreffend.) Wie Silberpapier, das einmal verknittert ist, sich nie mehr ganz glätten läßt. Fast alle meine Gedanken sind etwas verknittert.

MS-112, 24.10.1931, S.39rf.

Denke dran, wie man von Labor's Spiel gesagt hat »Er spricht«. Wie eigentümlich! Was war es, was einen in diesem Spiel so an ein Sprechen gemahnt hat? Und wie merkwürdig, daß die diese Ähnlichkeit mit dem Sprechen nicht etwas uns Nebensächliches, sondern etwas Wichtiges + Großes ist! – Die Musik, + gewiß manche Musik, möchten wir eine Die Musik möchten wir eine ›Sprache‹ nennen; + gewiß Sprache nennen, manche Musik gewiß nicht
gilt das von mancher Musik – + von mancher gewiß nicht ·
(Nicht, daß damit ein Werturteil gefällt sein muß!)

MS-134, 11.5.1947, S.156f.

MAHLER

Wenn die späten unter den großen Komponisten einmal in einfachen klaren harmonischen Fortgängen Verhältnissen schreiben, dann ist es als bekennten dann bekennen als wollten sie sich zu ihrer Stammmutter sie sich zu ihrer Stammutter bemutter
bekennen ·
Mahler scheint mir gerade in diesen Momenten (wenn ~~wo~~ die Andern am stärksten ergreifen) besonders unerträglich ~~am unerträglichsten~~ + ich möchte dann immer sagen: aber das hast Du ja nur von den Anderen gehört, das gehört ja nicht (wirklich) Dir.

MS-183, 6.5.1931, S.85

*Sich über sich selbst belügen, sich über die eigene Unechtheit belügen, muß einen schlimmen Einfluß auf den eigenen Stil haben; denn die Folge wird sein, daß man in ihm nicht mehr Echtes von Falschem unterscheiden kann. So mag die Unechtheit des Stils Mahlers zu erklären sein + in der gleichen Gefahr bin ich.*

*Wenn man vor sich selber schauspielert, so muß der Stil davon der Ausdruck sein. Er kann dann nicht der Eigene sein. Wer sich selbst nicht kennen will, der schreibt eine Art Betrug.*

*Wer in sich selbst nicht hinuntersteigen will, weil es zu schmerzhaft ist, bleibt natürlich auch mit dem Schreiben an der Oberfläche. (Wer nur das Nächstbeste will, kann doch nur das Surrogat des Guten erreichen.)*

MS-120,19.2.1938, S.72vf.

Wenn es wahr ist, wie ich glaube, daß Mahlers Musik nichts wert ist, dann ist die Frage, was er, meines Erachtens, mit seinem Talent hätte tun sollen. Denn ganz offenbar gehörten doch eine Reihe sehr seltener Talente dazu, diese schlechte Musik zu machen. Hätte er z.B. seine Symphonien schreiben + verbrennen sollen? oder hätte er sich Gewalt antun, + sie nicht schreiben sollen? Hätte er sie schreiben, + einsehen sollen, daß sie nichts wert seien? Aber wie hätte er das einsehen können? Ich sehe es, weil ich seine Musik mit der der großen Komponisten vergleichen kann. Aber er konnte das nicht; denn wem das eingefallen ist, der mag wohl gegen den ~~diesen~~ Wert des Produkts mißtrauisch sein, weil er ja wohl sieht, daß er nicht, sozusagen, die Natur der andern großen Komponisten habe, – aber die Wertlosigkeit wird er deswegen nicht einsehen, denn er kann sich immer sagen, daß er zwar anders ist, als die übrigen (die er aber bewundert) aber in einer anderen Art wertvoll. Man könnte vielleicht sagen: Wenn Keiner, den Du bewunderst, so ist wie Du, dann glaubst Du wohl nur darum an Deinen Wert, weil Du's bist. – Sogar wer gegen die Eitelkeit kämpft, aber darin nicht ganz erfolgreich ist, wird sich immer über den Wert seines Produktes täuschen.

Am Gefährlichsten aber scheint es zu sein, wenn man seine Arbeit irgendwo in die Stellung bringt, wo sie, zuerst von einem selbst + dann, von Andern mit den alten großen Werken verglichen wird. An so einen Vergleich sollte man gar nicht denken. Denn wenn die Umstände heute wirklich so anders sind, als die frühern, daß man sein Werk der Art nach nicht mit den früheren Werken vergleichen kann, dann kann man auch den Wert nicht mit dem eines andern vergleichen. Ich selbst mache immer wieder den Fehler, von dem hier die Rede ist.

Unbestechlichkeit ist alles!

MS-136, 13.1.1948, S.110bf.

## MENDELSSOHN

Die Tragödie besteht darin daß sich der Baum nicht biegt sondern bricht. Die Tragödie ist etwas unjüdisches. Mendelssohn ist wohl der ~~wenigst~~ un tragischste Komponist. *Das tragische Festhalten, das trotzige Festhalten an einer tragischen Situation in der Liebe erscheint mir immer meinem Ideal ganz fremd. Ist mein Ideal darum schwächlich? Ich kann + soll es nicht beurteilen. Ist es schwächlich so ist es schlecht. Ich glaube ich habe im Grunde ein sanftes + ruhiges Ideal. Aber Gott behüte ~~mich~~ mein Ideal vor der Schwäche + Süßlichkeit!*

MS-107, 1929, S. 72

*Mendelssohn ist nicht eine Spitze sondern eine Hochebene. Das englische an ihm.*

MS-107, 11.9.1929, S. 98

*Mendelssohn ist wie ein Mensch, der nur lustig ist, wenn alles ohnehin lustig ist, oder gut wenn alle um ihn gut sind, + nicht eigentlich wie ein Baum der fest steht, wie er steht, was immer um ihn vorgehen mag. Ich selber bin auch so ähnlich + neige dazu es zu sein.*

MS-107, 11.9.1929, S. 120

(~~Die~~ Mendelssohns~~che~~ Musik wo ~~wenn~~ sie vollkommen ist sind musikalische Arabesken. Daher empfinden wir bei ihm jeden Mangel an Strenge peinlich.)

Der Jude wird in der westlichen Zivilisation immer mit Maßen gemessen die auf ihn nicht passen. Daß die griechischen Denker weder im westlichen Sinn Philosophen noch im westlichen Sinn Wissenschaftler waren; daß die Teilnehmer der Olympischen Spiele nicht Sportler waren + in kein westliches Fach passen ist vielen klar.
Aber so geht es auch den Juden
Aber den Juden geht es ebenso ·
Und indem uns die Wörter unserer Sprache als die Maße schlecht hin ~~weg~~ erscheinen, tun wir ihnen / ihm immer Unrecht. Und sie werden / er wird überschätzt

bald unterschätzt. Richtig reiht daher Spengler Weininger nicht unter die westlichen Denker Philosophen.

MS-153a, 1931, S. 121vf.

Wenn man das Wesen der Mendelssohnschen Musik charakterisieren wollte, so könnte man es dadurch tun daß man sagte, es gäbe vielleicht keine schwer verständliche Mendelssohnsche Musik.

MS-156b, 1933–34, S. 24vf.

[...] Heute nacht folgenden Traum: Ich stand mit Paul + Mining[33], es war, wie auf einer vorderen Plattform eines Wagens der Elektrischen aber daß es das war, war nicht klar. Paul berichtete der Mining davon, wie begeistert mein Schwager Jérome von meiner unglaublichen musikalischen Begabung gewesen sei; ich hatte ~~nämlich~~ am Tag vorher so wunderbar bei einem Werk von Mendelssohn, »die Bachanten«[34] (oder so ähnlich) hieß es), mitgesungen ~~mitgewirkt~~; es war als hätten wir in diesem Werk unter uns zu Hause musiziert + ich hätte außerordentlich ausdrucksvoll mitgesungen + auch mit besonders ausdrucksvollen Gesten ~~dazu gemacht~~.

Paul + Mining schienen mit dem Lob Jeromes[35] vollkommen übereinzustimmen. Jerome habe ein über das andre Mal gesagt: »Welches ~~Was für ein~~ Talent!« (oder etwas Ähnliches; ich erinnere mich daran nicht sicher). Ich hielt eine abgeblühte Pflanze in der Hand mit schwärzlichen Samenkörnern in den schon offenen Schötchen ~~die schon aus den Schrötchen herausfielen~~ + dachte: wenn sie mir sagen sollten, wie schade es doch um mein ungenutztes musikalisches Talent sei, werde ich ihnen die Pflanze zeigen + sagen, daß die Natur mit ihrem Samen auch nicht sparsam ist + daß man nicht ängstlich sein + einen Samen ruhig hin weg werfen umkommen soll. Das Ganze war von Selbstgefälligkeit getragen. – Ich wachte auf + ärgerte, oder schämte, mich

33 Wittgensteins Geschwister Paul (1887–1961) und Hermine (1874–1950). Ihren Spitznamen verdankte Hermine einer Romanfigur des niederdeutschen Schriftstellers Fritz Reuter (1810–1874)

34 Felix Mendelssohn-Bartholdy: Schauspielmusik zu *Antigone* Op. 65 (Beginn), Notenbeispiel S. 244

35 Jérome Stonbourough (1873–1938), Ehemann Margarethe Wittgensteins

~~über~~ wegen meiner Eitelkeit. – Es war das nicht ein Traum der Art wie ich ihn in den letzten 2 Monaten (etwa) sehr oft gehabt habe: wo ich nämlich im Traum verächtlich handle, z. B. lüge, + mit dem Gefühl aufwache: Gott sei Dank, daß es ein Traum war; + den Traum auch als eine Art Warnung nehme. *Möge ich nicht ganz gemein und auch nicht wahnsinnig werden! Möge Gott Erbarmen mit mir haben.*

MS-183, 28.1.1937, S. 155ff.

Was fehlt der Mendelssohnschen Musik? Eine ›mutige‹ Melodie?

MS-162a, 1938, S. 18

MOZART

›Intuitives Denken.‹ Mozart schreibt in einem Brief, ein Stück stünde in einem Augenblick ganz vor seinem Geist.
– Wenn mir nun jemand sagte: »Also ist es eben doch möglich, daß ein ganzer Gedanke auf einmal erfaßt, gedacht, werde / wird « – also ist es doch möglich, etwas ›intuitives Denken‹ zu nennen. Aber erklärt diese Wortverbindung schon, was wir darunter verstehen?
Bei Mozarts Worten kann ich mir mancherlei denken: Z. B., daß gewiß nicht gemeint ist, er höre das ganze Stück in einem Augenblick vor seinem inneren Ohr, als würden alle ~~seine~~ Töne des Stücks zugleich angeschlagen oder in rasendem Tempo heruntergespielt / oder als würde das Stück in rasender Geschwindigkeit durchgespielt; ich kann noch dies + jenes vermuten, + weiter komme ich nicht.

MS-116, 1937–38, S. 101 f.

Es gibt auch eine Rechtfertigung für den Gebrauch der Worte: »das kann ich mir vorstellen«. Angenommen, Einer sagte: »Ich kann mir vorstellen, was die Pavlova bei diesem Tanz erlebt hat / ~~wie der Pavlova zu Mute war~~«, so könnte man fragen: »Wie kannst Du Dir das vorstellen; was hast Du ähnliches erlebt?« – Wenn er nun antwortete: »Das ähnlichste Erlebnis, das ich hatte, war, mir vorzustellen, wie es Mozart beim Komponieren zu Mute war«. —

MS-162b, 1939, S. 37v f.

In welchen Gesprächszusammenhängen sagt man: »Ich kann mir nicht vorstellen wie es Mozart ~~zu Mute~~ erlebt hat als …«.

MS-162b, 1939, S. 41v

[…] Zu sagen: ich brauche es nur noch entfalten ist eben nur ein Bild (Mozart).

MS-164, 1941–44, S. 160f.

Mozart in einem berühmten Briefe[36] schreibt, er sähe ein ganzes musikalisches Werk mit einem Schlage vor seinem Geiste. – Wie ist das möglich, hörte er es ~~doch nicht etwa~~ in rasendem Tempo gespielt in / vor seinem Geiste; oder gar so daß alle Töne gleichzeitig erklangen? Und mit welchem Rechte sagte er dann er habe ein Musikstück im Geiste wahrgenommen? Wie wußte er, daß ein Musikstück dem entsprach was er wahrnahm.

MS-124, 3.7.1944, S. 216f.

Wie konnte Mozart, wie er schreibt, mit einem Schlage ein ganzes Musikwerk vor sich ~~schauen~~ sehen? Wie wußte er, daß es ein Musikwerk war, was er sah, da er es doch nicht mit einem Schlag / in einem Augenblicke hören konnte?

Der blitzartige Gedanke kann sich zum ausgesprochenen verhalten, wie die algebraische Formel zu einer Zahlenfolge / ~~zur Reihe~~, die wir aus ihr entwickeln. Gibst Du mir eine / die Formel, z. B. $y = x + x^2 + x^3$, so bin ich sicher, ich werde die Folge der $y$ von $x = 1$ bis $x = 100$ anschreiben können. ~~Hier wird~~ Man wird diese Sicherheit ›wohl begründet‹ nennen, denn ich habe gelernt solche Reihen zu entwickeln, etc. In andern Fällen

36 In einem Brief an seine Schwester Nannerl vom 20.4.1782 berichtet Mozart, dass er bei der Arbeit an Präludium (Fantasie) und Fuge in C-Dur KV 394 sich das Präludium während der Niederschrift der Fuge ausgedacht habe. Wittgenstein bezieht sich aber offenbar auf einen vieldiskutierten, inzwischen als Fälschung entlarvten angeblichen Brief Mozarts an einen Baron E., der zuerst 1815 von Friedrich Rochlitz veröffentlicht wurde. Dort heißt es: »… das Ding wird im Kopf warlich fast fertig, wenn es auch lang ist, so daß ich's hernach mit einem Blick, gleichsam wie ein schönes Bild, oder einen hübschen Menschen, im Geiste übersehe, u. es auch gar nicht nach einander, wie es hernach kommen muß, in der Einbildung höre, sondern wie gleich alles zusammen.«

wird sie nicht begründet sein, aber durch den Erfolg dennoch gerechtfertigt.

MS-180a, 1944, S. 71f.

SCHUBERT

Wie irreführend die Erklärungen Frazers[37] sind sieht man – glaube ich – daraus, daß man primitive Gebräuche sehr wohl selbst erdichten könnte + es müßte ein Zufall sein wenn sie nicht irgendwo wirklich gefunden würden. Das heißt das Prinzip nach welchem diese Gebräuche geordnet sind ist ein viel allgemeineres als Frazer es erklärt + in unserer eigenen Seele vorhanden, so daß wir uns alle Möglichkeiten selbst ausdenken könnten. – Daß etwa der König eines Stammes für niemanden sichtbar bewahrt wird können wir uns wohl vorstellen, aber auch daß jeder Mann des Stammes ihn sehen soll. Das letztere wird dann gewiß nicht in irgend einer mehr oder weniger zufälligen Weise geschehen dürfen sondern er wird den Leuten gezeigt werden.

Vielleicht wird ihn niemand berühren dürfen vielleicht aber jeder berühren müssen. Denken wir daran daß nach Schuberts Tod sein Bruder Partituren Schuberts in kleine Stücke zerschnitt + seinen Lieblingsschülern solche Stücke von einigen Takten gab. Diese Handlung als Zeichen der Pietät ist uns ebenso verständlich wie die andere die Partituren unberührt niemandem zugänglich aufzubewahren. Und hätte Schuberts Bruder die Partituren verbrannt so wäre auch das als Zeichen der Pietät verständlich. Das Zeremonielle (heiße oder kalte) im Gegensatz zum Zufälligen (lauen) (haphazard) charakterisiert die Pietät.

Ja Frazers Erklärungen wären überhaupt keine Erklärungen wenn sie nicht letzten Endes an eine Neigung in uns selbst appellierten.

Das Essen + Trinken ist mit Gefahren verbunden nicht nur für den Wilden sondern auch für uns; Nichts natürlicher als daß man sich

37 Sir James George Frazer (1854–1941), schottischer Anthropologe und Philologe. Mit seinem Hauptwerk »The Golden Bough« hat Wittgenstein sich intensiv auseinandergesetzt

vor diesen ihnen ~~davor~~ schützen will; + nun könnten wir uns selbst solche Schutzmaßnahmen ausdenken. – Aber nach welchem Prinzip erdichten denken wir sie (uns aus)? Offenbar danach, daß alle Gefahren der Form nach auf einige sehr einfache reduziert werden die dem Menschen ohne weiteres sichtbar sind. Also nach dem selben Prinzip nach dem die ungebildeten Leute unter uns sagen die Krankheit ziehe sich vom Kopf in die Brust etc. etc. In diesen einfachen Bildern wird natürlich die Personification eine große Rolle spielen, denn daß Menschen (also Geister) dem Menschen gefährlich werden können ist jedem uns bekannt.

MS-110, 22.6.1931, S.195ff

Schubert ist irreligiös + schwermütig.

MS-130, 5.8.1946, S.283

Von den Melodien Schuberts kann man sagen, sie seien voller Pointen, + das kann man von denen Mozarts nicht sagen; Schubert ist barock. Man kann auf gewisse Stellen einer Schubertschen Melodie zeigen + sagen: siehst Du, das ist der Witz dieser Melodie, hier spitzt sich der Gedanke zu.

Auf die Melodien der verschiedenen Komponisten kann man jenes Prinzip der Betrachtung anwenden: jede Baumart sei in anderem Sinne ›Baum‹. D.h.: Laß Dich nicht irreführen dadurch, daß man sagt, alles dies seien Melodien. Es sind Stufen auf einem Weg, der von etwas, was Du keine Melodie nennen würdest zu etwas führt, was Du auch keine nennen würdest. Wenn man bloß die Tonfolgen + den Wechsel der Tonarten ansieht, so erscheinen alle diese Gebilde allerdings in Koordination. Siehst Du aber das Feld an, in dem sie stehen, (also ihre Bedeutung), so wird man geneigt sein zu sagen: Hier ist die Melodie etwas ganz anderes als dort (sie hat hier einen andern Ursprung, spielt eine andere Rolle, u.a.).

MS-131, 10.8.1946, S.2f.

Die beiden letzten Takte des »Tod + Mädchen« Themas das ∾;[38] man kann zuerst meinen, daß diese Figur konventionell, weil gewöhnlich, ist, bis man ihren tiefern Ausdruck versteht. D.h., bis man versteht, daß hier das gewöhnliche sinnerfüllt ist.

MS-132, 25.9.1946, S.62

Statt »Auswuchs des Begriffs« hätte ich auch sagen können »Anbau an den Begriff.« – In dem Sinne, im welchem es auch nicht ~~einem~~ dem Wesen des Personennamen$_s$ gehört, daß er die Eigenschaften seines Trägers zu haben scheint. – »Schubert heiß ich, Schubert bin ich.«

MS-136, 6.1.1948, S.72a

»Schubert« – Es ist, als ob der Name ein Eigenschaftswort wäre. Man kann ja auch nicht sagen: »Sieh, was alles ›paßt‹. Es paßt auch z.B. der Name zum Träger.« Ein Anbau wäre ja doch eine Erweiterung + eine Erweiterung ist ja hier gerade nicht. Denn man nennt ja nicht ein ›Zusammenpassen‹, was eigentlich kein Zusammenpassen ist. Als dachte man nur diesen Begriff aus. ~~Sondern wir sehen hier gleichsam eine Täuschung, eine Spiegelung~~ Sondern es liegt hier gleichsam eine Täuschung vor, eine Spiegelung. Wir glauben zu sehen, was nicht da ist. Aber es ist nur gleichsam so. – Wir wissen sehr wohl, daß der Name »Schubert« zu seinem Träger + zu Schuberts Werken in keiner Beziehung des Passens steht; + doch sind wir unter einem Zwang, uns so auszudrücken.

MS-137, 30.10.1948, S.83b

Ich sage etwas (z.B. »Der Name ›Schubert‹ paßt doch vollkommen zum Schubert«) – es heißt nichts. [Fortsetzung verloren]

MS-137, 30.10.1948, S.84a

Die ›Atmosphäre‹ ist gerade das, was man sich nicht wegdenken kann.

38 Wittgenstein bezieht sich nicht auf Schuberts Lied »Der Tod und das Mädchen«, sondern auf dessen Instrumentalversion als Thema des zweiten Satzes des Streichquartetts d-moll D 810.

Der Name »Schubert«, umschwebt von den Geistern seines Gesichts, seiner Werke. – Also doch eine Atmosphäre? – Aber man kann sie sich nicht von ihm abgelöst denken.

Der Name S., wenigstens, wenn wir vom Komponisten reden, ist so umgeben. Aber diese Umgebung scheint mit dem Namen selbst, mit diesem Wort, verwachsen.

MS-169, 1948–50, S. 4vf.

»Mir ist als wüßte ich, daß die Stadt dort liegt« – »Mir ist als paßte der Name Schubert zu Schuberts Werken + seinem Gesicht«.

MS-138, 29.1.1949, S. 12a

### SCHUMANN

*Ich denke oft darüber, ob mein Kulturideal ein neues, d.h. ein zeitgemäßes oder eines aus der Zeit Schumanns ist. Zum mindesten scheint es mir eine Fortsetzung dieses Ideals zu sein und zwar nicht die Fortsetzung die es damals tatsächlich erhalten hat. Also unter Ausschluß der zweiten Hälfte des 19. Jahrhunderts. Ich muß sagen, daß das rein instinktmäßig so geworden ist + nicht als Resultat einer Überlegung.*

MS-107, 10.10.1929, S. 156f.

Meine Schwester Gretl machte einmal eine ausgezeichnete Bemerkung über Clara Schumann. Wir sprachen von einem Zug von Prüderie in ihrer Persönlichkeit + daß ihr irgend etwas fehle + Gretl sagte: »sie hat das nicht was die Ebner Eschenbach hat«. Und das faßt alles zusammen.

Kann man sagen: es fehlte ihr Genie? – Labor erzählte mir einmal sie habe in seiner Gegenwart einen Zweifel darüber geäußert daß ein Blinder das + das in der Musik könne. Ich weiß nicht mehr was es war. Labor war offenbar entrüstet darüber + sagte mir »er kann es aber doch«. Und ich dachte: wie charakteristisch bei allem Takt den sie gehabt haben muß eine halb bedauernde halb geringschätzige

Bemerkung über einen blinden Musiker zu machen. – Das ist schlechtes neunzehntes Jahrhundert, die Ebner Eschenbach hätte das nie getan.

MS-183, 1.2.1931, S. 62 f.

Der Mathematikprofessor Rothe sagte mir einmal daß durch die Wirksamkeit Wagners Schumann um einen großen Teil seiner rechtmäßigen Wirkung gekommen sei. – Es ist viel Wahres in diesem Gedanken.

MS-183, 9.2.1931, S. 65 f.

*Ob es eine unerfüllte Sehnsucht ist, die einen Menschen wahnsinnig macht? (Ich dachte an Schumann, aber auch an mich.)*

MS-165, 1941, S. 200

Die Weisung »Wie aus weiter Ferne« bei Schumann. Muß Jeder eine solche Weisung verstehen? Jeder, z. B., der die Weisung »Nicht zu geschwind« verstünde? Ist nicht die Fähigkeit, die dem Bedeutungsblinden abgehen soll, von dieser Art?

MS-131, 15.8.1946, S. 50

WAGNER

Genie ist das, was uns das Geschick / Talent vergessen macht.
Wo das Genie dünn ist kann das Geschick durchblicken / durchschauen. (Meistersinger Vorspiel.)

Genie ist das, was macht daß wir das Talent des Meisters nicht sehen können.

Nur wo das Genie dünn ist, kann man das Talent / ~~Geschick~~ sehen.

MS-127, 4.2.1940, S. 70 f.

Wagners Motive könnte man musikalische Prosasätze nennen. Und so, wie es ›gereimte Prosa‹ gibt kann man diese Motive allerdings zur

melodischen Form zusammenfügen, aber sie ergeben ~~keine~~ nicht eine Melodie.
Und so ist auch das Wagnersche Drama kein Drama, sondern eine Aneinanderreihung von Situationen, die wie auf einem Faden aufgefädelt sind, der selbst nur klug gesponnen aber nicht, wie ~~ebendiese~~ die Motive ~~einzelnen Stücke~~ + Situationen, inspiriert ist.

MS-163, 7.7.1941, S.34rf.

Nichts spricht dafür, warum das Feuer mit solchem Nimbus umgeben sein sollte. Und, wie seltsam, was heißt es eigentlich »es schien vom Himmel gekommen zu sein«? von welchem Himmel. Nein, es ist gar nicht selbstverständlich, daß das Feuer so betrachtet wird; – aber es wird eben so betrachtet.

Hier scheint die Hypothese erst der Sache Tiefe zu geben. Und man kann sich an die Erklärung des seltsamen Verhältnisses von Siegfried + Brunhild im neueren Nibelungenlied erinnern. Nämlich daß Siegfried Brunhilde schon früher einmal gesehen zu haben scheint. Es ist nun klar daß was diesem Gebrauch Tiefe gibt sein Zusammenhang mit dem Verbrennen eines Menschen ist. Wenn es bei irgendeinem Fest Sitte wäre, daß Menschen (wie beim Roß-+-Reiter-Spiel auf einander reiten so würden wir darin nichts sehen als eine Form des Tragens, die an das Reiten des Menschen auf einem Pferd erinnert; – wüßten wir aber daß es unter vielen Völkern Sitte gewesen wäre etwa Sklaven als Reittiere zu benützen + so beritten gewisse Feste zu feiern, so würden wir jetzt in dem harmlosen Gebrauch unserer Zeit etwas Tieferes + weniger Harmloses sehen entdecken finden. Die Frage ist: haftet dieses – sagen wir – Finstere dem Gebrauch des Beltane Feuers[39] wie er vor 100 Jahren geübt wurde (an sich) an, oder nur dann, wenn die Hypothese seiner Entstehung sich bewahrheiten sollte. Ich glaube es ist offenbar die innere Natur des neuzeitlichen ~~modernen~~ Gebrauchs selbst die uns finster anmutet, + die uns bekannten Tatsachen von Menschenopfern

39 Das alte irische Beltane-Fest wurde in der Nacht zum und am 1. Mai gefeiert

weisen nur die Richtung in der wir den Gebrauch ansehen sollen. Wenn ich von der inneren Natur des Gebrauchs rede meine ich alle Umstände, in denen er geübt wird + die in dem Bericht von so einem Fest nicht enthalten sind da sie nicht sowohl in bestimmten Handlungen bestehen die das Fest charakterisieren als in dem was man den Geist des Festes nennen könnte welcher beschrieben würde indem man z.B. die Art von Leuten beschriebe die daran teilnehmen, ihre übrige Handlungsweise, d.h. ihren Charakter; die Art der Spiele die sie sonst spielen. Und man würde dann sehen daß das Finstere im Charakter dieser Menschen selbst liegt.

MS-143, 1948–50, S. 11 f.

Der Mensch besitzt die Fähigkeit Sprachen zu bauen womit sich jeder Sinn ausdrücken lässt, ohne eine Ahnung davon zu haben, wie und was jedes Wort bedeutet. – Wie man spricht ohne zu wissen wie die einzelnen Laute hevorgebracht werden.

MS-104, 1915–18, S. 30

Aber die Symbole enthalten ja die Form der Farbe + des Raumes und wenn etwa ein Buchstabe einmal eine Farbe, ein andermal einen Laut bezeichnet so ist er beidemale ein anderes Symbol – + das zeigt sich darin daß andere Regeln der Syntax für ihn gelten.

MS-106, 1929, S. 83

Es käme dann statt einer ~~jeder~~ Beschreibung jener unartikulierte Laut heraus mit dem manche Autoren ~~gerne~~ die Philosophie ~~gern~~ gern anfangen möchten. [»Ich habe, um mein Wissen wissend, bewußt etwas«].

MS-105, 1929, S. 112 f.

»Ich habe Zahnschmerzen« ist im Falle ich den Satz gebrauche ein Zeichen ~~Symbol~~ ganz anderer Art als es für mich im Munde eines Anderen ist; + zwar darum weil es im Munde eines Anderen für mich so lange sinnlos ist als ich nicht weiß welcher Mund es ausspricht gesprochen hat. Das Satzzeichen besteht in diesem Falle nicht im Laut allein sondern in der Tatsache daß dieser Mund den Laut hervorbringt. Während im Falle ich es sage oder denke das Zeichen der Laut allein ist.

MS-107, 1.2.1930, S. 274 f.

»Laute + Farben können als sprachliche Ausdrucksmittel dienen«.

MS-108, 2.3.1930, S. 100

Ich hätte nun mein Erlebnis beim Lesen eines Wortes auf verschiedene Weise treffend in mit Worten darstellen können. So könnte ich sagen, was beim Lesen eines Wortes geschehe, sei nicht bloß, daß ich sehe + dabei etwas ausspreche, sondern ich fühle auch, daß mir das Geschriebene das was ich sage eingebe. Aber ich hätte auch sagen können, daß beim Lesen der Worte das Bild des Buchstabens ~~des Geschriebenen (oder Gedruckten)~~ + der Laut eine in eigentümliche Einheit bilden. So einem eigentümlichen Sinn eine Einheit bilden; so daß man den Zusammenhang des Lautes e mit dem Schriftzeichen ›e‹ dadurch erklären möchte, indem daß man auf das Zeichen weisend sagt: »Das ist ja ein e«. (Ein Zusammenhang, eine ›Einheit‹, der zwischen dem Bild des Buchstaben + seinem dieser nicht unähnlich Klang, ~~ist~~ besteht z. B. zwischen den Gesichtern berühmter Männer + dem Klang ihrer Namen. Wenn Du Dir z. B. ~~die~~ Namen wie ~~etwa~~ Schubert, Haydn, Mozart, sagst + Dir dabei die Gesichter dieser Männer vorstellst, so kann es Dir so vorkommen, als ob jene Namen der richtige Ausdruck für diese Gesichtszüge wären; daß etwa mit dem Namen Schubert dieses Gesicht richtig beschrieben sei ~~ist~~.) Es ist mir, wenn ich das Erlebnis dieser Einheit habe, als könne ich z. B. beim Lesen des Wortes ›ja‹ zwischen dem Geschriebenen Wort + dem ausgesprochenen nicht nicht recht unterscheiden; ich könnte auch sagen, das Aussprechen sei … oder, wie ich auch sagen könnte, als wäre das Aussprechen ein Teil der Wahrnehmung des Zeichens selbst.

MS-115, 1936, S. 211 f.

Ein Klang scheint mir von dort her zu kommen, auch ehe ich untersucht habe, wo (physikalisch) seine Quelle ist. ~~von wo er physikalisch kommt + ich kann auch leicht darin getäuscht werden.~~ Im Kino ~~könnte man sagen~~ scheint der Laut des Sprechens vom Mund der Figur auf der Leinwand zu kommen.
Worin besteht diese ~~er~~ Erfahrung ~~Schein~~? Etwa darin, daß wir, ~~wenn wir laut hören~~ (unwillkürlich), den Blick ~~die Augen~~ auf eine bestimmte Stelle – die scheinbare Quelle des Lauts – heften richten, wenn wir einen Laut hören. Und niemand blickt sieht im Kino dorthin ~~an die Stelle~~, wo das Mikrophon angebracht ist.

MS-119, 12. 10. 1937, S. 100

Was wäre aber hier die Bedeutung der Laute ~~Zeichen~~? – Nun, was ist sie in der Musik? Obwohl ich gar nicht sagen will daß jene Sprache des Tonfalls mit Musik verglichen werden müßte.

MS-180b, 1944, S. 3v

A process accompanying our words which one might call the »process of meaning them«, is the modulation of the voice in which we speak the words; or one of the processes, similar to this like the play of facial expression. These accompany the spoken words not in the way a German sentence might accompany an English sentence, or writing a sentence accompany speaking a sentence; but in the sense in which the tune of a song accompanies its words. This tune corresponds to the »feeling« with which we say the sentence.

TS-309, 1933–34, S. 57

If I whistle a tune I know well and am interrupted in the middle, if then someone asked me »did you know how to go on?« I should answer »yes I did«. What sort of process is this knowing how to go on? It might appear as though the whole continuation of the tune had to be present while I knew how to go on.
Ask yourself such a question as: »How long does it take to know how to go on?« Or is it an instantaneous process? Aren't we making a mistake like mixing up the existence of a gramophone record of a tune with the existence of the tune? And aren't we assuming that whenever a tune passes through existence there must be some sort of a gramophone record of it from which it is played?

TS-309, 1933–34, S. 64f.

Make the following experiment: say and mean a sentence, e.g.– »It will probably rain tomorrow«. Now think the same thought again, mean what you just meant, but without saying anything (neither aloud or to yourself). If thinking that it will rain tomorrow accompanied saying that it will rain tomorrow, then just do the first activity and leave out the second. —— If thinking and speaking stood in the relation of the words and the melody of a song, we could leave out the speaking and do the thinking just as we can sing the tune without the words.

TS-309, 1933–34, S. 69

We say: »This picture (or this phrase) suggests itself to us irresistibly«. Well, isn't this an experience? We are treating here of cases in which, as one might roughly put it, the grammar of a word seems to suggest the »necessity« of a certain intermediary stage / step, although in fact the word is used in cases in which there is no such intermediary step. Thus we are inclined to say, »A man must understand an order before he obeys it«, »He must know where his pain is before he can point to it«, »He must know the tune before he can sing it«, + such like.)

TS-310, 1934–1935, S. 82

I will examine one particular case, that of a feeling which I shall roughly describe by saying it is the feeling of »long, long ago.« These words and the tone in which they are said are a gesture of pastness. But I will specify the experiences which I mean still further by saying that it is that corresponding to a certain tune *(Davidsbündlertänze — »Wie aus weiter Ferne«).*[40] I'm imagining this tune played with the right expression and thus recorded, say, for a gramophone. Then this is the most elaborate and exact expression of a feeling / gesture of pastness which I can imagine.
Now should I say that hearing this tune played with this expression is in itself that particular experience of pastness, or should I say that hearing the tune causes the feeling of pastness to arise and that this feeling accompanies the tune? I. e., can I separate what I call this experience of pastness from the experience of hearing the tune? Or, can I separate an experience of pastness expressed by a gesture from the experience of making this gesture? Can I discover something, the essential feeling of pastness, which remains after abstracting all those experiences which we might call the experiences of expressing the feeling?

TS-310, 1934–35, S. 165f.

40 Robert Schumann: *Davidsbündlertänze* Op. 6 Heft II Nr. 8 »Wie aus der Ferne«, Notenbeispiel S. 245

»Er hat das Lied ausdrucksvoll gesungen«. – Kann man fragen »mit welchem Ausdruck«?
Wenn man fragte: »Worin bestand es daß er ausdrucksvoll gesungen hat«, so käme darauf etwas von der Art zur Antwort: »er hat z. B. diese Stelle ... so + so gesungen + nicht, z. B., so ...« Aber diese Feststellung hat eigentlich eine ganz andere Multiplizität als die erste, denn sie ließe sich nicht auf ein anderes Lied anwenden das ausdrucksvoll gesungen wurde. Die Erklärung könnte sein: »ausdrucksvoll ist es wenn es so gesungen wird wie ich es mir gesungen wünsche.«

MS-150, 1934–35, S. 23 f.

»Denken« nennen wir wohl manchmal, den Satz mit einem seelischen Vorgang begleiten, aber ~~den~~ »Gedanke« nennen wir nicht jene Begleitung. — Sprich einen Satz + denke ihn; sprich ihn mit Verständnis! – Und nun sprich ihn nicht, + tu nur das, womit Du ihn beim verständnisvollen Sprechen begleitet hast! —
(Singe dies Lied mit Ausdruck – + Und nun singe es nicht, aber wiederhole den Ausdruck! – Und man könnte auch hier etwas wiederholen; Z. B. Schwingungen des Körpers, langsameres + schnelleres Athmen, Vorstellungsbilder. —)

MS-116, 1937–38, S. 103 f.

Ich horche auf ein Geräusch + sage: »Welche wunderbare Melodie!« Der Andere: »Ich höre keine Melodie.« – Ich: »Ich meine nicht, was wir da hören, sondern das Lied ...« (von dem wir etwa früher geredet hatten).
Das zeigt nur, kann man sagen, daß meinen nicht horchen ist, – sondern ein anderer spezifischer Vorgang. – Also teilt, wer sagt: »ich habe das Lied ... gemeint« dem Andern mit, daß der besondere Vorgang, den man »meinen« nennt (+ der allerdings niemandem so ganz bekannt zu sein scheint) in ihm (dem Sprecher) in bezug auf dieses Lied stattgefunden hat. Aber warum teilt er ihm das mit? Ist das / es für den Andern von Interesse? – Ich würde so nicht fragen, wenn sie dabei gewesen wären ein psychologisches Experiment zu machen. – Sie

sprechen auch nicht weiter von dem Vorgang des Meinens sondern von jener Melodie. Wenn die / meine Worte »ich habe … gemeint« eine Mitteilung über diesen, recht unklaren, seelischen Vorgang / ~~Erfahrung~~ waren, so scheint sie jedenfalls für das Gespräch ziemlich irrelevant gewesen zu sein. So irrelevant etwa wie in einer Schachpartie die Mitteilung, daß ich jetzt gerade die eigentümliche Empfindung des Bedrohens des fremden Königs gehabt habe.

Die Wahrheit ist: Wenn mir Einer mit den Worten, »ich habe das Lied … gemeint«, eine Mitteilung über ein besonderes / ~~spezifisches~~ Erlebnis machen will, so werde ich ihm antworten müssen: »Ich weiß noch nicht, was Du meinst. Beschreib' Dein Erlebnis genauer: Ich kann mir jetzt / ~~dabei~~ noch alles Mögliche vorstellen.«

Das ist offenbar nicht der Gebrauch, den wir für gewöhnlich von dem Worte »meinen« machen.

MS-116, 1937–38, S. 196 f.

Du hast früher gesagt: ›es wird bald aufhören‹; hast Du den Schmerz gemeint, oder das Klavierspiel / spielen?« – »Ich weiß nicht mehr, was ich gemeint habe.« – Also gibt es doch einen Vorgang des Meinens während des Sagens / dem Aussprechenden / dem Sagen, an den er sich erinnern könnte, + den er vergessen hat? –

Ich kann doch auf einen Klang horchen + sagen: »welche herrliche Melodie / Musik!« Der Andre: »Ich höre keine Melodie / Musik – Ich: »Ich meine nicht, was wir da hören, sondern das Lied …«

Das zeigt nur, wird Einer sagen, daß Meinen nicht Horchen ist, – sondern ein anderer spezifischer Vorgang. – Also teilt / informiert der welcher sagt »ich habe das Lied … gemeint« dem / den Andern mit, daß der eigentümliche Vorgang, den man ›meinen‹ nennt, + der allerdings niemandem von uns so recht genau erklärt worden ist in der Beziehung / Richtung auf dies Lied hin, in ihm stattgefunden habe / hat. Aber / den nun fragt es sich: warum teilt er ihm das / das dem Andern mit, inwiefern ist es / das für den / Andern von Interesse? Ich würde so / dies nicht fragen, wenn es sich um ein psychologisches Experiment gehandelt hätte / sie ein psychologisches Experiment angestellt hätten. Sie sprechen darauf auch von dem Lied weiter, + nicht von dem Vorgang des Meinens.

Wenn die Worte: »ich meinte …« eine Mitteilung über diese recht unklare / abstruse Erfahrung waren, so scheint die Mitteilung für das Gespräch jedenfalls ziemlich / ~~recht~~ irrelevant gewesen zu sein. […]

MS-120, 27.2.1938, S. 92v f.

Wenn wir sagen: »jedes Wort der Sprache bezeichnet etwas«, so ist damit vorerst noch g a r nichts gesagt; es sei denn, daß wir genau erklärten, w e l c h e Unterscheidung wir zu machen wünschen. (Es könnte ja sein, daß wir die Wörter der Sprache von Wörtern ›ohne Bedeutung‹ unterscheiden wollten, wie sie etwa in Gedichten Lewis Carroll's[41] vorkommen, oder von Worten wie »juwiwallera« in einem Lied.)

TS-227a, 1944, S. 13f.

Aber wenn nun so ein Mensch sich selbst befiehlt auf diesen Baum zu klettern + wenn anderseits ich es mir befehle, der diesen Befehl nicht nur selbst mir / sich selbst sondern auch dem / einem Andern geben kann: ist der Gedanke dieses Befehls in beiden Fällen der gleiche?
Das kannst Du beantworten, wie Du willst. Stell dir nur nicht vor, daß der Gedanke eine Begleitung des Sprechens ist.
Stell Dir das Denken nicht vor wie den Text, der die Melodie des Liedes / ~~die Melodie, die in einem Lied das Sprechen~~ begleitet, sondern eher wie den ›Ausdruck‹ mit welchem / ~~dem~~ das Lied gesungen wird.

MS-124, 3.7.1944, S. 214f.

›Denken während man redet.‹ Ich sagte: Das Denken sei keine Begleitung des Redens. Das kann natürlich nur heißen: der Ausdruck »Begleitung« ist irreführend. Und das heißt, er verwischt logische Züge (~~des Begriffs~~), schickt uns – wenn wir Klarheit ~~haben~~ wollen / verlangen – auf die Jagd nach ~~Chimären~~ / Phantomen.

41 Das Werk des Mathematikers und Schöpfers der »Alice in Wonderland« hat auf nicht wenige Philosophen eine starke Wirkung ausgeübt. Wittgenstein bezieht sich auf Gedichte wie »The Jabberwocky«.

Denke aber, wo man »begleiten« zu verwenden geneigt ist, + wo nicht. Von der gesungenen Melodie wird man vielleicht sagen, sie begleitet die Worte des Lieds. Aber auch vom Tonfall der gewöhnlichen Rede?

MS-131, 4.9.1946, S.195

Es wäre auch nicht ganz falsch das Sprechen ›das Instrument des Denkens‹ zu nennen. Aber man kann nicht sagen der Sprechvorgang sei ein Instrument des Denkvorgangs; oder die Sprache gleichsam der Träger des Gedankens, wie etwa die Töne eines Lieds die Träger der Worte genannt werden können.

MS-135, 8.12.1947, S.78r

Die Melodie ist eine Art Tautologie, sie ist in sich selbst abgeschlossen; sie befriedigt sich selbst.

MS-102, 4.3.1915, S.67r

Auch die Melodie ist kein Tongemisch, wie alle unmusikalischen glauben.

MS-102, 10.4.1915, S.71r

Der Satz ist kein Wörtergemisch. (wie Die Melodie kein Gemisch von Tönen)

MS-104, 1915–18, S.38

Wir können sogar einen in Bewegung begriffenen Körper, und zwar mit seiner Bewegung zusammen als Ding auffassen. So bewegt sich, der um die Erde ~~rotierende~~ sich drehende Mond, um die Sonne. Hier scheint es nun klar daß in dieser Verdinglichung nichts als eine logische Manipulation vorliegt – deren möglichkeit [sic] übrigens höchst bedeutungsvoll sein mag. Oder betrachten wir Verdinglichungen wie: eine Melodie, ein Gesprochener [sic] Satz. –

MS-102, 19.5.1915, S.99rf.

[…]
Es ist mir immer fürchterlich wenn ich denke wie ganz mein Beruf [sic] von einer Gabe abhängt die mir jeden Moment entzogen werden kann. Ich denke sehr oft, immer wieder, hieran + überhaupt daran wie einem alles entzogen werden kann + man gar nicht weiß was man alles hat + das aller Wesentlichste eben erst dann gewahr wird wenn man es plötzlich verliert. Und man merkt es nicht eben weil es so wesentlich, daher so gewöhnlich ist. Wie man auch nicht merkt daß man fortwährend atmet als bis man Bronchitis hat + sieht daß was man für selbstverständlich gehalten hat gar nicht so selbstverständlich ist. Und es gibt noch viel mehr Arten geistiger Bronchitis. Oft fühle ich daß etwas in mir ist wie ein Klumpen der wenn er schmelzen würde mich weinen ließe oder ich fände dann die richtigen Worte

(oder vielleicht sogar eine Melodie). Aber dieses Etwas (ist es das Herz?) fühlt sich bei mir an wie Leder + kann nicht schmelzen. Oder ist es daß ich nur zu feig bin die Temperatur genügend steigen zu lassen.

MS-183, 26.4.1930, S. 2 ff.

Ich denke oft das Höchste was ich erreichen möchte wäre eine Melodie zu komponieren. Oder es wundert mich daß mir ~~ich~~ bei dem Verlangen danach nie eine eingefallen ist. Dann aber muß ich mir sagen daß es wohl unmöglich ist daß mir je eine einfallen wird, weil mir dazu eben etwas Wesentliches oder das Wesentliche fehlt. Darum schwebt es mir ja als ein so hohes Ideal vor weil ich dann mein Leben quasi zusammenfassen könnte; und es kristallisiert hinstellen könnte. Und wenn es auch nur ein kleines schäbiges Kristall wäre, aber doch eins.

MS-183, 28.4.1930, S. 9 f.

Ich sollte mich nicht wundern wenn die Musik der Zukunft einstimmig wäre. Oder ist das nur, weil ich mir mehrere Stimmen nicht klar vorstellen kann? Jedenfalls kann ich mir nicht denken daß die alten großen Formen (Streichquartett, Symphonie, Oratorium etc.) irgend eine Rolle werden spielen können. Wenn etwas kommt so wird es – glaube ich – einfach sein müssen, durchsichtig.
In gewissem Sinne nackt.
Oder wird das nur für eine gewisse Rasse, nur für eine Art der Musik gelten (?)

MS-183, 3.10.1930, S. 41

Als was sieht man denn »1, 1 + 1, 1 + 1 + 1 ...« an?
Als eine ungenaue Ausdrucksweise. Die Punkte / Pünktchen sind so wie weitere Zahlzeichen die aber verschwommen sind. So als hörte man auf Zahlzeichen hinzuschreiben, weil man ja doch nicht alle hinschreiben kann / ~~könne~~, aber als seien sie allerdings ~~wohl~~, quasi, in einer Kiste, / wohl, gleichsam in einer Kiste vorhanden. Etwa auch, wie wenn ich von einer Melodie nur die ersten Töne deutlich singe +

den Rest nur noch andeutend andeute + in Nichts auslaufen lasse (oder wenn man beim Schreiben von einem Wort nur wenige Buchstaben deutlich schreibt + mit einem unartikulierten Strich endet) wo dann dem undeutlich ein deutlich entspräche.

MS-111, 20.8.1931, S. 122f.

Das Verstehen eines Satzes der Wortsprache ist dem Verstehen eines musikalischen Themas (oder Musikstückes) viel verwandter als man glaubt. Und zwar so daß das Verstehen des sprachlichen Satzes viel näher dem des musikalischen ist als man glaubt. Warum pfeife ich das gerade so warum bringe ich ~~die Stärke jedes Tones +~~ das Abschwellen der Stärke + des Zeitmaßes der Geschwindigkeit ~~Rhythmus~~ gerade auf dieses ganz bestimmte ~~vorgesetzte~~ Ideal? Ich möchte sagen: »weil ich weiß was es alles heißt« – aber was heißt es denn? Ich wüßte es nicht zu sagen außer durch eine Übersetzung in einen Vorgang von gleichem Rhythmus. Ich könnte nun sagen: so wohnt diese Melodie in mir dieser Platz nimmt dieses Schema in meiner Seele ein. So als gäbe mir jemand ein Kleidungsstück + ich legte es an meinen Körper an + es nähme also dort eine ganz bestimmte Gestalt an indem es sich da ausdehnte, dort zusammenzöge + nur dadurch + so für mich Bedeutung gewönne. Diese Gestalt nimmt dieses Thema als Kleid eines Teils meiner Seele an. Ja man sagt manchmal: »man könnte es dies auch in diesem Tempo spielen – dann heißt es aber etwas ganz Anderes«. Und gefragt: was heißt es dann?«, wäre man wieder in der gleichen alten Verlegenheit. Aber man könnte sagen nun dient es meiner Seele mir als ~~Wetterhaube~~ ~~Halstuch~~ Schlafmütze (nun setze ich es so auf + nun so).

MS-155, 1931, S. 66r ff.

Kann man versuchen zu einer Melodie den falschen Takt zu schlagen?

Oder: Wie verhält sich dieses Versuchen dieser Versuch zu dem, ein Gewicht zu heben das uns zu schwer ist?

MS-112, 9.10.1931, S. 13r

»Ist Distanz in der Struktur des Gesichtsraums schon enthalten, oder scheint es uns nur so, weil wir gewisse Erscheinungen des Gesichtsbildes mit gewissen Erfahrungen des Tastsinnes assoziieren welche letztere erst Distanzen betreffen?« Woher nehmen wir diese Vermutung? Wir scheinen dergleichen irgendwo angetroffen zu haben. Denken wir nicht an folgenden Fall: diese Melodie mißfiele mir nicht wenn ich sie nicht unter diesen unangenehmen Umständen zum erstenmal gehört hätte. Aber hier gibt es zwei Möglichkeiten: Entweder die Melodie mißfällt mir wie manche andere für deren Mißfallen ich jenen Grund nicht an~~zu~~geben würde, + es ist bloß eine Vermutung daß die Ursache meines Mißfallens in jenem früheren Erlebnis liegt. Oder aber, wenn immer ich die Melodie höre, fällt mir jenes Erlebnis ein + macht mir das Hören der Melodie unangenehm; dann ist meine Aussage keine Hypothese ~~handelt es sich bei meiner Aussage nicht um eine Hypothese~~ über die Ursache meines Mißfallens, sondern eine Beschreibung dieses Mißfallens selbst. – Wenn also gefragt wird: »scheint es uns nur so daß eine Strecke im Gesichtsraum selbst länger ist als eine andere + bezieht sich das »länger« nicht bloß auf eine Erfahrung des Tastsinns die wir mit dem Gesehenen assoziieren«, – so ist zu antworten: weißt Du etwas von dieser Association? beschreibst Du mit ihr Dein Erlebnis, oder vermutest Du sie nur als Ursache Deines Erlebnisses? Wenn das letztere, so können wir von Distanzen im Gesichtsraum reden, ohne auf die mögliche Ursache unserer Erfahrung Rücksicht zu nehmen. Dabei muß man sich daran erinnern, daß die Aussagen über Distanzen (daß diese Strecke gleichlang ist wie jene oder länger als jene, etc.) einen andern Sinn haben, wenn sie sich auf den Gesichtsraum, + einen andern, wenn sie sich auf den Euklidischen Raum beziehen.

MS-112, 25.11.1931, S.124r ff.

## Verstehen eines Satzes analog dem Verstehen einer Melodie als Melodie

TS-302, 1933–34, S.2 ff.

Im Ernst, (Spaß) meinen. Kann man etwas im Ernst meinen wollen? Kann man versuchen etwas im Ernst (Spaß) zu meinen? Das Wort versuchen ist eben vieldeutig. Wie versucht man, z. B., einen Arm zu heben + wie einen Ton von bestimmter Stärke + bestimmtem Charakter hervorzubringen. Wie versucht man sich eines Wortes zu erinnern oder sich in jemandes Lage hineinzudenken.
Ich wollte nämlich einen Satz im Ernst meinen damit vergleichen, ihn zu einer ›ernsten‹ Melodie zu singen. Aber man kann gegen diesen Vergleich einwenden, daß man den Satz willkürlich nach der ernsten Melodie singen aber ihn nicht willkürlich ernst meinen kann. + daß man entsprechend den Ernst simulieren kann.
Wir unterscheiden den Ernst von allem was man Benehmen nennen könnte. Als etwas Inneres von etwas Äußerem. Und warum nennen wir ihn etwas Inneres? Worin ist er + woher dieses Gleichnis von Innen + Außen? Man sagt »den Ernst sieht man nicht, nur den Ausdruck des Ernstes«: aber heißt das daß der Ernst versteckt ist + ist dieser Satz analog dem: das Geld siehst Du nicht nur die Brieftasche? Und anderseits ist auch der Ernst nicht in dem Sinne unsichtbar wie etwa die Luft. ~~oder eine Glasscheibe~~. Sondern es müßte wohl heißen daß es keinen Sinn hat zu sagen »ich sehe den Ernst« sowenig wie »ich sehe Magenschmerzen«.
Man könnte auch so fragen: ist, einen Satz im Ernst meinen etwas ähnliches wie einen ernst gesprochenen Satz hören?
Ist, eine Melodie im Ernst singen etwas Ähnliches wie, eine mit ernstem Ausdruck gesungene Melodie hören? Und liegt der Unterschied in etwas anderem als darin daß uns dieses Hören nicht zwingt uns selbst mit dieser Melodie zu bewegen. Könnte man sagen: nein, hören ist nicht genug, aber wenn Du die Melodie genau so mitsingst, dann bist Du selbst ernst?
Oder ist, einen Satz im Ernst meinen etwas Ähnliches wie, Magenschmerzen haben, während man ihn ausspricht?
Sicher ist daß es ähnlich ist eine Melodie mit Ernst singen + einen Satz im Ernst meinen.

MS-156a, 1933, S. 20rff.

»Das kann nur Einer jemand sagen, der davon überzeugt ist«. Wie hilft ihm die Überzeugung (dabei), wenn er es sagt? – Ist sie dann neben dem gesprochenen Ausdruck vorhanden? (Oder wird sie von diesem ~~gleichsam~~ zugedeckt, wie ein leiser Ton von einem lauten, so daß sie gleichsam nicht mehr gehört werden kann, wenn man sie laut ausdrückt?) Wie, wenn Einer sagte: »damit man eine Melodie nach dem Gedächtnis singen kann, muß man sie im Geiste hören + sie nachsingen«?

MS-114, 1933, S. 143v

[...]
Aber auf die Frage: »hast Du den Satz (den Du jetzt gelesen hast) verstanden« wird man doch wahrheitsgemäß einmal »ja«, einmal »nein« antworten. »Es muß also doch etwas Anderes vorgehen, wenn ich ihn verstehe, als wenn ich ihn nicht verstehe.«
Gut. Wenn ich also einen Satz verstehe, so geschieht etwas, ganz ähnlich dem, wenn ich einer Melodie als Melodie folgen kann, im Gegensatz dazu: wenn sie zu lang oder zu verwickelt ist + ich sagen muß, »diesem Teil konnte ich nicht folgen«. Und dasselbe könnte mit einem Bild, ich meine jetzt, einem reinen Ornament geschehen. Ich sehe zuerst nur ein Gewirr von Strichen, endlich gruppieren sie sich mir in bekannte + gewohnte Formen; ich sehe eine Einteilung, ein mir geläufiges System. – Kamen in dem Ornament auch Abbilder mir wohlbekannter Gegenstände vor, so wird das Erkennen von solchen ein weiteres Verständnis bedeuten. (Denke hier an das Auflösen eines Vexierbildes.) Ich werde dann sagen: »ja, jetzt sehe ich das Bild richtig«. –
Auf die Frage: »was ist da vorgegangen, als Du diesen Satz mit Verständnis lasest«, müßte ich dann sagen: ich habe ihn als eine, mir ihrer Art nach wohlbekannte, deutsche ~~Wortverbindung~~ Wortverkettung gelesen. Etwa auch: es hat mir dabei das Bild vorgeschwebt ...
Nun fragt man aber: »Ist das alles? Darin allein konnte doch nicht das Verständnis bestehen!« Nun, das (oder dergleichen) ist alles, was während meines Lesens + unmittelbar darauf vor sich gegangen ist;

aber was wir »verstehen« nennen bezieht sich eben auf unzählige Vorgänge, die vor + nach dem Lesen dieses Satzes stattfinden.
Wenn ich aber einen Satz nicht verstehe: da konnte es ein Satz einer mir fremden Sprache sein + alles was ich sehe ist ~~nun~~ eine Reihe unbekannter Wörter. Oder, was ich las, schien ein deutscher Satz zu sein, aber ein Teil war keine mir geläufige Wortverbindung, + als ich nun versuchte sie zu begreifen (+ das kann wieder Verschiedenes heißen) da gelang es mir nicht. (Denke an die Vorgänge, wenn wir den Sinn eines Gedichtes zu verstehen trachten, das in unsrer Muttersprache geschrieben ist, dessen Sprachformen wir aber doch nicht verstehen.) Von einem Satz einer mir fremden Sprache aber, etwa einem lateinischen, den ich nur mühsam durch Konstruieren entziffern kann, werde ich auch sagen, ich verstehe ihn, wenn ich ihn stückweise ins Deutsche übersetzt habe und nie dazugekommen bin seine Satzmelodie zu erfassen.

MS-140, 1933–34, S. 28rf.

[…]
Wenn ich sage: »ich verstehe dieses Bild«, so fragt es sich eben: will ich sagen, »ich verstehe es so«? Und das »so« steht für eine Übersetzung des Verstandenen in einen andern Ausdruck. Oder ist es ein, sozusagen, intransitives Verstehen? Denke ich gleichsam beim Verstehen des Einen an ein Anderes; d.h., besteht das Verstehen darin, daß ich an etwas Anderes denke? Und meine ich das nicht, so ist das Verstandene quasi autonom, + das Verstehen dem Verstehen einer Melodie zu vergleichen.

MS-140, 1933–34, S. 35r

We very often find it impossible to think without speaking to ourselves half aloud; – + nobody asked to describe what happened in this case would ever say that something, the thinking, accompanied the speaking were they not seduced tempted to do so by the existence of the two verbs speaking + thinking + their use in many of our common phrases.

If anything can be said to go with ~~accompany~~ the speech it would be something like the modulation of vocal means of expression. But does the Ausdruck accompany the words in the sense in which a melody accompanies them?

MS-150, 1934–35, S. 41

Wir haben es hier mit einem von ~~den~~ vielen ~~jener zahlreicher~~ Fälle zu tun, denen wir ~~die uns~~ in unserer dieser Untersuchung ~~auf Schritt + Tritt~~ immer wieder begegnen: Ein ~~gewisses~~ Wort wird ~~unter anderem~~ von uns ~~manchmal unter anderem~~ zur Bezeichnung eines sogenannten ›seelischen‹ Vorgangs oder Zustandes verwendet, welcher der eine Handlung vorbereitet; diese eine solche Vorbereitung ist in einer Klasse von Fällen die praktische Bedingung für das Zustandekommen der Handlung; wir sind gewohnt, zu sagen, der seelische Vorgang ~~sie~~ muß stattgefunden haben, damit die Handlung stattfinden ~~geschehen~~ konnte; wir sind nun geneigt eine solche seelische Vorbereitung zu postulieren als Vorbedingung ~~zur~~ der Handlungen: So ~~heißt es~~ sagen wir: »Man muß einen Befehl verstehen, ehe man ihn ausführen kann«, »Man muß wissen, »wo etwas ist, um darauf zeigen zu können wo der Schmerz ist, damit man die Stelle zeigen kann«, »Man muß die Melodie kennen, wenn man sie singen will«, ~~u. s. f.~~ »Die Ähnlichkeit muß uns aufgefallen sein, ehe wir sie ausdrücken können«.

MS-115, 1936, S. 230

Du meinst also: Du weißt die Anwendung des Gesetzes der Reihe, auch ganz abgesehen von einer Erinnerung ~~Anwendung~~ an die tatsächlichen Anwendungen auf bestimmte Zahlen. Und Du wirst vielleicht sagen: »Selbstverständlich! denn die Reihe ist ja unendlich + das Reihenstück, das ich entwickeln konnte, endlich.« –
Worin aber besteht dies Wissen? – Oder laß mich fragen: Wann weißt Du diese Anwendung ~~es~~? Ich meine: Immer, Tag + Nacht? oder nur während Du gerade an das Gesetz der Reihe denkst?
D. h.: Weißt Du sie, wie Du auch das ABC und das Einmaleins weißt und wie Du verschiedene Gedichte und Melodien, etc. auswendig weißt; oder ist das Wissen, wovon Du redest, ein Bewußtheitszustand oder Vorgang, etwa ein An-etwas-Denken oder dergleichen?

Denn, wenn Du jetzt verschiedene Melodien auswendig weißt, wie kommt es, daß sie da zusammen nicht einen fürchterlichen Mißklang geben? Wenn Dich jemand fragt: »Weißt Du das ABC?« und Du antwortest mit »ja«, so heißt das doch nicht, daß Du jetzt eben im Geist das ABC durchgehst, oder in einem besondern Geisteszustand bist, der irgendwie dem Hersagen des ABC äquivalent ist.

MS-142, 1937, S. 133 f.

Ich will mich an eine Melodie erinnern und sie fällt mir nicht ein; kann's nicht; plötzlich sage ich, »Jetzt weiß ich es!«, und singe sie: Wie war es, als ich sie plötzlich wußte? Sie konnte mir doch ~~nicht~~ in diesem Moment ~~nicht~~ ganz eingefallen sein! – Du sagst vielleicht: »Es ist ein bestimmtes Gefühl, als wäre sie jetzt da « – aber ist sie jetzt da? Wie, wenn Du nun anfängst, sie zu singen und steckenbleibst? – Ja aber konnte ich nicht doch in diesem Moment sicher sein, daß ich sie wüßte? Sie war also eben doch in irgendeinem Sinne da! – Aber in welchem Sinne? Du sagst doch wohl, die ~~eine~~ die Melodie sei da, wenn er sie etwa durchsingt ~~gesungen hätte~~ oder von Anfang bis zum Ende vor dem innern Ohr ~~ge~~hört ~~hätte~~. Ich leugne natürlich nicht, daß Du der Aussage, die Melodie sei da, auch einen ganz andern Sinn geben kannst – z. B. den, ich hätte einen Zettel, auf dem sie aufgeschrieben steht ~~ist~~. – Und worin besteht es denn, daß er ›sicher‹ ist, er wisse sie? – Du kannst könntest natürlich sagen: Wenn jemand mit Überzeugung sagt, jetzt wisse er die Melodie, so ~~sei~~ ~~ist~~ stehe sie in diesem Augenblick (irgendwie) ganz vor seinem Geist; und das ist hier eine Erklärung der Worte: »die Melodie steht ganz vor seinem Geist«.

MS-142, 1937, S. 163 f.

Das ist doch so, wie wenn ich sagte: ich weiß mit Sicherheit, wie ich die Melodie fortgesetzt hätte wenn ich nicht unterbrochen worden wäre. Oder ist es nicht so?

MS-116, 1937–38, S. 309

Aufgaben: Zahl der Töne, die innere Eigenschaft einer Melodie; ~~die äußere~~ Zahl der Blätter, äußere Eigenschaften eines Baumes. Wie hängt das es mit der Identität des Begriffes zusammen?

MS-118, 17.9.1937, S. 103r

Es singt Einer Einer singt eine ihm wohl bekannte Melodie; wir unterbrechen ihn (~~an irgendeiner Stelle~~), und fragen dann: »Hast Du gewußt, wie es weiter geht; wolltest Du s o fortsetzen, oder so?« ~~– (Indem wir ihm die richtige und eine falsche Antwort geben) –~~ Er antwortet: »Freilich wußte ich, wie es weitergeht und ich wollte natürlich so fortsetzen: ...«. Es drängt sich uns das Bild auf, die Fortsetzungen der Melodie habe schon existiert, u n d z w a r i n u n s, gleichsam hinter der Mundöffnung. Dies Bild wird verstärkt dadurch, daß wir nach der Unterbrechung noch ein Stückchen der Melodie mit dem innern Ohr hören und dies es ist, als sähen wir noch ein Stück der Reihe jener Töne entlang, die bereit lagen, ans Licht zu kommen. Und dies ist wieder ganz ähnlich dem, was beim Zählen vor sich geht, oder beim Anschreiben eines Reihenstücks einer Reihe mit ›Pünktchen‹, die ›u. s. w. ad inf.‹ bedeuten.

TS-240, 1938, S. 216

Endlose Melodie

Unendliche Erlaubnis
Unendlicher Wunsch[42]

MS-162a, 12.1.1939, S. 73

›Diese Melodie macht mir einen starken Eindruck‹ – Ist es klar, daß es eine Beschreibung dieses Eindrucks gibt?
Den Eindruck als Atmosphäre gesehen: ›Diese Melodie ist mit einer starken Atmosphäre umgeben‹.

42 Möglicherweise vermeidet Wittgenstein hier mit Absicht den von Richard Wagner eingeführten Terminus »Unendliche Melodie«.

Aber mit welcher Atmosphäre? Was würden wir eine Angabe, Beschreibung dieser Atmosphäre nennen?
Die Beschreibung einer Atmosphäre ist eine spezielle Sprachanwendung, zu speziellen Zwecken.

Deuten des ›Verstehens‹ als Atmosphäre; als seelischer / geistiger Akt. Man kann zu allem, eine Atmosphäre hinzukonstruieren.

MS-162b, 1939, S. 57vf.

›Der Eindruck (den diese Melodie macht) ist völlig unbeschreibbar.‹ – Das heißt: eine Beschreibung tut's (für meinen Zweck) nicht; Du mußt die Melodie hören.
Wenn die Kunst dazu dient ›Gefühle zu erzeugen‹, ist, am Ende, ~~vielleicht~~ ihre sinnliche Wahrnehmung auch unter diesen Gefühlen?

MS-162b, 1939, S. 59rf.

›Was lehrt mich ein Beweis, abgesehen von seinem Resultat?‹ Was lehrt mich eine neue Melodie? Bin ich nicht in Versuchung zu sagen, sie lehre mich etwas? –

MS-117, 19.3.1940, S. 267

Gedankenlos + gedankenvoll Musik machen.

Eine Linie könnte genug sein um eine ganze Symphonie zu fixieren / bestimmen, wenn die Vorarbeiten getan sind. Die Linie sehen könnte uns veranlassen zu sagen wir sähen das ganze Werk vor uns weil wir gewiß sind es nun schreiben zu können.
Wir könnten auch sagen: »aus dieser Linie muß mir alles folgen.« Und ob ich mit dieser Gewißheit recht hätte würde sich beim Ausarbeiten zeigen.
Wir sind manchmal gewiß etwas zu können; + in einer großen Mehrzahl von Fällen können wir es dann auch.
Ich bin z. B. gewiß die + die Melodie ~~auswendig~~ pfeifen zu können wenn mir nur jemand die Anfangstakte angibt.

Was gibt mir die Berechtigung zu dieser Gewißheit? Ist es daß ich die Melodie bisher immer habe pfeifen können + sie mir nie entfallen ist? Das wäre Induktion. Eines ist Tatsache: ich bin gewiß; nichts würde mich mehr verblüffen, als wenn ich in mitten der Melodie stecken bliebe ohne eine besondere + offenbare Ursache; + bis jetzt habe ich eine solche Überraschung selten oder nie erlebt.

MS-165, 1941, S. 135ff.

Mach diesen Versuch: Sag »Hol' ihn der Teufel!«, + meine verschiedene Personen. Auch solche, die Du kaum kennst, den Kommis in einem Geschäft, z. B. – Du wirst Dir ihn dabei vorstellen. Und dann sagst Du etwa ich meinte jetzt N. Aber Du sagtest Dir den Namen nicht, während Du fluchtest. Wie weißt Du also, daß es N war, dessen Bild Du sahst?

Du gingst von der Vorstellung zum Namen »N« über. Zu sagen, Du wußtest schon früher, wen Du meintest, ist ähnlich dem: zu sagen, Du wusstest / weißt, wie diese Melodie weiter geht.

MS-116, 1944, S. 294

Das Ab-nehmen [sic] und Zunehmen einer Schmerzempfindung, das Hören einer Melodie, eines Satzes: seelische Vorgänge.

TS-227a, 1944, S. 106

Erinnere Dich an das Wort: jedes Wort habe nicht nur eine Bedeutung sondern auch eine Seele.

Nun weiß ich, was dieser Ausdruck bedeutet; nun weiß ich, wie diese Melodie zu singen ist – + nun folgt eine längere Erklärung. Und wie konnte ich das alles in einem Augenblick wissen. War es mir alles gegenwärtig? Diese Ausdrucksweise verwirrt nur! Das ist es, was man sich nicht zusammenreimen kann.

MS-131, 12.8.1946, S. 30f.

Denke aber, wo man »begleiten« zu verwenden geneigt ist, + wo nicht. Von der gesungenen Melodie wird man vielleicht sagen, sie begleitet die Worte des Lieds. Aber auch vom Tonfall der gewöhnlichen Rede?

MS-131, 4.9.1946, S.195

Zählen, Rechnen, etc., in einem abgeschlossenen System, so wie eine Melodie abgeschlossen ist. Die Leute zählen etwa mit Hilfe der Töne einer besonderen Melodie; am Ende der Melodie kommt die Zahlenreihe zu einem Ende. – Soll ich sagen: Es gibt natürlich noch weitere Zahlen, nur erkennen diese Leute sie nicht? Oder soll ich sagen: Es gibt noch ein anderes Zählen – das was wir tun – + das kennen (tun) jene Leute nicht.

MS-133, 13.11.1946, S.35rf.

Eine Melodie ging mir durch den Kopf. War es willkürlich, oder unwillkürlich? Eine Antwort wäre: Ich hätte es auch lassen können, sie mir innerlich vorzusingen vorzustellen. Und wie weiß ich das? Nun, weil ich mich für gewöhnlich unterbrechen kann, wenn ich will.

MS-134, 19.3.1947, S.46

Bedenke, daß man sagen kann: »Du mußt diese Melodie so hören, + dann auch entsprechend spielen«.

Denk Dir z.B. Einer sagt »Jetzt sehe ich wieder eine neue Art der Zusammensetzung!« – dann schickt er sich an, sie zu erklären. Diese Situation ist ähnlich der Situation »Jetzt weiß ich weiter!«.

Und doch ist das Entdecken einer neuen Art der Zusammensetzung nicht immer mit einem Sehen dieser Zusammensetzung verbunden, + wenn mit dem Sehen eines besondern Aspektes, nicht notwendigerweise immer mit dem Sehen des gleichen Aspektes.

Ich glaube, daß man einen Aspekt oft durch eine Augenbewegung, durch eine Bewegung des Blicks, hervorruft.

Aber wie seltsam! könnte möchte man sagen – Wenn man eine Art der Zusammensetzung entdecken kann, – wie ist es möglich sie auch zu *sehen*?! – – Wie ist es möglich, mit einem Schlage zu wissen, was man sagen will? Ist dies nicht ebenso merkwürdig?

MS-135, 13.7.1947, S.5rf.

Wenn ich nun aber eine Melodie mit Verständnis höre, – geht da nicht etwas besonderes in mir vor – was nicht angeht wenn ich sie ~~ohne Verst.~~ ~~verständnislos~~ höre? Und *was*? – Es kommt keine Antwort; oder was mir einfällt ist abgeschmackt. Ich kann wohl sagen: »Jetzt habe ich *sie* verstanden,« + nun etwa über sie reden, sie spielen, sie mit andern vergleichen, etc. *Zeichen* des Verständnisses mögen das Hören begleiten.

Es ist falsch irreführend das Verstehen einen Vorgang zu nennen, der das Hören begleitet. Man könnte ja auch die Äußerung davon, das ausdrucksvolle Spiel, nicht eine Begleitung des Hörens nennen.)

Ich kann also sagen: »Jetzt habe ich es zum ersten Mal verstanden« – nicht aber ›worin dies das bestanden hat‹; ich kann zur Erklärung sagen »Ich bin mitgegangen«, oder die + die Stelle hätte mir zum ersten Mal ›einen Eindruck gemacht‹.

MS-137, 15.2.1948, S.22af.

Das Hören einer Melodie + die Bewegungen, mit denen man sie in einer bestimmten Weise auffaßt, oder hört. phrasiert + sozusagen den Eindruck formen hilft. Warum scheint hier Tun + Erleben so schwer zu trennen?

Es ist, als ob Tun + Eindruck nicht nebeneinander hergingen, sondern das Tun den Eindruck ~~modifizierte~~ formte.

MS-137, 25.12.1948, S.134a

– – Und *sieht* man nun die Zaghaftigkeit, oder sieht man sie nicht? Mit dem Begriff ›zaghaft‹ kann man das visuell Wahrgenommene beschreiben, wie *mit* dem Begriff ›Dur‹, oder ›Moll‹ das Gehörte die Melodie, die ich höre.

MS-138, 20.1.1949, S.5b

Denk nur an den Ausdruck »Ich hörte eine klagende Melodie«! Und nun die Frage: »Hört er das Klagen?«

Und wenn ich nun antwortete: »Nein, er hört es nicht; er empfindet es (nur)« – was ist damit getan Man kann ja nicht einmal ein Sinnesorgan dieser ›Empfindung‹ angeben.

Mancher möchte nun antworten: »Freilich höre ich's!« – Mancher: »Ich höre es eigentlich nicht.« – Es lassen sich aber Begriffsunterschiede feststellen.
(Es läßt sich eine Begriffsgrenze ziehen. Aber woher dann überhaupt die Idee des ›Empfindens‹ des Gemeinen, Furchtsamen etc.?) (Nun,) W/wir reagieren anders auf den zaghaften Gesichtsausdruck, als der, der ihn nicht als zaghaft (im vollen Sinne des Wortes) erkennt. – Nun will ich aber nicht sagen, wir spüren in den Muskeln + Gelenken diese Reaktion. – Nein, wir haben hier einen modifizierten Empfindungsbegriff.

MS-138, 20.1.1949, S. 6a f.

Was ist der Ausdruck, das Kriterium, dieser Empfindung? Doch z.B., wie, mit welchem Ausdruck, Einer die Melodie nachsingen wird. Auch vielleicht, mit welchem Gesicht. Oder: was er über sie sagen wird. Das ist doch wohl die besondere Beschreibung, die er von ihr gibt.

Die Wahrheit ist doch die: ›Klagen‹ ist ein Begriff der nicht rein akustisch ist. Ich kann ihn aber zum Beschreibung von rein Akustischem verwenden. (»Die Dampfpfeife gibt einen klagenden Ton«.) Das Wort »klagen« könnte auch alle seine nicht-akustischen Beziehungen verlieren + zu einer rein akustischen Bezeichnung werden. (Etwa wie/Wie die Worte »to travel« + »travailler« ursprünglich eine Beziehung zum Qualvollen hatten, die sie dann verloren.)

MS-138, 20.1.1949, S. 6b f.

Man kann doch die Frage beantworten »Wie sieht ein Sessel im Stil Ludwig XIV. aus?« – oder die, »Wie klingt eine klagende Melodie?« – Zeig mir solche Sessel, sing mir solche Melodie vor!

MS-138, 22.1.1949, S. 7

Ich höre die Melodie ganz anders, nachdem ich den Stil dieses Meisters kenne. Ich hätte sie z. B. als heiter beschrieben, nun ~~jetzt~~ aber empfinde ich sie als den Ausdruck eines großen Leidens. Ich beschreibe sie jetzt anders, stelle sie mit ganz anderem zusammen.

Wer den Ernst einer Melodie empfindet, was nimmt der wahr? – Nichts, was man durch Wiedergabe des Gehörten erklären kann.

MS-138, 24.1.1949, S. 9a

Die Absicht in der gehandelt wird ›begleitet‹ nicht die Handlung, sowenig wie der Gedanke die Rede ›begleitet‹. Gedanke + Absicht sind weder ›gegliedert‹ noch ›ungegliedert‹, weder einem einzelnen Ton zu vergleichen, der während des Handelns oder Redens erklingt, noch einer Melodie.

MS-144, 1949, S. 46r

MUSIK

Zu einem Vorwort:
Dieses Buch ist für die diejenigen geschrieben, die ~~welche~~ seinem dem Geist in dem es geschrieben ist freundlich gegenüberstehn. Dieser Geist ist, glaube ich, ein anderer als der des Stromes der der großen europäischen + amerikanischen Zivilisation. Der ~~Dieser~~ Geist dieser Zivilisation dessen Ausdruck die ~~moderne~~ Industrie, Architektur, Musik, der Faschismus + Sozialismus unserer Zeit der Jetztzeit ist, ist dem Verfasser fremd + unsympathisch ein dem Verfasser fremder + unsympathischer Geist. Dies ist kein Werturteil. Nicht als ob er glaubte ich nicht wüßte daß was sich heute als Architektur ausgibt auch nicht Architektur wäre ist + nicht als ob er dem was moderne Musik heißt nicht das größte Mißtrauen entgegenbrächte (ohne ihre Sprache zu verstehen), aber ~~auch~~ das Verschwinden der Künste rechtfertigt kein absprechendes Urteil über eine Menschheit. Denn echte + starke Naturen wenden sich eben in dieser Zeit von dem Gebiet der Künste ab + anderen Dingen zu + der Wert des Einzelnen kommt irgendwie zum Ausdruck. [...]

MS-109, 11.6.1930, S.204f.

[...] – Auch so: Wenn ich ~~sage~~ wie oben sage »ich meine diesen Pfeil so, daß ...« so ~~scheint es~~ machte es den Eindruck als hätte ich jetzt erst das Eigentliche beschrieben, die Meinung; als wäre der Pfeil gleichsam nur das Musikinstrument, die Meinung aber die Musik oder besser: der Pfeil das Zeichen – das heißt in diesem Falle – die Ursache des inneren, seelischen, Vorgangs, + die Worte der Erklärung erst die Beschreibung dieses Vorgangs. Hier spukt die Auffassung des Satzes als des Zeichens des Gedankens; + des Gedankens als eines Vorgangs in der Seele oder im Kopf. [...]

MS-112, 15.11.1931, S.92rf.

In einer Beziehung muß ich ein sehr moderner Mensch sein weil das Kino so außerordentlich wohltätig auf mich wirkt. Ich kann mir kein Ausruhen des Geistes denken was mir adäquater wäre als ein amerikanischer Film. Was ich sehe + die Musik geben mir eine selige Empfindung vielleicht etwa in einem infantilen Sinne aber darum natürlich nicht weniger stark. Überhaupt ist wie ich oft gedacht + gesagt habe der Film etwas sehr Ähnliches wie der Traum + die Freudschen Gedanken Methoden lassen sich unmittelbar auf ihn anwenden.

MS-183, 6.5.1930, S. 21f.

(Wir befinden uns mit unserer Sprache (als physischer Erscheinung) sozusagen nicht im Bereich des projizierten Bildes auf der Leinwand, sondern im Bereich des Films der durch die Laterne geht. Und wenn ich zu dem Vorgang auf der Leinwand Musik machen will, muß das, was sie hervorruft, sich wieder im (Sphäre) Gebiet des Films abspielen. ~~Das Ganze ist~~ Das gesprochene Wort im Sprechfilm das die Vorgänge auf der Leinwand begleitet, ist ebenso fliehend wie diese Vorgänge, + nicht das Gleiche wie der Tonstreifen. Der Tonstreifen begleitet nicht das Spiel auf der Leinwand.)

MS-113, 19.5.1932, S. 125v

There is ~~We distinguish~~ the case when a person reacts to the letters he sees in the ›correct‹ way never having seen this piece of print before reading his newspaper and the case where he knows what is before him by heart he has never been able to read + now just looks at the piece of paper + says ~~speaks~~ the piece by heart. Or he can read but slowly + with pain but he knows the piece by heart or almost by heart + he looks at the words in a sense half reading half saying by heart (reading musik). […]

MS-147, 1934, S. 48r

Suppose you tried to separate the feeling which musik gives you from hearing musik.

MS-148, 1934–35, S. 1r

Musik impressing you »sad«, »joyful«, etc.

MS-150, 1934–35, S. 89

[...]
It has sometimes been said that what music conveys to us are feelings of joyfulness, melancholy, triumph, etc. etc. and what repels us in this account is that it seems to say that music is an instrument for a means to producing in us sequences of feelings. And from this one might gather that any other means of producing such feelings would do for us instead of music. — To such an this account we are tempted to reply »music conveys to us itself!«
[...]

TS-310, 1934–35, S. 157

Es gibt in der Musik ~~so etwas wie~~ eine eindrucksvolle Phrase + wenn man so eine hört, mag man sagen: »diese Phrase drückt doch etwas aus!«
Nur will man aber sagen: sie ist nicht bloß eindrucksvoll, sondern sie drückt auch etwas bestimmtes aus. Aber wir sagten ja, sie sei eindrucksvoll.

MS-150, 1934–35, S. 74

[...]
Würden wir also nach dem Wesen der Strafe gefragt, oder nach dem Wesen der Revolution, oder nach dem Wesen des Wissens, oder des kulturellen Verfalls, oder des Sinnes für Musik, – so würden wir nun nicht versuchen, ein Gemeinsames aller Fälle anzugeben, ~~nicht~~ das, was sie alle eigentlich sind, – also ein Ideal, das in ihnen allen enthalten ist; sondern statt dessen Beispiele, gleichsam Zentren der Variation.
[...]

MS-115, 1936, S. 221

Wenn die Mitteilung die eine Tagebuchseite ihm macht darin besteht, daß sie ihm den Verlauf eines Tages in Erinnerung ruft,– wie wäre es wenn er zwar nie ein solches Tagebuch geführt hätte aber dieses selbe dasselbe Erlebnis beim Anblick irgendwelcher Striche – oder sagen wir auch

Bäume in einem Wald – hätte? Würden ihm die Bäume etwas mitteilen? Könnte man sagen, sie haben eine ähnliche Wirkung auf sein Gemüt wie eine Mitteilung?
Wenn z. B. Musik auf mich einmal diese Wirkung hätte – wäre sie eine Mitteilung?

MS-119, 13.11.1937, S. 104vf.

[…] Teilt mir Musik etwas mit, wenn … Und was ist denn ›dieses‹ Erlebnis? Warum sagst ~~nen[nst]~~ Du es sei einmal dasselbe wie ein andres Mal? Was ist das Kriterium der Identität? Haben wir denn darüber irgend etwas bestimmt? Was wir gesagt haben hängt gänzlich in der Luft, hat gar keine Anwendung. Es hat nur den falschen Anschein als hätte es eine weil wir Wörter unsrer Sprache gebrauchen, die bereits schon eine – + zwar sehr komplizierte Verwendung besitzen. Es ist irgendwie als wollten wir von einem Hofrat bei den Eskimos reden, indem wir vergessen daß ein Hofrat dies nur in einer bestimmten komplizierten Gesellschaftsordnung ist. Und dem widerspricht es nicht daß ein Hofrat auch einmal bei den Eskimos leben könnte.

MS-119, 13.11.1937, S. 106rf.

Man spricht von »Lippengebet«– + was unterscheidet das Lippengebet vom echten? Doch das Fehlen der begleitenden Gefühle + Gedanken. Und hierin sind Rede + Musik gleich: man spricht von Einem ~~sagt, Einer lese etwas~~ der etwas gedankenlos herunterliest ~~gedankenlos herunter~~, ohne zu wirklich meinen was er spricht – + von Einem der ein Musikstück gedankenlos herunterspielt, ohne wirklich zu meinen, was er spielt.

MS-119, 14.11.1937, S. 110r

»Was tust Du?« – Ich mache eine gewisse Musik.

MS-158, 1938, S. 40rf.

Erscheinungen mit sprachähnlichem Charakter in der Musik oder Architektur. Die sinnvolle Unregelmäßigkeit– in der Gotik z. B. (mir schweben auch die Türme der Basiliuskathedrale vor). Die Musik

Bachs ist sprachähnlicher als die ~~der späteren Meister~~ Mozarts + Haydns. Die Rezitative der Bässe im 4ten Satz der 9ten Symphonie von Beethoven.[43] (Vergleiche auch Schopenhauers Bemerkung über die »allgemeine Musik« zu einem besonderen Text)

MS-121, 25.5.1938, S.26v

›Zweck der Musik: Gefühle zu vermitteln.‹ […]

MS-122, 1.2.1940, S.118rf.

Die Genaue Entsprechung eines richtigen (überzeugenden) Übergangs in der Musik + in der Mathematik!

MS-117, 10.2.1940, S.160

Gedankenlos + gedankenvoll Musik machen.

MS-165, 1941, S.135

»Ich bin doch lebendig / lebe doch ; ich habe doch Bewußtsein!« (Dabei öffne ich die Augen weit + schaue um mich.) Wem sag ich das, + wozu? Der andre wird sagen: »Ich habe ohnehin nicht daran gezweifelt / gewusst daß Du bei Bewußtsein bist«. Und warum sage ich's mir? Nun ich merke, daß es so ist + sage es. Was die Worte wohl fur eine Beziehung zu dem Faktum haben? + warum ich es wohl mit Worten begleite? Könnte ich es ebensogut auch mit Musik begleiten?

Ist, daß ich Bewußtsein habe, eine Erfahrungstatsache?

MS-179, 1944–45, S.26rf.

(Musik, musikalischer Gedanke.) Man lernt die Bedeutung eines Denkens nicht nur durch Übersetzung; sondern auch indem man sein Eingreifen in das Leben verstehen lernt.

TS-228, 1945, S.1

43 Ludwig van Beethoven: Symphonie Nr. 9 Op. 125, 4. Satz, Notenbeispiel S. 246

Was verliert der, der, z. B., nicht findet, daß die Endung »a« des Namens Maria ihren Charakter ändert wenn der Name einmal als Frauenname einmal als Männername gebraucht wird? Man könnte sich denken, daß er für gewisse Effekte in der Musik oder Dichtung unempfindlich wäre.

MS-131, 13.8.1946, S. 36 f.

Zwei Gegenstände ›gehören zusammen‹. Man lehrt ein Kind, Dinge ›ordnen‹, man begleitet die Tätigkeit mit den Worten »Diese gehören zusammen«. Das Kind lernt diesen Ausdruck auch. Es könnte die Dinge auch mit Hilfe dieser Worte und gewisser Gebärden ordnen. Die Worte können aber auch bloße Begleitung des Tuns sein. Ein Sprachspiel.

Denk Dir ein solches Spiel ohne Worte, aber mit der Begleitung einer
dazu
zu den Handlungen passenden
charakteristischen
suggestiven
Musik gespielt.

MS-134, 22.4.1947, S. 149 f.

[…]
Das Verständnis Verstehen der Musik hat einen gewissen Ausdruck, sowohl während des Hörens + Spielens, als auch zu andern Zeiten anderer Zeit. Zu diesem Ausdruck gehören manchmal Bewegungen, manchmal aber nur, wie der Verstehende das Stück spielt, oder summt, auch hie + da Vergleiche, die er zieht + Vorstellungen, die die Musik gleichsam illustrieren. Wer Musik versteht, wird anders (mit andrem Gesichtsausdruck, z. B.) zuhören, anders spielen, anders summen, anders über das Stück reden, als der es nicht versteht. Sein Verständnis eines Themas wird sich aber ~~z. B.~~ nicht nur in Phänomenen zeigen die das Hören oder Spielen dieses Themas begleiten, sondern in einem Verständnis für Musik im allgemeinen.

Das Verständnis der Musik ist eine Lebensäußerung der Menschen. Wie wäre sie einem zu beschreiben? Nun, vor allen müßte man wohl die Musik beschreiben. Dann könnte man beschreiben, wie sich Menschen zu ihr verhalten. Aber ist das alles, was dazu nötig ist, oder gehört dazu, daß wir ihm selbst Verständnis beibringen? Nun, ihm Verständnis beibringen wird ihm in anderem Sinne lehren, was Verständnis ist, als eine Erklärung Lehre, die dies nicht tut. Ja auch, ihm Verständnis für Gedichte oder Malerei ~~geben~~ beibringen, kann zur Erklärung dessen gehören, was Verständnis für Musik sei.

Wenn ich nun aber eine Melodie mit Verständnis höre, – geht da nicht etwas besonderes in mir vor – was nicht angeht wenn ich sie ~~ohne Verst.~~ verständnislos höre? Und was? – Es kommt keine Antwort; oder was mir einfällt ist abgeschmackt. Ich kann wohl sagen: »Jetzt habe ich sie verstanden,« + nun etwa über sie reden, sie spielen, sie mit andern vergleichen, etc. Zeichen des Verständnisses mögen das Hören begleiten.

Es ist falsch irreführend das Verstehen einen Vorgang zu nennen, der das Hören begleitet. Man könnte ja auch die Äußerung davon, das ausdrucksvolle Spiel, nicht eine Begleitung des Hörens nennen.)

Ich kann also sagen: »Jetzt habe ich es zum ersten Mal verstanden« – nicht aber ›worin dies das bestanden hat‹; ich kann zur Erklärung sagen ~~außer wenn ich sage~~ »Ich bin mitgegangen«, oder die + die Stelle hätte mir zum ersten Mal ›einen Eindruck gemacht‹.

Denn wie läßt sich ~~(denn)~~ erklären, was ›ausdrucksvolles Spiel‹ ist? Gewiß nicht durch etwas, was das Spiel begleitet. Was gehört also dazu? Eine Kultur, möchte man sagen. – Wer in einer bestimmten Kultur erzogen ist, – dann auf Musik so + so reagiert, dem wird man den Gebrauch des Wortes »ausdrucksvolles Spiel« beibringen können.

Das Verstehen eines Themas ist weder eine Empfindung noch eine Summe von Empfindungen. Es ein Erlebnis zu nennen ist insofern aber richtig doch dennoch in sofern richtig, als dieser Begriff des Verstehens mache Verwandtschaften mit anderm Erlebnis begriffen hat. Man sagt »Ich habe diese Stelle diesmal ganz anders erlebt«. Aber doch ›beschreibt‹ dieser Ausdruck ›was geschah‹ nur für den, der mit einem besondern Begriffssystem vertraut ist.

MS-137, 15.2.1948, S. 21bff.

Du redest doch vom Verstehen der Musik. Du verstehst sie doch während du sie hörst! ~~Ist dies ein Erlebnis welches das Hören begleitet?~~ Sollen wir davon von ihm sagen, es sei ein Erlebnis, welches das Hören begleite?

MS-137, 7.3.1948, S. 27b

Wie weiß ich, daß Einer entzückt ist? Wie lernt man ~~er~~ den sprachlichen Ausdruck des Entzückens? Woran knüpft er ~~dieser~~ sich? An den Ausdruck von Körperempfindungen? Fragen wir Einen, was er in der Brust, in den Gesichtsmuskeln spürt um herauszufinden ob er Genuß empfindet?

Heißt das aber, es gäbe nicht doch Empfindungen, die oft beim Genießen der Musik wiederkehren? Durchaus nicht. (Bei manchen Stellen mag Einem ihm das Weinen kommen + er spürt es im Kehlkopf.)

Ein Gedicht macht uns beim Lesen einen Eindruck. »Fühlst Du dasselbe, während Du es ~~dies Gedicht liest, das dir einen Eindruck macht~~ liest, wie wenn Du etwas Gleichgültiges liest?« – Wie habe ich auf diese Frage antworten gelernt? Ich werde vielleicht sagen: »Natürlich nicht!« – was soviel heißt wie: mich ergreift dies, + das andere nicht. »Ich erlebe dabei etwas anderes.« – Und welcher Art ist dies? – Ich kann nichts Befriedigendes antworten. Denn was ich angebe, ist nichts Wichtiges. – »Hast Du aber nicht während des Lesens genossen?« Freilich – denn die entgegengesetzte Antwort hieße: ich hätte es früher, oder später genossen; + das will ich nicht sagen.

Aber nun erinnerst Du Dich ja doch an gewisse Empfindungen + Vorstellungen + Gedanken beim Lesen + zwar solche, die für das Genießen, für den Eindruck nicht irrelevant waren. – Aber von denen möchte ich sagen, sie hätten ihre Wichtigkeit nur durch ihre ~~die~~ ~~(ganze)~~ Umgebung erhalten: durch das Lesen des Gedichts, durch meine Kenntnis der Sprache, des Metrums + unzähliger andrer Dinge. (Diese Augen lächeln nur in diesem Gesicht + in diesem zeitlichen Zusammenhang.)
Du mußt Dich doch fragen: Wie haben wir den Ausdruck »Ist das nicht herrlich!« (z.B.) überhaupt gelernt? – Niemand erklärte ihn uns ~~einem Menschen~~ durch einen Bezug auf , indem er sich auf Empfindungen, Vorstellungen oder Gedanken die das Hören begleiten. bezog, die das Hören begleiten! Ja, wir würden nicht bezweifeln, daß er's genossen hat, wenn er keine solchen Erlebnisse anzugeben wüßte; wohl aber, wenn es sich zeigte, daß er ~~keine~~ gewisse Zusammenhänge nicht versteht.

MS-137, 7.3.1948, S. 28af.

Das Verstehen der Musik ~~(einer Melodie)~~ ~~eines Themas~~ ist weder eine Empfindung, noch eine Summe von Empfindungen. Es ein Erlebnis zu nennen, ist aber dennoch insofern richtig, als *dieser* Begriff des Verstehens manche Verwandtschaften mit andern Erlebnisbegriffen hat. Man sagt »Ich habe diese Stelle diesmal ganz anders erlebt«. […]

TS-233a, 1948, S. 33

Aber er könnte sie doch sehen, wie ich + Du. – Aber das Wort »Empfinden« ist doch auch nicht einwandfrei. – Was nehme ich denn mit der Empfindung wahr? Nehme ich, außer der sogenannten Traurigkeit der Gesichtszüge, auch die traurige Stimmung des Menschen wahr? Oder schließe ich diese aus dem Gesicht? Sage ich: »Seine Züge + sein Benehmen waren traurig, also war wohl auch er traurig«?

Hierher gehört, glaube ich, die Frage: Macht ›traurige Musik‹ uns traurig? Es scheint, Ja + Nein. Wir machen z. B. ein trauriges Gesicht, oder doch / oder ein Gesicht, welches Trauer spiegelt.

Man sieht die Trauer, insofern man z. B. den traurigen Gesichtsausdruck sieht, aber man sieht doch nicht den traurigen Klang seiner Stimme.

MS-138, 23./24.1.1949, S. 8b

MUSIKER

[…] If for instance I say that this is a good chair this means that the chair serves a certain predetermined purpose and the word »good« here has only meaning so far as this purpose has been previously fixed upon. In fact the word »good« in the relative sense simply means coming up to a certain predetermined standard. ~~So~~ Thus when we say that this man is a good pianist we mean that he can play pieces of a certain degree of difficulty with a certain degree of dexterity. And similarly if I say that it is important for me not to catch cold I mean that catching a cold produces certain describable disturbances in my life and if I say that this is the right road I mean that it's the right road relative to a certain goal. […]

MS-139b, 1929, S. 4f.

Es müßte also das allgemeine Gesetz in meiner Handlung bewußt ausgesprochen liegen.
Es ist aber doch gar kein Zweifel, daß wir auf Zeichen sehr oft rein automatisch reagieren. Etwa wenn ein geübter Notenleser etwas vom Blatt spielt. Er reagiert dann auf die Zeichen wie eine Maschine (Wir sind hier offenbar in einem Gebiet das uns eigentlich nichts angeht). Wie aber wenn der Klavierspieler danebengreift?

MS-109, 27.11.1930, S. 259

Wie kann man durch Denken die Wahrheit finden? Ich sage N sollte M kennenlernen, das würde ihnen gut tun, denn beide sind Musiker. Dann stelle ich mir ihr Zusammentreffen und ihre Konversation vor und es fällt mir ein, daß sie in diesem und jenem fundamental verschiedener Anschauung wären, und daß N geärgert sein werde, und daß sie ohne Nutzen wieder auseinandergehen würden: und ich entscheide mich nun gegen ein Zusammentreffen der beiden.

TS-219, 1932–33, S. 9

[...]
Do this: Say by heart the series of cardinals from one to twelve, -- Now look at the dial of your watch and read this sequence of numbers. Ask yourself what in this case you called reading, that is, what did you do to make it reading?
Let us try this explanation: A person reads if he derives the copy which he is producing from the model which he is copying. (I will use the word »model« to mean that which he is reading off, e.g., the printed sentences which he is reading or copying in writing, or such signs as »-- ..-« which he is »reading« by his movements, or the scores which a pianist plays off, etc. The word »copy« I use for the sentence spoken or written from the printed one, for the movements made according to such signs as »-- ..-«, for the movements of the pianist's fingers or the tune which he plays from the scores, etc.) Thus if we had taught a person the Cyrillic alphabet and had taught him how each letter was pronounced, if then we gave him a piece printed in the Cyrillic script and he spelt it out according to the pronunciation of each letter as we had taught it, we should undoubtedly say that he was deriving the sound of every word from the written and spoken alphabet taught him. And this also would be a clear case of reading. (We might use the expression, »We have taught him the rule of the alphabet«.)

TS-310, 1934–35, S. 72 f.

Die Menschen heute glauben, die Wissenschaftler seien da, sie zu belehren, die Dichter + Musiker [etc.], sie zu erfreuen. Daß diese sie etwas zu lehren haben; kommt ihnen nicht in dem Sinn.

MS-162b, 1939, S. 60v

Man frag$_{t}^{e}$ den Kapellmeister, der gerade den Taktstock ergreift, »Hast Du die Absicht zu dirigieren?« —

MS-134, 15.3.1947, S. 35

Mein Benehmen ist eben manchmal Gegenstand meiner Beobachtung, aber doch selten ~~viel seltener~~. Und das hängt damit zusammen, daß ich mein Benehmen beabsichtige. Selbst wenn der Schauspieler im Spiegel seine eigene Miene beobachtet, oder der Musiker genau auf jeden Ton seines Spiels merkt + ihn beurteilt, so geschieht es doch um ~~danach~~ seine Handlung zu richten lenken.

MS-134, 19.3.1947, S. 44

MUSIKSTÜCK

[…] Jedenfalls ist das wovon man z. B. sagen kann es sei ein Musikstück anderer Form als das wovon man sagen kann es sei ein Stück blauer Himmel.

[…]

MS-107, 15.2.1930, S. 298 f.

(Struktur und Gefühl in der Musik. Die Gefühle begleiten das Auffassen eines Musikstücks wie sie die Vorgänge des Lebens begleiten.)

MS-110, 29.6.1931, S. 226

Sind etwa eine Wiese, eine Blume, ein Musikstück, ein Drama nur soviel verschiedene Mittel um uns das Gefühl der Lust zu geben? Und warum verwendet man dann so viele verschiedene Arten der Lusterregung. Etwa weil man nicht jede in jeder Jahreszeit haben kann? Oder will man sagen: was wir wünschen sei eben nicht bloß Lust sondern Lust mit gewissen andern Eindrücken zusammen? Aber warum sollte man sich dann sträuben zu sagen, was wir wünschten könne auch der andere Eindruck sein? Oder soll ich sagen es gäbe nicht nur verschiedene Grade, sondern auch verschiedene Arten der Lust? Aber warum nennt man sie alle Arten der Lust? Und

ist es nun eine Erfahrungstatsache daß man nur lustbetonte Erfahrungen wünscht.
Ist es nicht gerade eben eine Tautologie was die Menschen die dies sagen zu sagen anstreben?

MS-156a, 1932–33, S. 52rf.

Was ist eine Begründung eines Zuges eines Kunstwerkes? z. B. eines Musikstückes?

MS-156a, 1932–33, S. 54v

Mancher versteht gewisse Musikstücke indem er sich ein Ballett zu ihnen erdenkt ~~ausdenkt~~.

MS-145, 1933, S. 32

[…]
The same tendency shows itself in our calling the ability of solving a mathematical problem, the ability to enjoy a piece of music, etc. certain states of the mind; we don't mean by this expression »conscious mental phenomena«. Rather, a state of the mind in this sense is the state of a hypothetical mechanism, a mind model meant to explain the conscious mental phenomena. (Such things as unconscious or subconscious mental states are features of the mind model.) In this way also we can hardly help conceiving of memory as of a kind of storehouse. Note also how sure people are that to the ability of adding or multiplying or to that of saying a poem by heart, etc., there must correspond a peculiar state of the person's brain, although on the other hand they know next to nothing about such psycho-physiological correspondences. We have an overwhelmingly strong tendency to conceive of the phenomena which in these such cases we actually observe by the symbol of a mechanism whose manifestations these phenomena are; We regard these phenomena as manifestations of this mechanism. and their possibility is the particular construction of the mechanism
[…]

TS-310, 1934–35, S. 64f.

8271
9537
8321
7204
―――――
33333

Könnte man sich nicht denken, daß Einer vom Resultat der Addition überrascht wäre: da er sich als das Resultat der einer Addition so bunter Zahlen nicht eine so einförmige Zahl erwartet hätte. –

Und nehmen wir an, er hätte an der Addition ein ästhetisches Vergnügen, wie am Verlauf eines Musikstücks, so könnte das Entstehen jener Gleichförmigkeit aus der dieser Buntheit die Pointe des Musikstücks sein, das, was uns immer von neuem überrascht.

MS-117, 28.2.1940, S. 201

Denk Dir eine Regel, die uns, sozusagen, viel zu hoch ist. (Wie wir etwa ein Musikstück nicht verstehen.)

MS-127, 2.2.1943, S. 49 f.

Man kann ein Musikstück auswendig lernen, um es richtig spielen zu können; aber auch in einem psychologischen Experiment, um das die Arbeiten ~~Spiele~~ des musikalischen Gedächtnisses zu untersuchen. Man könnte es aber auch dem Gedächtnis einprägen um danach irgend welche Veränderungen in der Partitur zu beurteilen.

MS-124, 5.3.1944, S. 98

Denke Dir den $\lim_{n \to \infty} \varphi n = \varphi$[44] als eine Eigenschaft eines Musikstücks (etwa). Aber natürlich nicht so, daß das Stück endlos weiterliefe, sondern als eine dem Ohr erkennbare Eigenschaft (gleichsam algebraische Eigenschaft) des Stückes.

44 Der Ausdruck $\lim_{n \to \infty} \varphi n = \varphi$ bezieht sich symbolisch auf die Vorstellung, dass eine Liste, d. h. eine geordnete Abfolge, von Dingen: $\varphi 1$, $\varphi 2$, $\varphi 3$, ... $\varphi n$, ... unendlich, aber abzählbar fortschreitet und sich dabei einem Grenzwert $\varphi$ nähern kann. Es ist etwa an das berühmte Paradox des Zenon zu denken, in dem Atalante zunächst ½ der Strecke zu einem Ziel zurücklegen muss, dann ½ der verbleibenden Distanz (¼) usw., was zu einer Folge von zurückgelegten Distanzen führt: ½, ¾, ⅞, $\frac{15}{16}$, ..., $\frac{(2n-1)}{2n}$, ... Die Zahl 1 (d. h. die gesamte Entfernung) wird nie erreicht, selbst wenn die Reihe beliebig fortgesetzt wird. Es ist jedoch möglich, nach einer endlichen Anzahl von Schritten beliebig nahe an 1 heranzukommen, wonach alle verbleibenden Elemente in der Reihe den gewünschten Grad der Annäherung erreichen. In diesem Fall würden man sagen, dass 1 der Grenzwert der Folge ist, wenn $n$ sich der Unendlichkeit nähert ($n \to \infty$).

Wie / Oder wie, wenn man die Stätigkeit [sic] als Eigenschaft des / ~~eines~~ Zeichens »$x^2 + y^2 = r^2$« ansähe[45] – natürlich nur, wenn diese Gleichung + andere gewohnheitsmäßig einer bestimmten Art der Prüfung unterzogen würden. »So stellt sich diese Regel (Gleichung) zu dieser bestimmten Prüfung.« Eine Prüfung, die mit einem Streifblick auf eine Art Extension geschieht / vorgenommen wird.

MS-124, 16.3.1944, S. 135 f.

Denk Dir Gleichungen als Ornamente (Tapetenmuster) verwendet; + nun eine Prüfung dieser Ornamente daraufhin, welcher Art Kurven sie entsprechen. Die Prüfung wäre analog / ~~von der Art~~ der der kontrapunktischen Eigenschaften eines Musikstücks.

MS-124, 16.3.1944, S. 137

Gedankenloses + nicht gedankenloses Sprechen ist zu vergleichen: gedankenlosem Spielen eines Musikstücks + nicht gedankenlosem Musizieren / Spielen.

MS-129, 1944, S. 115

»... Freude, welche dem Schmerz gleicht ...« Nicht »welche dem Kummer gleicht«! – Und doch will ich sagen: Freude, oder auch Kummer, + Schmerz seien unvergleichbar.

Aber warum »unvergleichbar«, haben sie nicht ähnliche, oder ver-

45 Eine einfache Lösung der Gleichung $x^2 + y^2 = r^2$ wäre $x = 3$, $y = 4$, $r = 5$, also $9 + 16 = 25$.
Allgemein kann der Ausdruck $x^2 + y^2 = r^2$ kann so verstanden werden, dass er sich auf die Menge der möglichen Zahlenpaare $(x, y)$ bezieht, die diese Gleichung für einen festen Wert $r$ erfüllen. Wenn zum Beispiel $x = 0$, $y = r$ oder $y = -r$ ist, so ergeben sich als Lösung die beiden Punkte $(0, r)$ und $(0, -r)$. Ähnlich verhält es sich, wenn $y = 0$, $x = r$ oder $x = -r$. In der Regel handelt es sich bei den betrachteten Zahlen um reelle Zahlen, was sich informell auf alle möglichen Punkte entlang einer kontinuierlichen Linie bezieht, so dass man sich die Zahlenpaare als Koordinatenpunkte in einer kontinuierlichen Ebene vorstellen kann. In diesem Fall ist die Gleichung eine algebraische Darstellung einer Kurve in der Ebene: nämlich eines Kreises um den Ursprung $(0, 0)$ mit dem Radius $r$.

gleichbare Äußerungen? Ist der Genuß des Essens mit dem des Hörens eines Musikstücks vergleichbar? Ja + nein.

MS-132, 29.9.1946, S.79f.

Sich einer Gleichheit von Farben in einem Bild bewußt sein, oder dessen, daß diese Farbe dunkler ist als jene.
Bin ich mir beim Hören dieses Stücks die ganze Zeit bewußt, daß es von ... ist?
Wann ist man sich einer Tatsache bewußt?

MS-134, 11.5.1947, S.162

Verstehen eines Musikstücks – verstehen eines Satzes.
Man sagt, ich verstehe eine Redeweise nicht wie ein Einheimischer, wenn ich zwar ihren Sinn kenne, aber z.B., nicht weiß, was für eine Art von Leuten sie verwenden würde. Man sagt in so einem Falle ich kenne das genaue Aroma des Wortes<br>die genaue Schattierung der Bedeutung nicht. Wenn man aber nun dächte, man empfände beim Aussprechen des Worts etwas anderes, wenn man diese Schattierung kennt, so wäre dies wieder unrichtig. Aber ich kann z.B. unzählige Übergänge machen, die der Andere nicht machen kann. (Ich höre das Wort »weiche« auf die Frage »Ißt Du lieber harte Eier etc.« + zucke zusammen.)

MS-135, 26.7.1947, S.49v

Aber die Verwendungen in der Ästhetik + in der Darstellenden Geometrie sind doch grundverschieden. Ist es in der Ästhetik nicht wesentlich, daß das Bild, das Musikstück, etc. seinen Aspekt für mich wechseln kann? – denn für jene Darstellung räumlicher Vorgänge ist es das natürlich nicht.

MS-137, 3.1.1949, S.139a

MUSIKALISCH

*Unfähig zu denken. Die Gedanken fiebertraumartig, reiterierend.* Dasselbe Thema, musikalisch oder rein gedanklich oder visuell bleibt lange immer mit sehr deutlicher meist eher unangenehmer Gefühlsbelegung. »Das Thema verfolgt mich«. [...]

MS-107, 6.10.1929, S.153

(Der Stil meiner Sätze hat – glaube ich – oft den Fehler eines schlechten musikalischen Satzes. Man glaubt diese Stimme ~~klar~~ zu hören, spielt man sie aber, so fällt sie heraus / sticht sie unangenehm hervor weil diese Töne anders untergebracht gehörten.)

MS-110, 29.6.1931, S.232

Der Gedanke ist schon vermudelt, + läßt sich nicht mehr gebrauchen. (Eine ähnliche Bemerkung hörte ich einmal von Labor, musikalische Gedanken betreffend.) Wie Silberpapier, das einmal verknittert ist, sich nie mehr ganz glätten läßt. Fast alle meine Gedanken sind etwas verknittert.

MS-112, 24.10.1931, S.391f.

Zählen + Rechnen mit musikalischen Figuren.

MS-150, 1934–35, S.96

Musikalischer und architektonischer Gedanke.

TS-235, 1945, S.2

Ist, wer das nicht verstünde, nicht ähnlich dem, de$^{m}_{n}$ man durch eine Geste nicht beibringen / lehren kann, mit welchem musikalischen Ausdruck / Ausdruck eine bestimmte Phrase zu spielen ist?

MS-131, 31.8.1946, S.159

Ich könnte auch sagen: ~~Es ist~~ Mir ist, als müßte es zu diesem musikalischen Ausdruck Parallelen auf anderen Gebieten geben.

MS-130, 1944–46, S.64

Was fehlt dem, der die Frage nicht versteht, nach welcher Seite ~~das F~~ der Buchstabe F schaue, wo ihm etwa eine Nase zu malen wäre? Oder dem, der nicht ~~emp~~findet, beim öftern ~~raschen~~ Wiederholen des Wortes »Bank« gehe diesem etwas verloren; seine Bedeutung; + es werde nun ein bloßer Klang?
Wir sagen »Zuerst war etwas da wie eine Vorstellung«.

Was geht dem Unmusikalischen verloren? Ist es nicht etwas Ähnliches?

MS-137, 14.2.1948, S.20b

Man sagt, Einer habe ›das Auge des Malers‹, ›das Ohr des Musikers‹, aber wer es nicht hat, dessen Defekt ist kaum eine Art der Blindheit oder Taubheit.

Man sagt, Einer habe kein ›musikalisches Gehör‹, + ›Aspektblindheit‹ ist (etwa) mit dieser Art Gehörlosigkeit zu vergleichen.

MS-138, 27.1.1949, S.10b

Aspektblindheit wird verwandt sein dem Mangel des ›musikalischen Gehörs‹.

MS-144, 1949, S.43

### MUSIZIEREN

*Ein Traum: Ich lebte in einer Wohnung, wie in einem Wiener Mietshaus. Im gleichen Stock neben mir hatte Smythies*[46] *eine Wohnung; im ersten Stockwerk unter ihm Timy Moore.*[47] *Ich sehe diesen öfters + wir musizieren. – Ich trete einmal vor mir* [sic] *und ein Portier der aus S.'s Türe kommt sagt mir etwas in spaßhafter Weise (ich habe das Wort vergessen, welches er gebrauchte) woraus ich entnehme daß S. gestorben sei. Ich hatte*

46 Yorick Smythies (1917–1980), Student Wittgensteins.
47 Timy Moore (1922–2003), Musiker, Sohn des mit Wittgenstein befreundeten Philosophen G. E. Moore (1873–1958).

*ihn abwesend geglaubt, aber er muß ohne mein Wissen zurückgekommen, krank gewesen + gestorben sein. Ich bin sehr von der Nachricht betroffen, denke, daß er Moore + mich musizieren gehört hat + allein krank gewesen ist + mich nicht gerufen hat. – Ich gehe dann in S.'s Wohnung + treffe da seinen Vater, der komisch aussieht, mehr wie eine Frau. Ich frage ob S. eine Botschaft ~~Nachricht~~ für mich hinterlassen, oder etwas über mich gesagt habe. Es war auf einem großen Tisch ein Bild da mit andern Sachen aus dem Nachlaß das S. als Andenken für mich bestimmt hatte + eine Landkarte für einen Herrn so + so (Namen vergessen) in Prag. Ich war ein wenig auf diesen, den S.s kaum gekannt haben konnte, eifersüchtig, sagte mir aber dass ein Bild doch von mehr Zuneigung zeuge als eine Landkarte. – Wurde von großer Angst für Francis[48] befallen, der irgendwo auf dem Lande sei und von dem ich lange nicht gehört hatte. Ich sagte mir, daß ich ihm gleich telegraphieren müsse und erfahren wie es ihm geht. – Ich wachte mit Angst und Besorgnis auf.*

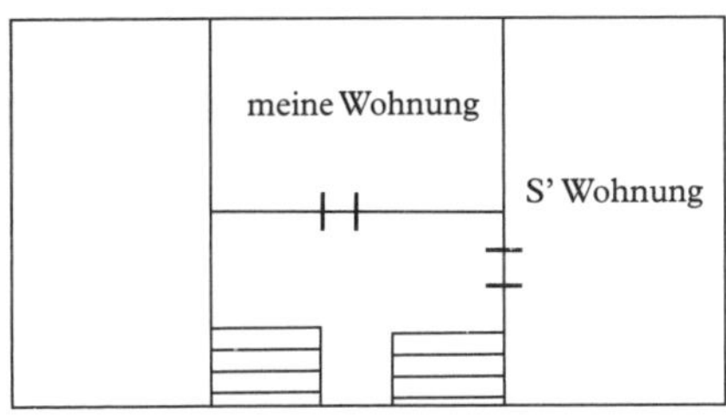


MS-126, 25.11.1942, S. 105 f.

48 Francis Skinner (1912–1941), Freund Wittgensteins

## NOTEN

Von Noten spielen.

MS-109, 15.11.1930, S.234

Ich zeige Jemandem die Noten eines Musikstückes + sage »kannst Du das lesen«. Er durchfliegt es + sagt »ja«. Er hat beim Durchfliegen irgend ~~eine Tätigkeit~~ etwas getan, vielleicht Bewegungen seines Kehlkopfs gemacht oder gewisse Muskeln innerviert + zwar hat er die Notenschrift in ein anderes System von Innervierungen oder Bewegungen übersetzt.

MS-109, 15.11.1930, S.234

Denn das Hypothetische »wenn die Wand weiter weg gewesen wäre, so ...« ~~nutzt~~ hilft uns nicht. »Wenn die Note auf der nächsten Linie gestanden hätte, so ...«. Ich könnte antworten: »Was dann geschehen wäre weiß ich nicht, oder, wenn ich es weiß dann eben nur durch das, was mir jetzt vorliegt«. Denn dieses »wenn die Note auf der anderen Linie gestanden hätte« kann ja nichts ausdrücken als eben die allgemeine / ist ja nur der Ausdruck der allgemeinen Regel die ich aber aus dem gegenwärtigen Fall ersehen muß, wenn ich sie ersehen kann. – Anders ist es, wenn dieses »wenn ...« der Ausdruck einer Hypothese ist + dann eben durch die Erfahrung erst bestätigt oder widerlegt werden soll.

MS-109, 26.11.1930, S.253

Ich singe oder spiele ein Stück nach Noten; plötzlich komme ich an ein # und nun interpretiere ich das als den Befehl (oder was auf dasselbe hinausläuft – erinnere mich daß das der Befehl ist) einen Halbton höher zu singen. Es ist nicht, daß der Anblick des # mich dazu bringt einen Halbton höher zu singen, in magischer Weise oder wie eine Droge. Was geschieht kann man vielmehr so ausdrücken daß ich handle als richte ich mich nach einer allgemeinen Regel die bestimmt einen Halbton höher zu singen wo immer ein # vor einer Note steht. Und zwar auch dann wenn mir diese allgemeine Regel nicht von Anfang an bekannt war + ich mich erst beim Anblick des # dazu ent-

schieden habe sie zu adoptieren. Ich konnte sie ja gerade dann selbst erfinden + mir vorsetzen + etwa schon bei der nächsten Gelegenheit d.h. beim nächsten # die Regel aufgeben + etwa eine andere festlegen. Aber eben auch dann – will ich sagen – hätte ich beim ersten # nach einer allgemeinen Regel gehandelt.
~~Es ist ja auch so:~~ Wenn ich den Befehl – etwa das Notenbild – als Bild der Ausführung auffasse so ist das Auftreten des # jedenfalls natürlich kein Bild der Tätigkeit die ich in Befolgung des # ausführe, sondern bildhaft wird das Auftreten des # erst dadurch daß, wo immer es auftritt ich diese selbe Tätigkeit wiederhole.

Aber natürlich ist auch diese Wiederholung selbst nicht wesentlich, denn es könnte ja das # nur einmal vorkommen + müßte dann doch ebenso wirken wie wenn es zwei- oder 1000 mal vorkäme.
Es ~~handelt sich~~ ist hier wieder die Möglichkeit nicht die Wirklichkeit des Vorkommens um die es sich handelt.
Es handelt sich wieder um das Vorkommen des # in einem Raum. Denn auch das Nicht-Auftreten des # muß dann Bedeutung haben. D.h. es muß Bedeutung haben solange dieses System von Regeln überhaupt gilt.

MS 109, 27.11.1930, S. 256f..

»Darum, wenn wir falsch nach Noten singen oder spielen – so verschieden diese Abbildung der Art nach von ihrem Vorbild ist – fühlen wir es als einen Verstoß gegen das Modell.«

»Die ganze Verbindung zwischen Ton + Note muß gegeben sein. Ihre Verbindung muß fühlbar sein. Das aber was diesen Ton mit dieser Note verbindet ist die allgemeine Regel. – Das was es macht, daß ich einen Ton als Verstoß gegen diese Note empfinden kann. Das heißt natürlich daß etwas vom Ton bis zur Note reichen muß denn wie könnte der Ton sonst gegen sie verstoßen gleichsam gegen sie stoßen? Die Verbindung ist offenbar dadurch ausgedrückt daß ich aus der Stellung der Note die Lage des Tons muß berechnen, erhalten, können.«

MS-109, 28.11.1930, S. 264f.

Wenn wir z. B. ein Musikstück von Noten lesen so beurteilen wir das Ergebnis nach der Intention die Noten in bestimmter Weise zu übersetzen. Dieses Urteil reagiert in gewisser weise [sic] auf das was sich in der Beschreibung des Ergebnisses als Übereinstimmung oder Abweichung von der Beabsichtigten Übertragung darstellt.

MS-109, 29.11.1930, S. 269

Der Vorgang der Übersetzung – etwa des Spielens nach Noten – wird durch die Worte beschrieben: Er, der Übersetzende, richtet sich nach den Noten.
Ist das nun die eigentliche, rein sachliche Beschreibung des Vorgangs oder ist in sie schon ein Bild (Gleichnis) hineingetragen (gleichsam ein Anthropomorphismus)?

Er richtet sich nach den Noten heißt vor allem nicht, daß er »richtig« spielt. Wohl aber beschreibt es seine Absicht.

Zu sagen »Er hat die Absicht dieses Stück zu spielen« (wobei man auf die Noten zeigt) hat gar keinen Sinn wenn nicht eine Projectionsregel vorausgesetzt ist. Denn sonst ist jede Folge von Tönen oder keine dieses Stück.

MS-110, 12.12.1931, S. 5

Daß in die unmittelbare Erfahrung kein Subjekt eintritt wird ganz klar wenn man ~~bedenkt~~ z. B. im Laufe einer Untersuchung zeichnet, was man in einem Mikroskop sieht oder dies beschreibt so daß die Beschreibung etwa einer Zeichnung äquivalent ist. Diese Zeichnung oder Beschreibung ist dann ein Satz der unmittelbare Erfahrung ausdrückt + enthält natürlich kein Subjekt. Ebenso wenn man eine gehörte Tonfolge etwa durch Noten wiedergeben wollte; etc.

MS-156a, 1932–33, S. 16v f.

Der Plan stimmt mit der Wirklichkeit überein.
Was er spielt stimmt mit den Noten überein.

So muß also in jedem Fall erst festgesetzt werden, was unter »Übereinstimmung« zu verstehen ist. – So ist es nun auch mit der Übereinstimmung einer Längenangabe mit der einer Länge eines Gegenstandes. Wenn ich sage: »dieser Stab ist 2 m lang«, so kann ich z. B. erklären eine Erklärung geben, wie man nach diesem Satz mit einem Maßstab die Länge des Stabes kontrolliert, wie man etwa nach diesem Satz einen 2 m langen Stab Meßstreifen für den Stab erzeugt. Und ich sage nun, der Satz stimmt mit der Wirklichkeit überein, wenn der auf diese Weise konstruierte Meßstreifen mit dem Stab übereinstimmt. Diese Konstruktion eines Meßstreifens illustriert übrigens, was ich in der »Abhandlung« damit meinte, daß der Satz bis an die Wirklichkeit herankommt. – Man könnte das auch so klar machen: Wenn ich die Wirklichkeit daraufhin prüfen will, ob sie mit einem Satz übereinstimmt, so kann ich das auch so machen, daß ich sie nun beschreibe und sehe, ob der gleiche Satz herauskommt. Oder: ich kann die Wirklichkeit nach grammatischen Regeln in die Sprache des Satzes übersetzen und nun im Land der Sprache ?– den Vergleich durchführen. –?
Als ich nun dem Andern erklärte: »Licht« (indem ich Licht machte), »Finster« (indem ich auslöschte), hätte ich auch sagen können und mit genau derselben Bedeutung: »das ist heißt ›Licht‹« (wobei ich Licht mache) und »das ist heißt ›Finster‹« etc., und warum hätte ich nicht sagen sollen auch ebensogut: »das stimmt mit ›Licht‹ überein«, »das stimmt mit ›Finster‹ überein«.

TS-213, 1933 S. 203rf.

»Wenn man kopiert, d. h. überhaupt abbildet, sich von einer Vorlage leiten läßt, so ist das Charakteristische daran, daß nur die Vorlage mir bewußt wird, dagegen nicht die Projektionsart (nach Noten spielen). Ich bin mir bewußt, daß mich die Vorlage einmal so, einmal so lenkt, aber das W i e dieser Übertragung nehme ich sozusagen hin; ich bemerke es weiter nicht. Und zwar, weil ich es nicht mit einem Anderen vergleiche. Ich befolge die Projektionsregel, aber ich drücke sie nicht aus und sie fällt sozusagen aus der Betrachtung heraus, weil sie mit nichts verglichen wird. Wenn ich sie beschreibe, so setzt das voraus, daß ich sie mit anderen Regeln vergleiche.«

TS-213, 1933, S. 277r

Was heißt es denn: »entdecken, daß eine Aussage keinen Sinn hat«? – Und was heißt das: »wenn ich etwas damit meine, muß es doch Sinn haben das zu sagen«? – ›Wenn ich etwas damit meine‹ – wenn ich Was damit meine?! –

Man will sagen: der sinnvolle Satz ist der, den man nicht nur sagen, sondern den man auch denken kann. Das wäre etwa als sagte man: das sinnvolle Bild ist das, was ich nicht nur zeichnen sondern auch modellieren kann. Und dies zu sagen, hätte Sinn. Aber das Denken des Satzes ist nicht eine Tätigkeit die man nach den Worten vollzieht (wie etwa das Singen nach den Noten). Das folgende Beispiel zeigt dies.

Hat es Sinn zu sagen: »ich habe soviele Freunde, als soviel die eine Lösung von $x^3 + 2x - 3 = 0$ ergibt«? Hier, könnte man meinen, hätten wir eine Notation, deren Grammatik allein nicht bestimmt, ob ein Satz Sinn hat oder nicht. So daß es also nicht von vornherein von vornherein überhaupt nicht bestimmt wäre. Dies gibt ein herrliches Beispiel dafür, was es heißt: einen Satz zu verstehen.

Wenn der Ausdruck »die Wurzel der Gleichung … « eine Beschreibung im Russell'schen Sinne wäre, so hätte der Satz »ich habe $n$ Äpfel und $2 + n = 6$« einen andern Sinn, als der Satz »ich habe 4 Äpfel«.[49]

MS-114, 1933, S. 93v

Wer Noten lesen lernt lernt die Grammatik einer Sprache. (Man könnte z. B. eine geschriebene Melodie als den Befehl auffassen, sie auf dem Klavier zu spielen.)

MS-156b, 1933–34, S. 7v f.

Zuerst muß ich bemerken, daß ich zum ›Lesen‹, in dieser Betrach-

49 Die einfachste Lösung für die Gleichung $x^3 + 2x - 3 = 0$ ist $x = 1$, also $1 + 2 - 3 = 0$. Wenn man die komplexen und die imaginären Zahlen mit einbezieht, ergeben sich auch noch andere Lösungen. Der Satz erhält so eine gewisse Zweideutigkeit: Er kann nur dann einen Sinn ergeben, wenn es nur eine reelle Wurzel gibt, die zufällig eine ganze Zahl ist, und wenn man die Einführung komplexer Zahlen beiseite lässt.
Im zweiten Beispiel wird Betrand Russell zitiert, Wittgensteins Lehrer und Kollege als Mathematiker-Philosoph. Mit seinem berühmten Paradoxon »In einer Stadt lebt ein Barbier, der alle rasiert, die sich nicht selbst rasieren; rasiert er sich selbst?« und seiner formaleren mathematischen Darstellung in den Begriffen von Mengen und Untermengen zeigte Russell die innewohnende Fragilität der Konstruktion von Sätzen aus Bestandteilen, die für sich genommen wohldefiniert und logisch kohärent erscheinen mögen.

tung, nicht das Verstehen des Sinns des Gelesenen rechne; sondern Lesen ist hier die Tätigkeit, Geschriebenes oder Gedrucktes in Laute umzusetzen; auch aber, nach Diktat zu schreiben, oder Gedrucktes abzuschreiben, nach Noten zu singen und dergleichen

TS-239, 1937, S. 110f.

Was ist nun an dem Satz, das Lesen sei doch ›ein ganz bestimmter Vorgang‹? Das heißt doch wohl, beim Lesen finde immer ein bestimmter Vorgang statt, den wir wiedererkennen. – Aber wenn ich nun einmal einen deutschen Satz lese / Satz im Druck lese + ein andermal nach Noten Klavier spiele / Morsezeichen schreibe, – findet hier wirklich der gleiche seelische Vorgang statt? — […]

MS-142, 1937, S. 150

Ich möchte nun fragen / frage nun: »Wie könnte denn die Werkzeichnung als Darstellung verwendet werden, wenn nicht schon eine Übereinstimmung, mit dem, was gemacht werden soll, da ist?« – Aber was heißt das? Nun, etwa dies: Wie könnte ich nach Noten Klavier spielen, wenn sie nicht schon irgend eine Beziehung zu gewissen Handbewegungen gewisser Art hätten? Und eine solche / diese Beziehung besteht freilich manchmal in einer gewissen Übereinstimmung (Ähnlichkeit), manchmal aber nicht in einer Übereinstimmung, sondern nur darin, daß wir die Zeichen so + so anzuwenden / anwenden gelernt haben. Um aber diese Fälle alle gleich zu machen – denn dazu reizt es uns – dient die Verwechslung zwischen Projektionsstrahlen, die das Bild mit dem Gegenstand verbinden, + der Projektionsmethode. Man kann ~~wohl~~ sagen: die Projektionsstrahlen rechne ich noch zum Bild – aber nicht die Projektionsmethode. Man könnte freilich auch sagen: Eine Beschreibung der Projektionsmethode rechne ich noch zum Bild.
Ich stelle mir / ~~Man stellt sich~~ also vor, die ~~anscheinende~~ Verschiedenheit zwischen Satz + Wirklichkeit werde durch die Projektionsstrahlen ausgeglichen, die zum Bild, zum Gedanken, gehören, + die keinen Raum mehr für eine Methode der Anwendung lassen. Es gibt (vielmehr) nur noch Übereinstimmung + Nichtübereinstimmung.

MS-116, 1937–38, S. 125f.

Of course one has a right to use an assertion sign ~~a mark of assertion~~ in contrast, for instance, to a question mark. The mistake is only to think ~~in thinking~~ that the assertion ~~now~~ consists of ~~in~~ two acts, the considering and the asserting ~~consideration and assertion~~ (assigning the truth value, or whatever you call it ~~something of the sort~~), and that we perform these acts according to the signs in ~~of~~ the sentence, almost as we sing from notes. What can be compared ~~We might certainly compare~~ to the singing from notes is the reading a loud~~ly~~, or to oneself, ~~softly,~~ of the signs of the ~~according to the written~~ sentence ~~with singing from notes~~; but not the meaning (the thinking) of the sentence that is read.

TS-226, 1938, S. 14

Beim Klavierspielen nach Noten macht man Gebrauch von einer Sprache.

MS-132, 5.10.1946, S. 119

NOTENBILD

Die gedruckte Note zwingt auch nicht den Finger auf die Taste zu drücken. Das Notenbild zwingt mich nicht mich in dieser (oder überhaupt / irgend einer) Weise von ihm führen zu lassen. Habe ich mich entschlossen mich auf diese Weise von ihm führen zu lassen, dann führt es mich nun zu diesen + diesen Bewegungen.

Aber das sieht so aus als müsse dem Akt ~~Vorgang~~ der Übersetzung, der Abbildung ein besonderer allgemeiner Entschluß vorhergehen (der Entschluß, mich auf diese Weise leiten zu lassen).

Ich übergebe mich der Vorlage / der Regel.
Ich lasse meine Handlung von der Vorlage bestimmen. Wenn ich z. B. nach Noten spiele.
Wir werden nicht durch das Notenbild / die Noten dazu geführt überhaupt Klavier zu spielen sondern so zu spielen (wie wir es tun).

D. h. wir werden nicht durch das System von Signalen dazu gebracht uns ihm zu übergeben sondern wir überlassen / übergeben uns ihm + werden dann ihm entsprechend geführt.

So übergeben wir uns auch der Sprache.

»Welchen Ton wirst Du spielen?« – »Ich werde mich danach richten, welche Note dort steht«.

MS-109, 25./26.11.1930, S. 250f.

Wenn ich auf dem Klavier ~~ein Stück~~ nach Noten spielen will, so wird ~~muß~~ die Erfahrung zeigen lehren, welche Tonfolge Töne ich tatsächlich spielen werde; + die Beschreibung des Gespielten muß nichts mit der Beschreibung des Notenbildes gemein haben. Wenn ich dagegen meine <u>Absicht</u> beschreiben will, so muß es heißen: ich sagen, daß ich <u>dieses</u> Notenbild in Tönen wiedergeben wollte. – Und nur das kann der Ausdruck dafür sein, daß die Absicht an die Vorlage heranreicht + eine allgemeine Regel enthält.

Der Ausdruck der Absicht beschreibt die Vorlage der Abbildung; die Beschreibung des Abbildes nicht.

MS-114, 1933, S. 70vf.

Es ist nur die Absicht die an das Modell heranreicht. Und das ist dadurch ausgedrückt, daß der Ausdruck der Absicht die Beschreibung des Modells + den Ausdruck der Projectionsregel enthält. Was ich tatsächlich spiele ist gleichgültig; die Erfahrung wird es lehren + die Beschreibung des Gespielten muß nichts mit der Beschreibung des Notenbildes gemein haben. Wenn ich dagegen meine Absicht beschreiben will so muß es heißen daß ich dieses Notenbild auf die Weise in Tönen abzubilden beabsichtige. Und nur das kann der Ausdruck dafür sein daß die Absicht an die Vorlage heranreicht + eine allgemeine Regel enthält.

MS-109, 27.11.1930, S. 259f.

Es gibt Menschen die sich an eine Melodie dadurch erinnern daß das Notenbild vor ihnen auftaucht + sie es herunterlesen.

MS-146, 1933–34, S. 45vf.

## NOTENFOLGE

Repetition in der Musik. Vergleiche »ha, ha!« und »ha!« Der stumpfsinnige Vergleich der Repetition mit dem Wiederholen eines Satzes, damit Einer sich ihn besser einprägt. ABCABC repetiert ABC – aber auch, wenn man es so auffaßt [A(BC)A](BC)] Das Wort »Repetition« oder »Wiederholung« kann ganz irreführend sein. Nicht einmal, wenn Einer ruft »herbei, herbei!« wird man geneigt sein zu sagen er habe sich wiederholt. Die Wiederholung sieht man oft als etwas an was sich schließlich auch auslassen ließe! Aber warum? Nur weil es die selbe ~~gleiche~~ Notenfolge ist + nicht eine andere ?! Als ob das hieße: das ist ja ohnehin schon gesagt worden!! Das heißt übrigens nicht daß die Wiederholung überall gleich essentiell ist; noch weniger: daß sie überall dasselbe bedeutet – das heißt hier die gleichen Beziehungen hat.
(Die Wiederholung im ~~des zweiten Teils des~~ »Freude«-Thema[50] z. B. erscheint als eine ~~fast~~ beinahe unerwartete herrliche / unglaublich tiefe Fortsetzung des Gedankens · ganz neue + ganz andere musikalische Figur

MS-161, 1941, S. 50vf.

## NOTENSCHRIFT

Aber auch die Notenschrift scheint auf den ersten Blick kein Bild der Musik zu sein und unsere Lautzeichen- (Buchstaben-)Schrift kein Bild unserer Lautsprache.

MS-104, 1915–18, S. 25

Und wenn wir in das Wesentliche dieser Bildhaftigkeit eindringen, so sehen wir, daß dieselbe durch scheinbare Unregelmäßigkeiten (wie die Verwendung der # und ♭ in der Notenschrift) nicht gestört wird. Denn auch diese Unregelmäßigkeiten bilden das ab was sie ausdrücken sollen, nur auf eine andere Art und Weise.

MS-104, 1915–18, S. 25f

50 Ludwig van Beethoven: Symphonie Nr. 9 Op. 125, 4. Satz, Notenbeispiel S. 246

Die Sprache der Notenschrift eine Anweisung für das Spielen eines Instruments.[51]
[...]

MS-107, 16.1.1930, S. 243

Ich habe tatsächlich nie gesehen daß ein schwarzer Fleck nach + nach immer heller wird bis er weiß ist + dann immer rötlicher bis er rot ist aber ich weiß daß es möglich ist weil ich es mir vorstellen kann. D.h. ich operiere mit meinen Vorstellungen im Raume der Farben + tue mit ihnen was mit den Farben möglich wäre. Und meine Worte nehmen ihren Sinn daher daß sie mehr oder weniger vollständig die Operationen der Vorstellungen wiederspiegeln. Etwa wie die Notenschrift die zur Beschreibung eines gespielten Stückes verwendet werden kann aber z.B. die Stärke jedes einzelnen Tones nicht wiedergibt.

MS-107, 3.2.1930, S. 282

Erklärung der Vorzeichen in der Notenschrift. Muß nicht in ihr jene Multiplizität nachgeholt werden die dem Zeichen fehlt, die es zum Signal macht? Das Wort Rot ist bloß ein Signal. Aber ein Signal wozu. Wo muß das ausgedrückt sein, wenn nicht in seiner Erklärung? (So sind die musikalischen Vorzeichen Signale.)

MS-109, 17.11.1930, S. 242 f.

Wer die Notenschrift lernt, lernt nicht alle Musikstücke, sondern die Noten + Regeln + nur dadurch ist ihm die Notenschrift nütze.

MS-109, 1.2.1931, S. 289

51 Die meisten Notenschriften der europäischen Musik sind Mischungen aus Bildhaftigkeit und Anweisung. Stark in die Richtung der Anweisung geht vor allem die vom 15. bis zum 18. Jahrhundert gebräuchliche sogenannte Tabulaturschrift oder Griffzeichenschrift, die reichen Gebrauch von Buchstaben und Zahlen macht und auf bildhafte Symbole wie Notenköpfe und -hälse, Pausenzeichen und Taktstriche weitgehend verzichtet.

Wenn er die Notenschrift lernt, so wird ihm eine Art Grammatik beigebracht. Es heißt da: diese Note entspricht dieser Taste am Klavier, das Zeichen # erhöht einen Ton, das Zeichen ♮ hebt die Kraft / Wirkung des # auf etc. etc.

Wenn der Schüler fragte ob ein Unterschied zwischen + sei, oder was das Zeichen bedeute, so würden wir ihm sagen, daß die Entfernung des Notenkopfes von den Linien nichts ausdrücke, u.s.f. Diese Belehrungen kann man so auffassen, daß sie dazu dienen den Schüler zu einer Spielmaschine (Pianola) zu machen / sie ein Teil der Vorbereitung sind die den Schüler zur Spielmaschine machen.

Und so ist, was im Pianola der Grammatik der Sprache des / ~~seines~~ Tonstreifens entspricht, im Bau des Pianolas verkörpert.

Sofern / ~~Soweit~~ man den Zweck aus dem Bau ablesen kann, ist die Grammatik in ihm / im Bau ausgedrückt. Die Wirkung kann man nicht ablesen.

MS-114, 1933, S. 115vf.

Ist der Satz nur ein bequemes Mittel um Vorstellungsbilder (nach gewissen Gesetzen) hervorzurufen? Ja daß er sich zu seinem Sinn verhält wie der geschriebene Satz zur Vorstellung des gesprochenen / zu dem in der Vorstellung gehörten oder die Notenschrift zur Vorstellung des Musikstücks?

MS-145, 1933, S. 82

Daß es eine allgemeine Regel gibt, durch die der Musiker aus der Partitur die Symphonie entnehmen kann, durch welche man aus der Linie auf der Grammophonplatte die Symphonie und nach der ersten Regel wieder die Partitur ableiten kann, darin besteht eben die innere Ähnlichkeit dieser scheinbar so ganz verschiedenen Gebilde. Und jene Regel ist das Gesetz der Projektion, welches die Symphonie in die Notensprache projiziert. Sie ist die Regel der Übersetzung der Notensprache in die Sprache der Grammophonplatte. Und doch erweisen sich diese Zeichensprachen auch im gewöhnlichen Sinne als Bilder dessen, was sie darstellen.

TS-202, 1918, S. 11bvf.

Denken wir an das Verstehen einer Bildergeschichte. Hier wird übrigens das Kriterium des Verstehens darin gesehen daß wir die Geschichte nach den Bildern in Worten erzählen können.

Sehen wir uns auch an, was es heißt eine Partitur zu verstehen. Hier allerdings scheint es daß, wer sie mit Verständnis liest sie hierbei schon übersetzt indem er das Musikstück etwa vor sich hinsummt oder entsprechende Bewegungen des Kehlkopfes macht.

MS-110, 7.2.1931, S. 45

Ich kann mir denken daß ein geübter Kontrapunktiker eine Partitur z. B. einer Fuge liest ohne sich Klangbilder zu machen + etwa aus dem Ansehen der Noten allein einen Genuß bezieht; ganz analog dem den wir beim lesen [sic] einer Beschreibung haben ohne daß wir uns hiebei die Beschreibung in ein Gesichtsbild übersetzen. Es ist aber auch kein Zweifel daß der Musiker wenn er die Partitur anschaut etwas anderes sieht als etwa ich wenn ich sie ansehe.

MS-110, 7.2.1931, S. 46

Mache diesen Versuch: Sage die Zahlenreihe ~~Kardinalzahlen~~ von 1 bis 12 ~~auswendig~~. – Nun schau auf das Zifferblatt Deiner Uhr + lies diese Reihe ~~von Zahlen~~. – Frage Dich, was Du in diesem Falle lesen genannt hast.

Das heißt, was hast Du getan, um es zum / zu einem Lesen zu machen? Versuchen wir diese Erklärung: Jemand liest, wenn er die Reproduktion vom Text / von der Vorlage ableitet. (Ich nenne ›Vorlage‹ das, was er liest; ob er es laut liest, abschreibt, ~~oder~~ ob es das / ~~ein~~ Diktat ist, nach welchem er schreibt ~~etc.)~~, oder die Partitur, die er spielt, etc. etc. Wenn wir nun / ~~etwa~~ jemand das cyrillische Alphabet gelehrt hätten + wie jeder Buchstabe auszusprechen sei; wenn wir ihm dann ein Lesestück ~~in dieser Schrift~~ vorlegen + er buchstabiert es, indem er jeden Buchstaben so ausspricht, wie wir es ihn gelehrt haben; dann werden wir gewiß sagen können, er leite den Klang jedes Wortes aus dem Schriftbild des Wortes / ~~mit Hilfe des geschriebenen + gesprochenen Alphabets~~ ab. Und dies ist auch ein klarer Fall des Lesens. (Wir könnten ~~den Ausdruck gebrauchen~~ / sagen: wir haben ihn die Regel des Alphabets gelehrt.)

Aber warum sollen wir sagen / sagen wir hier, er habe das gesprochene Wort vom geschriebenen nach / ~~mit Hilfe~~ dieser / der Regel des Alphabets abgeleitet?

MS-115, 1936, S. 201

Denken wir uns die Partitur des psychischen + physischen Geschehens geschrieben, – ist dann das Glauben (Erwarten, Hoffen, Fürchten, etc.) wie ein Orgelpunkt oder ein Basso ostinato?

MS-154, 1932, S. 10v

Beweise die dasselbe beweisen sind in einander übersetzbar + insofern derselbe Beweis. Das gilt nur für solche Beweise nicht wie etwa: »Daß er zuhause ist sehe ich aus zwei Tatsachen; erstens hängt sein Rock im Vorzimmer + zweitens höre ich ihn pfeifen«. Hier haben wir zwei unabhängige Quellen der Erkenntnis. Der Beweis bedarf eben von außen kommender Gründe, während ein Beweis der Mathematik die Analyse des mathematischen ~~zu beweisenden~~ Satzes ist.

MS-106, 1929, S. 12, 14

(Wie man manchmal eine Musik nur im inneren Ohr reproduzieren kann aber sie nicht pfeifen weil das Pfeifen schon die innere Stimme übertönt, so ist manchmal die Stimme eines philosophischen Gedankens so leise daß sie vom Lärm des gesprochenen Wortes schon übertönt wird + nicht mehr gehört werden kann wenn man gefragt wird und sprechen reden soll.)

MS-107, 30.1.1930, S. 267f

Was mich im Schlafen stört stört mich auch im Arbeiten. Pfeifen + Sprechen aber nicht das Geräusch von Maschinen oder doch viel weniger.

MS-183, 1.11.1930, S. 55

[…] A gives B an order consisting of one symbol, a geometrical figure painted a particular colour, say a green circle. B brings him a green circular object. In […] patterns correspond to our names of colours and other patterns to our names of shape. The symbols in […] cannot be regarded as combinations of two such elements. A word in inverted commas can be called a pattern. Thus in the sentence, »He said, ›Go to hell‹«, ›Go to hell‹ is a pattern of what he said. Compare these cases: a) Someone says, »I whistled … (whistling a tune)«; b) Someone writes, »I whistled «. An onomatopoetic word like »rustling« may be called a pattern. We call a very great variety of processes »comparing an object with a pattern«. We comprise many kinds of symbols under the name »pattern«. […]

TS-310, 1934–35, S. 12f.

~~Addieren mit Tonreihen: Addiere die Tonreihe der ersten 4 Takte~~ ~~des Themas~~ ~~der Melodien~~ … ~~zu der Tonreihe der ersten 8 Takte~~
Zählen mittels ~~Tonreihen~~ musikalischer Themen.
Vergleiche die Anzahlen dieser beiden Reihen von Strichen

||||||||||||| ||||||||||||||||

indem Du einmal ~~erst~~ für jeden Strich in der ersten Reihe, ~~dann für jeden Strich der zweiten~~ einen Ton des Themas … pfeifst; dann für jeden Strich in der zweiten Reihe.
(Addieren etc. mittels musikalischer Themen / mit Hilfe einer solchen Tonreihe.)

MS-117, 1937, S. 45

Bezeichnet »hoffen« ein Denken? Nein. Die Hoffnung wie die Erwartung hat ihren charakteristischen Ausdruck in Worten in Handlungen. Ich kann es z. B. zu mir selbst sagen. Und mir mache ich doch keine Mitteilung. Es kann ein Seufzer sein; aber muß kein Seufzer sein. Es kann eine Mitteilung sein. Ich pfeife ein Lied + jemand fragt mich warum ich so guter Dinge ~~lustig~~ bin. Ich antworte: Ich hoffe N. N. wird heute kommen. – Aber während ich pfiff *dachte* ich nicht an ihn. Und doch sag ich: »Ich hoffte den ganzen Tag er werde kommen«.

Wenn Einer sagt »Ich hoffe er wird kommen« – ist das ein Bericht über seinen Seelenzustand oder ein *Ausdruck* des Gemütszustandes / der Hoffnung?

MS-165, 1941–44, S. 63 f.

Ist es nicht merkwürdig, daß man nicht sagt: »… und dann sprach ich lange Zeit nicht mit mir«, oder: »… und als ich das zu mir gesagt hatte, schwieg ich eine lange Zeit«? – Aber wenn ich, z. B., eine Melodie pfeife, so spreche ich dabei meistens nicht zu mir.

MS-129, 1944, S. 11 f.

Fragst Du: wie ich das Thema empfunden habe, – so werde ich vielleicht sagen: »Als Frage« oder dergleichen, oder ich werde es mit Ausdruck pfeifen etc.

MS-132, 22.9.1946, S. 54

»»Ich habe Bewußtsein«, das ist eine Aussage, an der kein Zweifel möglich ist.‹ Warum soll das nicht das Gleiche sagen, wie dies: »Ich habe Bewußtsein« ist kein Satz.?
Man könnte auch so sagen: – Was schadet es, daß Einer sagt, »Ich habe Bewußtsein« sei eine Aussage die keinen Zweifel zulasse? Wie komme ich mit ihm in Widerspruch? Nimm an, Einer sagte mir dies, – warum soll ich mich nicht gewöhnen ihm nichts darauf zu antworten, statt einen Streit mit ihm anzufangen. Warum soll ich seine Worte nicht behandeln, wie sein Pfeifen oder Summen?

MS-134, 11.4.1947, S. 139f.

Ich pfeife jetzt einen Ton, aber auch jetzt eine Melodie.

MS-133, 12.2.1947, S. 80r

[…]
Ich sage Einem »Ich werde dir jetzt das Thema … vorpfeifen«, ich habe die Absicht, es zu pfeifen, + ich weiß schon, was ich pfeifen werde. Ich habe die Absicht, dieses Thema zu pfeifen: habe ich es damit in irgendeinem Sinne, etwa im Gedanken, schon gepfiffen?

TS-233a, 1948, S. 1

Das Kind sagt »Jetzt ist es ein Haus.« – das kann auch in dem Spiel, in dem die Kiste ein Haus ist, in mancherlei Art + in mancherlei Situationen gesagt werden. Jemand kommt in's Zimmer während das Spiel im Gang ist; es wird ihm mitgeteilt »Jetzt ist es ein Haus«. Dies heißt nicht: »Jetzt würde es für mich ein Haus«. Dies heißt nicht das Aufleuchten des Aspekts. Damit es das ist, müssen Ton + Situation von besonderer Art sein + es handelt sich wieder um feine Unterschiede des Benehmens.
›Feine Abschattungen des Benehmens‹ – Wenn sich mein Verstehen eines Themas darin äußert, daß ich es mit dem richtigen Ausdruck pfeife, so ist das ein Beispiel dieser feinen Abschattungen.

MS-137, 8./9.1.1949, S. 143a

Könnte nun nicht die einen Satz begleitende musikalische Phrase die Überzeugung sein, die Herzensmeinung?

TS-302, 1933–34, S. 23

Was ist die Schwierigkeit? Die Schwierigkeit ist, den Fall mißzuverstehen ~~ihn nicht zu verstehen~~. Warum ist es schwierig ihn richtig zu verstehen? Wir sehen ihn nicht durch das Medium der richtigen Beispiele. Wir sehen nicht die wichtigen Aspekte. Wir phrasieren das Thema nicht, wie es aufschlußreich ist wäre, es zu phrasieren.

MS-162b, 30.6.1940, S. 66v

Wenn eine Drossel in ihrem Gesang die gleiche Phrase stets einige Male wiederholt, sagen wir sie gäbe sich vielleicht jedes mal eine Regel der sie dann folgt?

MS-164, 1941–44, S. 125

Worin besteht es: einer musikalischen Phrase mit verständnis [sic] folgen? Ein Gesicht mit dem einem Gefühl für seinen Ausdruck betrachten? Den Ausdruck des Gesichts eintrinken?
[…]
Noch einmal: Worin besteht es, einer musikalischen Phrase mit Verständnis folgen, oder, sie mit Verständnis spielen? Sieh nicht in Dich selbst.

MS-132, 22.9.1946, S. 51 f.

Aber zeigt sich das Verständnis nicht z. B. darin, mit welchem Ausdruck ~~wie~~ Einer das Gedicht ~~laut~~ liest, die Melodie singt? Gewiß. Aber was ist nun hier das Erlebnis während des Lesens? Da müßte man ja sagen: der genieße + verstehe es, der es gut gelesen hört, oder ~~im Kehlkopf~~ in den Sprechorganen fühlt.

Man kann auch vom Verstehen ~~Verständnis~~ einer musikalischen Phrase sagen, es sie sei das Verstehen einer Sprache.

Ich denke an eine ganz kurze von nur zwei Takten. Du sagst »Was liegt nicht alles in ihr!« Aber es ist nur, sozusagen, eine optische Täuschung, wenn Du denkst, beim Hören gehe vor, was in ihr liegt. (Denke doch daran, daß wir ~~man~~ manchmal sagen + ganz mit Recht: »Es kommt drauf an, wer's sagt«.) (Nur in dem Fluss ~~der Rede haben die~~ der Gedanken + des Lebens haben die Worte Bedeutung.)

MS-137, 7.3.1948, S. 28bf.

Der seelenvolle Ausdruck in der Musik, er ist doch nicht nach ~~(klaren)~~ Regeln zu erkennen. Und warum können wir uns nicht vorstellen, daß er's für andere Wesen wäre?

Diese musikalische Phrase ist für mich eine Gebärde. Sie schleicht sich in mein Leben ein. Ich mache sie mir zu eigen.

Die menschlichen Variationen des Lebens sind unserm Leben wesentlich. Und also eben der Gepflogenheit des Lebens. Ausdruck besteht für uns in Unberechenbarkeit. Wüßte ich genau wie er sein Gesicht verziehen sich bewegen wird, so wäre kein Gesichtsausdruck, keine Gebärde vorhanden. – Stimmt das aber? – Ich kann mir doch ein Musikstück das ich (ganz) auswendig weiß immer wieder anhören; + es könnte auch auf/von einer Spieluhr gespielt werden. Seine Gebärden blieben für mich immer Gebärden obgleich ich immer weiß, was kommen wird. Ja, ich kann sogar immer wieder überrascht sein. (In einem bestimmten Sinne.)

Aber man nennt doch etwas »abgedroschen«. – Und man sagt »Diese Melodie ist immer neu« – wäre es also möglich, daß uns jene genau berechenbaren Gebärden immer neu vorkämen? Wie soll ich's sagen? Das ist sicher: eine steife, eine puppenhafte Gebärde ist für uns keine Gebärde.

Schon das würde uns einen seltsamen/fremden + tiefen Eindruck machen, wenn wir zu Menschen kämen, die nur Spieluhrmusik kennten. Wir würden uns vielleicht von ihnen auch eine Art Gebärden erwarten die wir nicht verstünden, auf die wir nicht zu reagieren wüßten.

MS-137, 4.7.1948, S.67af.

Das Wenn-Gefühl müßte zu vergleichen sein dem besondern ›Gefühl‹, das uns eine musikalische Wendung/Phrase gibt. (Es könnte Einer von einem ›Halb/~~Ganz~~schluß-Gefühl‹ reden (wollen))[52]

Aber kann man dies Gefühl von der Phrase trennen? Und doch ist es nicht die Phrase selbst, denn Einer kann sie hören ohne dies Gefühl.

Ist es darin ähnlich dem ›Ausdruck‹ mit welchem sie etwa gespielt wird?
Denn man meint nicht ein Gefühl, das sie begleitet, höchstens die Phrase mit dem Gefühl.

MS-137, 1.12.1948. S.115b

Wir sagen, diese Stelle gibt uns ein ganz besonderes Gefühl. Wir singen sie uns vor, + machen dabei eine gewisse Bewegung, haben vielleicht auch irgend eine besondere Empfindung. Aber diese Begleitungen – die Bewegung, die Empfindung – würden wir in einem andern Zusammenhang gar nicht wiedererkennen. Sie sind/wären ganz leer, + sind's nur nicht/~~außer eben~~ wenn wir diese musikalische Phrase singen/sie nicht mit der/dieser musikalischen Phrase verbunden sind/einhergingen.

Sagen wir »Ich singe sie mit einem ganz bestimmten Ausdruck«, dann bezeichnet »Ausdruck« nicht etwas, was ich von ihr trennen kann. Man könnte sich schon denken, daß, in einem andern Sinne, ich eine andere Phrase mit demselben Ausdruck spielen könnte.

MS-137, 2.12.1948, S.115bf.

52 Franz Schubert: Impromptu B-Dur D. 935 Op. post. 142 Nr. 3, Notenbeispiel S. 248

Wenn ich mich nach der Verwendung, nach dem Interesse, jener Mitteilung ~~des Sehens der Aspekte~~ frage, fällt mir ein, wie oft es in ästhetischen Betrachtungen / Anwendungen heißt / in ästhetischen Anwendungen gesagt wird / die Worte gebraucht werden / man in ästhetischen Betrachtungen sagt:

»Du mußt es so sehen, so ist es gemeint«, ~~oder~~ »Wenn Du es so siehst, siehst Du, wo der Fehler liegt«, »Du mußt diese Takte als Einleitung hören«, »Du mußt nach dieser Tonart hinhören«, »Du mußt das Thema so phrasieren« (+ das kann sich auf's Hören + auf's spielen beziehen).

MS-137, 3.1.1949, S. 138b

Kann ich nun sagen, die Tagebuch-Notizen teilen ihm etwas mit?<br>Können ihm nun diese Eintragungen ~~Aufzeichnungen~~ etwas mitteilen? wenn nämlich aus ihnen seine ganze Sprache besteht.
(Kann meine ~~die~~ rechte Hand meiner ~~der~~ linken ein Geschenk machen?) Warum soll es ihm nicht Vergnügen machen sie durchzugehen + ~~dabei~~ sie gleichsam auf der Klaviatur seiner Erinnerung + Phantasie spielen zu lassen? – Oder, warum sollen sie ihm nicht etwas längst Vergessenes + Wichtiges in die Erinnerung zurückrufen, sagen wir ein Unrecht das ihm widerfahren ist + er nun rächen will. Und ~~Aber~~ dann teilen ihm die Zeichen etwas mit. Aber wenn wir uns vorstellen daß sich diese Mitteilung in der Mehrzahl der Fälle als fiktiv erwiese, oder als unnütz, ist sie dann noch Mitteilung? Kann ich z.B. sagen der Traum teilt ihm etwas mit? Vielleicht: er sieht den Traum als Mitteilung an, wenn er etwa immer so handelt wie wir es täten, wenn uns eine Mitteilung gemacht wurde.
Denke statt dem Tagebuch ein Bilderbuch. Kann es ihn nicht unterhalten?

MS-119, 13.11.1937, S.103rf.

Könnte der Aspekt durch eine Modifikation des Bildes erzeugt werden? Das modifizierte Bild könnte doch wieder *so* oder *so* gesehen werden. Und doch ist das nicht *ganz* richtig; denn sonst könnte man nicht ein Thema *so* hören + es dementsprechend *spielen*.

MS-135, 14.7.1947, S.6r

Es ist mir also zumute – könnte ich sagen – als müßte ich im Stande sein, diese Auffassung durch ein *Bild* der angeschauten Figur wiederzugeben. — Und das ist doch wirklich so: ich kann dann sagen, das Bild das Einer von ihr macht, drücke eine Auffassung des Gegenstands aus. Ganz so, wie man eben sagen kann: Hör dieses Thema *so* … + spiel es entsprechend.

MS-136, 16.1.1948, S.117b

Ist absolute Stille zu verwechseln mit innerer Taubheit ich meine der ~~Unfähigkeit~~ Unbekanntheit mit dem Begriff des Tones? Wenn das der Fall wäre so könnte man den Mangel des Gehörsinnes nicht von dem Mangel eines anderen Sinnes unterscheiden.
Ist das[aber]nicht genau dieselbe Frage wie die: Ist der Mann der jetzt nichts rotes [sic] um sich sieht in derselben Lage wie der der unfähig ist rot zu sehen?
Man kann natürlich sagen: Der eine kann sich rot doch vorstellen aber das vorgestellte rot [sic] ist ja nicht dasselbe wie das gesehene.

MS-107, 31.1.1930, S. 269 f.

Man könnte also vielleicht auch so sagen: Der Maßstab muß schon angelegt sein ich kann ihn nicht – willkürlich – anlegen, ich kann nur einen Teilstrich darauf hervorheben. Das kommt auf folgendes hinaus: Wenn es um mich her vollkommen still ist so kann ich an diese Stille den Gehörsraum nicht willkürlich aufbauen anbringen oder nicht anbringen. D. h. es ist für mich entweder still im Gegensatz zu einem Laut oder das Wort still hat ~~verliert~~ keine Bedeutung für mich. D. h. ich kann nicht wählen zwischen innerem Gehör + innerer Taubheit.
Und ebenso kann ich, wenn ich grau sehe nicht zwischen normalem innerem Sehen, partieller oder vollkommener Farbenblindheit wählen.

MS-107, 2.2.1930, S. 277 f.

METRONOM

Es ist klar, daß wir im Stande sind ~~gleiche~~ Zeiträume als gleich zu erkennen. Ich könnte mir z. B. die Vorgänge im Gesichtsraum begleitet denken vom Ticken eines Metronoms oder vom Aufblitzen eines Lichtes in gleichen Zeitabständen.
Ich denke mir der Einfachheit halber die Veränderungen in meinem Gesichtsraum ruckweise + etwa zeitlich mit den Schlägen des Metronoms zusammenfallend. Ich kann dann eine Beschreibung dieser Vorgänge geben (in der die Schläge durch Zahlen bezeichnet sind)

MS-107, 1929, S. 4 f.

Wäre z. B. ein gleichmäßig tickendes Geräusch in der Physik darzustellen so würde dazu die Multiplizität des Bildes |—+—+—+—+—+→ genügen, aber hier handelt es sich nicht um die logische Multiplizität des Tones sondern um die der Regelmäßigkeit der / regelmäßig beobachteten Erscheinung. Und so stellt die Relativitätstheorie nicht etwa die logische Mannigfaltigkeit der Phänomene selbst dar sondern die Mannigfaltigkeit der beobachteten Regelmäßigkeiten.

MS-108, 22.12.1929, S. 30 f.

Eine Sprache, in der im Takt geredet wird, so daß man auch nach dem Metronom reden kann. Es ist nicht selbstverständlich, daß ~~unsre~~ Musik sich, wie die unsere, wenigstens beiläufig, Metronomieren läßt. (Das Thema aus der 8. Symph.[53] genau nach dem Metronom zu spielen.)

MS-137, 14.11.1948, S. 97b

53 Wittgenstein meint wohl das Anfangsthema nicht des ersten (s. folgende Fußnote), sondern des zweiten Satzes von Beethovens Symphonie Nr. 8 Notenbeispiel S. 249), das mit dem angeblichen Scherzkanon Beethovens über die Erfindung Mälzels übereinstimmt (»Ta ta ta ta, lieber, lieber Mälzel …«). Der Kanon ist wahrscheinlich eine Fälschung Anton Schindlers, der sich aber offenbar von der Metronomähnlichkeit der tickenden Holzbläsersechzehntel inspirieren ließ. Beethovens Anfang beruht wohl auf dem Beginn des zweiten Satzes von Haydns Symphonie Nr. 101 D-dur »Die Uhr«, wo die namengebende Uhr in staccato-Achteln tickt.

Musikalische Zeitgleichheit + Zeitgleichheit des Metronoms nach der Uhr, dem Metronom.

MS-137, 7.7.1948, S.70b

Ein ›Gefühl‹ hat für uns ein ganz bestimmtes Interesse. Und dazu gehört z.B. ein/der ›Grad des Gefühls‹ (, der/~~ein~~ ~~›Ort‹~~), die Übertäubbarkeit eines Gefühls durch ein anderes.

»Kummer« beschreibt eine Art wiederkehrendes Muster im Lebensteppich. Nun, zu diesem Muster gehört auch ein Verlauf. Wenn der Körperausdruck des Grames + der Freude bei einem Menschen, etwa mit dem Ticken eines Metronoms, wechselten, so ergäbe das nicht das Gram- oder das Freudemuster. (Das heißt/~~sagt~~ nicht ~~daß~~ Freude oder Kummer sei ein Benehmen ~~sei~~.)

Wer den eigenen Kummer beobachtet, mit welchen Sinnen beobachtet er ihn? Mit einem besondern/eigenen Sinn? Mit einem der den Kummer fühlt? So fühlt er ihn anders, wenn er ihn beobachtet? Und welchen beobachtet er nun, den welcher nur da ist, während er beobachtet wird? – ›Beobachten‹ erzeugt nicht das beobachtete [sic]. (Das ist eine begriffliche Feststellung.)

MS-137, 6.12.1948, S.118b

Die Zeitgleichheit der Uhr + die Zeitgleichheit in der Musik. Sie sind durchaus nicht gleiche Begriffe. Streng im Takt gespielt, heißt nicht genau nach dem Metronom gespielt. Es wäre aber ~~z.B.~~ möglich, daß eine gewisse Art von Musik nach dem Metronom zu spielen wäre. (Ist das Anfangsthema der 8. Symph. von dieser Art?)[54]

MS-138, 30.1.1949, S.12

Du könntest lernen, nach dem Metronom im Kopf zu rechnen.

MS-138, 13.2.1949, S.19a

54 Ludwig van Beethoven: Symphonie Nr. 8 Op. 93, 1. Satz, Notenbeispiel S. 250

## RHYTHMUS

Die Musik scheint manchem eine primitive Kunst zu sein mit ihren wenigen Tönen + Rhythmen. Aber einfach ist nur ihre Oberfläche ihr Vordergrund während der Körper der die Deutung dieses manifesten Inhalts ermöglicht die ganze unendliche Komplexität besitzt die wir in dem Äußeren der anderen Künste angedeutet finden + die die Musik verschweigt. Sie ist in gewissem Sinne die raffinierteste aller Künste.

MS-110, 12.1.1931, S.12

Der Begriff des Verstehens als Heraustreten aus der Sprache in die Wirklichkeit rührt von der Erklärung der Sprache durch hinweisende Definitionen her. Auch hier aber treten wir nur aus der Wortsprache in eine andere. Wo die Erklärung der Bedeutung keine hinweisende Definition ist, ist auch nicht von einem Heraustreten aus der Wortsprache die Rede. Wenn man eine bestimmte Auffassung eines Musikstücks rechtfertigen will, und die Frage beantworten, warum man es gerade so gespielt wünscht, ist man versucht, zu sagen: ich verstehe es eben, ich verstehe, was es sagt. Man kommt aber in Verlegenheit, wenn man sagen soll, was es sagt. Man kann dann entweder einen Vorgang angeben, dem man das Musikstück vergleicht und der in irgendeinem Sinn den Rhythmus hat, der unserer Auffassung entspricht oder man führt das Musikstück in dem gewünschten Rhythmus vor und läßt diesen für sich selbst sprechen.

TS-302, 1933–34, S.10

»You won't tell me that this tune doesn't express something particular«. Does this mean that you make particular movements to it? But particular movements as opposed to which?

»But these movements also express something, they aren't just movements!«

Supposing you said: »You won't tell me that this tune hasn't a par-

ticular rhythm«! – »Why, of course it has a particular rhythm, which tune hasn't.« [sic]
It here seems as though the peculiarity must consist in our recognizing it as this rhythm which we know from somewhere else. But this may be a delusion + it has just its own rhythm but a rhythm which strikes you, say makes you sway.

MS-150, 1934–35, S. 57f.

*Wenn ich mir Musik vorstelle, was ich ja täglich + oft tue so reibe ich dabei – ich glaube immer – meine oberen + unteren Vorderzähne rhythmisch aneinander. Es ist mir schon früher aufgefallen geschieht aber für gewöhnlich ganz unbewußt. Und zwar ist es als würden die Töne* meiner Vorstellung *durch diese Bewegung erzeugt. Ich glaube, daß diese Art, im Innern Musik zu hören, vielleicht sehr allgemein ist. Ich kann mir natürlich auch ohne die Bewegung meiner Zähne Musik vorstellen, die Töne sind aber dann viel Schemenhafter* [sic], *viel undeutlicher, weniger prägnant.*

MS-118, 9.9.1937, S. 71v

Es gibt so etwas wie ein Aufflackern des Aspekts. So, wie man etwas mit intensiverem + weniger intensivem Ausdruck spielen kann. Mit starkerer Betonung des Rhythmus + der Struktur, oder weniger starker.

Man sagt kann sagen: »Ich war mir als ich das pfiff der Struktur sehr klar bewußt.«
Was heißt das? »Die Struktur stand steht klar vor meinem Geiste.«

MS-132, 8.10.1946, S. 148

TAKT

›Diese Takte geben eine unbeschreibbare Empfindung.‹

Kommt sie uns immer unbeschreibbar vor? Womit vergleichen wir sie, wenn sie uns so erscheint? (Unstillbare Sehnsucht)
Kannst Du die Empfindung beschreiben, die Dir diese Takte geben?

›Ich kann die Zahl der Diagonalen eines 8-Ecks nicht durch eine Strichreihe beschreiben.‹

Wann ist es mir geglückt eine Empfindung zu beschreiben? Wenn ich selbst befriedigt bin?

Zu sagen: »Diese Takte geben mir eine unbeschreibliche Empfg..« – drückt die Tatsache aus, daß ich intrigiert bin, daß ich nach einer Beschreibung oder Erklärung suche.

MS-162b, 1939, S. 19vff.

die Sicherheit
eine plötzliche Sicherheit
unter Umständen Sicherheit füh-
Uns interessiert die Tatsache daß wir unter Umständen sicher sind wir könnten einen Gedanken
ausarbeiten
ausspinnen
uns völlig sicher fühlen, wir werden einen len, wir könnten einen Gedanken durchführen;
einen Gedanken aus einem Keim desselben entwickeln
aus einem Keim entwickeln zu können.
Gedanken aus einem Keim desselben entwickeln. + daß uns diese Sicherheit sehr

oft nicht trügt. Sie ~~Diese Sicherheit~~ ist ähnlich der, ~~mit welcher ich weiß,~~ ich werde die + die Melodie fortsetzen können, wenn mir Einer nur die ersten Takte angibt.

Man könnte hier sagen es handle sich eben um Induktion + ich sei so sicher wie ich es bin, daß dieser Stein zu Boden fallen wird, wenn ich ihn auslasse.
Darauf kann man sagen daß man eben auch zu dieser Sicherheit keine Rechtfertigung braucht. Was könnte die Sicherheit mehr rechtfertigen als der Erfolg, oder so sehr rechtfertigen, wie der Erfolg?

MS-124, 3.7.1944, S. 220f.

Die enge Verwandtschaft des ›innerlichen Redens‹ mit dem ›Reden‹ drückt sich darin aus, daß sich hörbar mitteilen läßt, was innerlich geredet wurde, + daß das innerliche Reden eine äußere Handlung begleiten kann. (Ich kann innerlich singen, oder still leise lesen, oder Kopfrechnen + dabei mit der Hand den Takt schlagen.)

MS-144, 1949, S. 52rf.

### TEMPO

Über einem Musikstück steht, vom Komponisten drübergeschrieben ♩= 88, aber um es heute richtig zu spielen muß es ♩= 94 gespielt werden; welches ist das vom Komponisten gemeinte Tempo.

MS-110, 4.7.1931, S. 281

Was ist das für ein Satz: »Das muß in diesem Tempo gespielt werden«. Oder: das Thema … (9te Symph.) gehört nicht geheimnisvoll sondern klar + es hat seine Größe durch seine Klarheit. Was sind die Gründe, + was spricht für sich selbst?
Und was heißt: »ja jetzt verstehe ich's; so muß es sein!«

MS-156a, 1932–33, S. 54r

Wenn wir uns einige Male rasch im Kreis herumdrehen + dann stehn bleiben, so scheint sich das Zimmer um uns zu drehen + doch sehen wir nicht, daß Gegenstände um uns dabei unserm Blick entschwinden + andere in unser Gesichtsfeld treten, wie es doch bei einer Drehung des Zimmers der Fall sein müßte. Ganz ähnlich dem ist es aber, wenn ein Musikstück so gespielt wird, daß es uns scheint, es würde schneller + schneller gespielt + dabei müssen wir uns sagen daß sich das Tempo im Ganzen nicht merkbar verändert.

MS-114, 5.6.1932, S. 31r

Könnte man sagen, die Bedeutungsblindheit würde sich darin äußern, daß man diesem Menschen nicht mit Erfolg sagen kann: »Du mußt das Wort als … hören, dann wirst Du den Satz richtig sprechen ~~sagen~~«. Das ist die Anweisung die man einem beim Spielen eines Musikstückes gibt ~~geben kann~~. »Spiel das, als ob es die Antwort wäre« – + man macht etwa eine Geste dazu. Aber wie übersetzt Einer nun diese Geste in das Spiel? ~~Nun~~ Wenn er mich versteht, spielt er es nun meinem Wunsch gemäßer.
Aber könntest Du so eine Anweisung nicht auch mit Hilfe von »stärker«, »schwächer«, »schneller«, »langsamer«, geben? Nein; ich könnte es nicht. Denn wenn er nun auch diesen Ton stärker, jenen das eine stärker, das andre leiser spielt, so

weiß ich's nicht einmal. So kann Ich kann ich ihm auch sagen »Mach ein verschmitztes Gesicht« + wüßte wenn er eins gemacht hat, ohne die Gestaltveränderung geometrischen Veränderungen des Gesichts vorher, oder nachher, beschreiben zu können.

MS-131, 14.8.1946, S. 42f.

Ich glaube es ist eine wichtige + merkwürdige Tatsache, daß ein musikalisches Thema, wenn es in (sehr) verschiedenen Tempi gespielt wird seinen Charakter ändert. Übergang von der Quantität zur Qualität.

MS-137, 14.7.1948, S. 72b

Ich sagte neulich zu Arvid mit dem ich im Kino einen uralten Film gesehen hatte: Ein jetziger Film verhielte sich zum alten wie ein heutiges Automobil zu einem von vor 25 Jahren. Er wirkt ebenso lächerlich + ungeschickt wie dieses + die Verbesserung des Films entspricht einer technischen Verbesserung wie der des Automobils. Sie entspricht nicht der Verbesserung – wenn man das so nennen darf – eines Kunststils. Ganz ähnlich müßte es auch in der modernen Tanzmusik gehen. Ein Jazztanz müßte sich verbessern lassen wie ein Film. Das was alle diese Entwicklung von dem Werden eines Stils unterscheidet ist die Unbeteiligung des Geistes.

MS-107, 10.1.1930, S. 229f.

Die Adoption altväterischer Münzbezeichnungen »Groschen«, »Taler«, charakteristisch für, was heute Österreich ist, + auch für den Zustand in den europäischen Ländern überhaupt.
Damit hängt zusammen das Neubeleben von Volkstänzen + Trachten + eine Art der Vertrottelung.

MS-183, 28.1.1932, S. 140f.

Wir können uns eine Sprache denken bei der es in keiner Weise auf den Eindruck ankommt den wir von den Zeichen erhalten bei der es ein Verstehen im Sinne eines solchen Eindrucks nicht gibt. Das Zeichen wird uns etwa geschrieben übermittelt + wir können es uns nun etwa merken. Wenn es nun ein Befehl ist so übersetzen wir nach Tabellen die Zeichen in Handlungen. Zum Eindruck ähnlich dem eines Bildes kommt es gar nicht + man schreibt auch keine Geschichten in dieser Sprache. Es gibt aber etwa eine Art Unterhaltungslektüre die darin besteht daß man gewisse Zeichenfolgen in Körperbewegungen übersetzt die etwa eine Art Tanz bilden. (Chiffre)

MS-146, 12.12.1933, S. 37rf.

Denke Dir diesen Fall: Du bist auf einem ebenen Platz (vielleicht mit verbundenen Augen) + wirst von jemand an der Hand geleitet, bald rechts bald links; Du mußt immer des ~~irgend eines unerwarteten~~ Zuges seiner

Hand gewärtig sein, + etwa achtgeben, daß Du bei einem ~~allzu~~ / ~~ganz~~ unerwarteten Zug nicht stolperst. (Dies könnte in ~~irgend~~ einem Spiel vorkommen.) – Oder aber: Du wirst von jemandem an der Hand dort + dahin geschleppt, wo Du nicht gehen willst. – Oder: Du wirst im Tanz von einem Partner geführt. Du stellst Dich so rezeptiv als möglich ein, um seine Absicht zu erraten + dem leisesten Drucke zu folgen. – Oder ~~aber dieser Fall~~: Jemand führt Dich einen Spazierweg. Ihr geht im Gespräch neben einander her + wo immer er geht, gehst Du auch. – Oder: Du gehst eine Straße entlang (+ wirst von ihr geführt). Alle diese Situationen sind einander ähnlich; aber was ist allen den Erlebnissen gemeinsam?

MS-115, 1936, S. 213

Das Zählen könnte ja das auswendig hersagen einer Reihe von Wörtern sein, welches nicht die charakteristischen Verwendungen hätte, welche es bei uns hat + die ihm / welche für uns seinen Charakter aufdrücken / bestimmen. Und es könnte mit einem Rechnen zusammengehen welches auch von allem dem abgeschnitten wäre, das ihm jetzt, auch wenn wir uns dessen nicht bewusst sind / wir es / wir's nicht wissen seine Pointen gibt.

Ja es könnte dann eine <u>andere</u> Pointe erhalten, wenn es, z. B., eine Art Tanz, oder eine Art Musik, wäre.

MS-123, 1.6.1941, S. 53vf.

Wenn die Math. ein Spiel ist, dann ist ein Spiel spielen Mathematik treiben, + warum dann nicht auch: Tanzen?

MS-126, 29.10.1942, S. 35

Und es handelt sich hier natürlich nicht nur um den Fall der Entwicklung einer Reellen Zahl oder überhaupt die Erzeugung mathematischer Zeichen~~spiel~~, sondern um jeden analogen Vorgang, er sei ein Spiel, ~~oder~~ ein Tanz, etc. etc.

MS-126, 8.11.1942, S. 64

Man kann doch nur etwas sagen, wenn man sprechen gelernt hat: wer also etwas sagen will muß dazu auch ~~die Sprache beherrschen~~ sprechen gelernt haben; + doch ist es klar, daß er beim Sprechen-Wollen nicht sprechen mußte. Wie er auch beim Tanzen-Wollen nicht tanzt.
Und wenn man darüber nachdenkt, so greift der Geist nach der Vorstellung des Tanzens, Redens, etc.

Als wäre nämlich das Tanzen-Wollen: einen Plan für den Tanz machen. Aber man kann doch auch ~~so~~ einen Plan machen wollen.

MS-116, 1944, S. 302 f.

Der Ausdruck der Stimme + Gebärde aber ist der gleiche, als hätte sich das Objekt geändert + wäre nun endlich zu dem oder jenem geworden.
Ich lasse mir ein Thema wiederholt und jedesmal in einem langsamern / langsamerm Tempo vorspielen. Endlich sage ich »Jetzt ist es richtig«, oder »Jetzt erst ist es ein Marsch«, »Jetzt erst ist es ein Tanz«. – In diesem Ton drückt sich / man auch das Aufleuchten des Aspekts aus.

MS-144, 1949, S. 34v f.

Die Musikalischen Themen sind in gewissem Sinne Sätze. ~~und~~ Die Kenntnis des Wesens der Logik wird deshalb zur Kenntnis des Wesens der Musik führen.

MS-102, 7.2.1915, S.66r

Nehmen wir an die Musik wäre eine solche Ausdrucksweise: Dann ist jedenfalls characteristisch für die Wissenschaft, daß in ihr keine musikalischen Themen vorkommen ~~verwendet werden~~.

MS-102, 29.5.1915, S.112r

Das musikalische Thema ist ein Satz.

MS-104, 1915–18, S.64

Der Satz ist kein Wörtergemisch. – (Wie das musikalische Thema kein Gemisch von Tönen.) In ihm ist nichts verschwommen.
Der Satz ist artikuliert.

TS-204, 1918, S.6r

Die Erklärung von $(\exists x) \cdot \varphi x$ als einer logischen Summe + $(x) \cdot \varphi x$ als logischem Produkt kann natürlich nicht aufrecht erhalten werden. Sie hing mit einer falschen ~~Analyse~~ Auffassung der logischen Analyse zusammen indem ich etwa dachte das logische Produkt für ein bestimmtes $(x) \cdot \varphi x$ werde sich schon einmal finden. – Es ist natürlich richtig, daß $(\exists x) \cdot \varphi x$ irgendwie als logische Summe funktioniert + $(x) \cdot \varphi x$ als Produkt; ja in einer ~~speziellen Verwendung des Wortes~~ Verwendungsart der Worte »alle« und »einige« ist meine alte Erklärung richtig nämlich – z. B. – in dem Falle »alle primären Farben finden sich in diesem Bild« oder »alle Töne der C-Dur-Tonleiter kommen in diesem Thema vor«. ~~In allen übrigen Verwendun~~ In Fällen aber wie »alle Menschen ~~sind sterblich~~ sterben ehe sie 200 Jahre alt werden« stimmt meine Erklärung nicht. Daß nun aber $(\exists x) \cdot \varphi x$ als logische Summe funktioniert ist darin ausgedrückt daß es aus $\varphi a$ + aus $\varphi a \vee \varphi b$ folgt, also in den Regeln.[55]

$$(\exists x) \cdot \varphi x : \varphi a = \varphi a \quad +$$
$$(\exists x) \cdot \varphi x : \varphi a \vee \varphi b = \varphi a \vee \varphi b$$

MS-113, 1.12.1931, S. 41f.

Leidenschaftlich

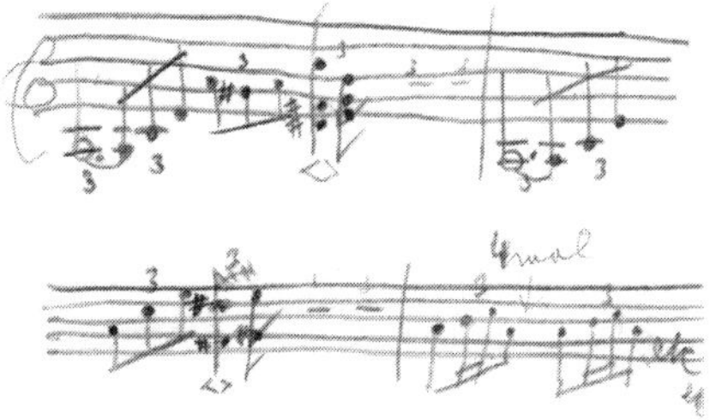


Das wäre das Ende eines Themas, das ich nicht weiß. Es fiel mir heute ein als ich über meine Arbeit in der Philosophie nachdachte + mir vorsagte: »I destroy, I destroy, I destroy –«[56]

MS-154, 1932, S. 25

55 In diesem Abschnitt verwendet Wittgenstein eine quasi mathematische logische Notation, die zum Teil entzifferbar ist, zum Teil aber auch einer weiteren Klärung bedarf, um vollständig verstanden zu werden: $(\exists x) \cdot \varphi x : \varphi a = \varphi a + (\exists x) \cdot \varphi x : \varphi a \vee \varphi b = \varphi a \vee \varphi b$. In Anlehnung an die von Russell und Whitehead in Principia Mathematica eingeführte Notation bezieht sich das umgekehrte E ($\exists$) auf die Aussage ›es gibt‹. Das eingeklammerte ($x$) steht für ›für alle‹, in moderner Notation dargestellt durch ein invertiertes A ($\forall$). Das v ($\vee$) verweist auf die logische Operation ›oder‹: mindestens eine der Aussagen muss wahr sein. In dem Sinne, dass ›falsch‹ den Wahrheitswert 0 hat, erfordert eine logische Summe, dass ALLE Elemente falsch (= 0) sein müssen, damit die Summe falsch (= 0) ist. Bei einem logischen Produkt hingegen genügt es, dass nur EIN Element falsch ist, damit das Produkt falsch ist. Der Doppelpunkt (:) und der einzelne zentrierte Punkt (·) scheinen als Trennzeichen zu dienen (in der modernen Notation würde man Klammern verwenden). Unter bestimmten Umständen kann sich der Punkt auch auf ein logisches Produkt beziehen. $\Sigma$ bezieht sich auf eine Summe oder in diesem Fall auf eine Verkettung von Elementen.

56 Der Charakter des von Wittgenstein notierten Themenbruchstücks lässt Rückschlüsse auf seine musikalische Vorstellungswelt zu. Für die Violine als Instrument spricht nicht nur die hervorragende Ausführbarkeit des Beginns auf der G-Saite, sondern auch die Verwendung der Tonart a-Moll in einer Weise, die ein häufiges Spiel auf den leeren Saiten A und E nahelegt. "I destroy" lässt sich mühelos dem insistierend wiederholten Schlussmotiv von Wittgensteins Aufzeichnung unterlegen. (Der Herausgeber entwarf 1981 eine Improvisation über dieses Bruchstück., s. S. 252)

Er erscheint uns dann trotz einer geistigen Begleitung tot (wohlgemerkt nicht während wir ihn gebrauchen) + wir sind erst befriedigt, wenn wir sagen: der Satz ist kein bloßer Laut; er ist mehr. Wir erinnern uns daran daß ein chinesischer Satz für uns ein bloßer Laut ist, daß das heißt / etwa heißt daß wir ihn nicht verstehen + sagen das kommt daher daß wir beim chinesischen Satz keinen Gedanken haben (das chinesische Wort für ›rot‹ bringt in uns z. B. keine rote Vorstellung hervor). Also ist das was den sinnvollen Satz vom bloßen Laut unterscheidet der hervorgerufene seelische Vorgang / Gedanke. Der Satz ist wie ein Schlüsselbart dessen einzelne Zacken so angeordnet gewisse (bekannte) seelische Hebel in gewisser Weise bewegen. Der Satz spielt gleichsam auf dem Instrument der Seele ein Thema (den / einen Gedanken). Wozu aber soll ich jetzt außer dem systematischen Spiel der Worte noch ein parallel laufendes Spiel geistiger Elemente annehmen? Es vermehrt ja nur die Sprache um ein Gleichartiges.

MS-145, 1933, S. 79 f.

Man sagt von Worten sie sagten etwas + möchte / will was sie sagen durch eine Geste oder ein (gemaltes) Bild wiedergeben + wir sagen von einem Bild es sage etwas + wollen es durch Worte wiedergeben + von einem musikalischen Thema sagen wir es + wollen es in eine Geste oder einen Satz übersetzen.
Aber ich erinnere mich keines Falles in dem ich was ein Satz sagt in Tönen hatte erklären ~~wiedergeben~~ wollen.

MS-146, 1933–34, S. 24v

The same strange illusion which we are under when we seem to seek the something which a face expresses whereas, in reality, we are giving ourselves up to the features before us, –– that same illusion possesses us even more strongly if repeating a tune to ourselves and letting it make its full impression on us, we say, »This tune says something«, and it is as though I had to find what it says. And yet I know that it doesn't say anything in which I might express in words or pictures what it says. And if, recognizing this, I resign myself to saying,

»It just expresses a musical thought«, this would mean no more than saying, »It expresses itself.« –– »But surely when you play it you don't play it *anyhow*, you play it in this particular way, making a crescendo here, a diminuendo there, a caesura in this place, etc.« –– Precisely, and that's all I can say about it, or may be all that I can say about it. For in certain cases I can justify, explain the particular expression with which I play it by a comparison, as when I say, »At this point of the theme, there is, as it were, a colon«, or, »This is, as it were, the answer to what came before«, etc. (This, by the way, shows what a »justification« and an »explanation« in aesthetics is like.) It is true I may hear a tune played and say, »This is not how it ought to be played, it goes like this«; and I whistle it in a different tempo. Here one is inclined to ask, »What is it like to know the tempo in which a piece of music should be? It is true I may hear a tune played?« And the idea suggests itself that there *must* be a paradigm somewhere in our mind, and that we have adjusted the tempo to conform to that paradigm. But in most cases if someone asked me, »How do you think this melody should be played?«, I will as an answer just whistle it in a particular way, and nothing will have been present to my mind but the tune *actually whistled* (not an image of *that*).

This doesn't mean that suddenly understanding a musical theme may not consist in finding a form of verbal expression which I conceive as the verbal counterpoint of the theme. And in the same way I may say, »Now I understand the expression of this face«, and what happened when the understanding came was that I found the word which seemed to characterize its expression / sum it up.

Consider also this expression: »Tell yourself that it's a *waltz*, and you will play it correctly.«

What we call »understanding a sentence« has, in many cases, a much greater similarity to understanding a musical theme than we might be inclined to think. But I don't mean that understanding a musical theme is more like the picture which one tends to make oneself of understanding a sentence; but rather that this picture is wrong, and that understanding a sentence is much more like what really happens when we understand a tune than at first sight appears. For understanding a sentence, one says / »we say«, points to a reality outside the language / sentence. Whereas one might say, »Understanding a sentence means getting hold of its content; and the content of the sentence is in the sentence«.

TS-310, 1934–35, S. 138 f.

»Bei diesem Thema mache ich eine ganz bestimmte Geste«.

MS-150, 1934–35, S. 76

Wenn das Verständnis für ein Thema kommt ändert sich freilich das Erlebnis; aber kommt ein bestimmtes Gefühl dazu?

MS-150, 1934–35, S. 93

Das Verstehen von Sätzen / eines Satzes der Sprache ist dem Verstehen eines ~~musikalischen~~ Themas in der Musik (oder Musikstückes) viel verwandter als man etwa ~~glauben würde~~ / glaubt. Ich meine es aber so: daß das Verstehen des sprachlichen Satzes näher als man denkt dem liegt, was man gewöhnlich Verstehen des musikalischen Ausdrucks / Musikstücks nennt. Warum will ich den Wechsel der Stärke + des Tempos gerade auf diesen Rhythmus bringen, warum gerade diese Linie zeichnen? Man möchte sagen: »weil ich weiß, was das alles heißt«. Aber was heißt es? ich wüßte es nicht zu sagen. Zur ›Erklärung‹ könnte ich es nur mit etwas anderem vergleichen, was denselben Rhythmus (ich meine, dieselbe Linie) hat. (Man kann sagen: »Siehst Du nicht: das ist , als würde eine Schlußfolgerung gezogen / wie Hauptsatz + Neben~~satz~~«, oder: »das ist gleichsam eine Parenthese«, etc. Wie begründet man solche Vergleiche? ~~Da gibt es sehr~~ / Es gibt verschiedenartige Begründungen.)

MS-116, 1937–38, S. 102 f.

»Sieh' es so an, + Du wirst nicht mehr erstaunt sein / Dich nicht mehr wundern.« Man staunt eben nicht nur, weil / wenn das Niedagewesene geschieht; ~~[»sondern auch aus Unklarheit«, wollte ich sagen. Aber kann man es immer ›Unklarheit‹ nennen?]~~ Ich staune immer wieder bei dieser Wendung des Themas;

obwohl ich es unzählige Male gehört habe + es auswendig weiß.
Es ist vielleicht sein Sinn/Witz, Staunen zu erwecken.

MS-118, 10.9.1937, S.77v

[…]
Der Witz/ganze Witz des Wortes »alle« ist ja, daß es keine Ausnahme zuläßt. – Ja, das ist der Witz seiner Verwendung in unserer Sprache; aber welche Verwendungsarten wir als ›Witz‹ empfinden, das hängt damit zusammen, welche Rolle diese Verwendung in unserm ganzen Leben spielt.
(Damit hängt diese Bemerkung zusammen: Wir möchten manchmal sagen: »Es muß doch einen Grund haben, warum auf dieses Thema – in einer Symphonie etwa – gerade das Thema folgt.« Als Grund würden wir eine gewisse Beziehung der beiden Themen, eine Verwandtschaft, einen Gegensatz oder dergleichen, anerkennen. – Aber wir können ja eine solche Beziehung konstruieren: sozusagen eine Operation, die das eine aus dem andern erzeugt; aber damit ist uns nur gedient, wenn diese Beziehung eine uns ~~schon~~ wohl bekannte ist. Es ist also als müßte die Folge dieser Themen einem in uns schon vorhandenen Paradigma entsprechen.
[…]

MS-117, 30.9.1937, S.14f.

Man möchte sagen: e/Es muß doch einen Grund haben, warum ~~auf dieses Thema~~ gerade dieses zweite Thema folgt. Und was denkt man sich als Grund? – Irgend eine Verwandtschaft, Beziehung, ein Gegensatz. Aber irgend eine Beziehung haben die Themen ja immer! – Aber es ist wahr: manchmal können wir sagen: dieses Thema folgt auf das, weil es so + so damit verwandt ist.
Es ist also als müßte die Folge dieser Themen einem schon in uns vorhandenen Paradigma entsprechen.
Wie aber, wenn ich sagte: Er wollte eben dieses Ornament, – bestehend aus diesen beiden Themen – machen – Nach dem Grund gefragt, hätte er keinen geben können. Und wir können auch keinen sehen/geben / wissen auch keinen. –

Hat es dann einen Grund?
Oder wie wenn ich fragte/sagen würde: »Nun, gefällt es Dir nicht? Findest Du es nicht natürlich? – Was braucht es dann einen Grund?« Und wenn wir von einem Paradigma reden — warum soll das nicht das Paradigma, etwa für andere Kompositionen werden/sein? Es ist/Dann is es eben vielleicht ein neues Paradigma!
Und/Aber doch hat die Suche nach einem Vorbild/Paradigma ~~eine~~ Berechtigung. Es ist vielleicht wahr, daß uns diese Folge einen so tiefen Eindruck nicht machen würde, wenn ihr nicht schon etwas wie ein Paradigma in unsern Erlebnissen entspräche. Ich sage: es ist vielleicht wahr.
Es drängt sich uns das Bild auf ... Es ist sehr interessant, daß sich uns Bilder aufdrängen können.

MS-118, 13.9.1937, S. 92rf.

»Ich glaube ... × ... gibt ... – ich muß nachrechnen.« So sagt man. Man könnte natürlich auch sagen: ich glaube die Multiplikation 13 × 13 endet so .... Wie man auch sagt: ich glaube, das Thema welches so anfängt: ..., hat diesen Schluß: .... – Aber ist das dann ein ›mathematischer‹ Glaube? Warum soll man es nicht so nennen? Aber in der Mathematik d.h. dem Gebäude aus Beweisen + Sätzen kommt allerdings kein Glaube vor.

MS-119, 4.10.1937, S. 69f.

Wir reden vom Verstehen eines Satzes in dem Sinne, in welchem er durch einen andern ersetzt werden kann, der das Gleiche sagt; aber auch in dem Sinne, in welchem er durch keinen andern ersetzt werden kann. (Sowenig wie ein musikalisches Thema.)
Im einen Fall ist der Gedanke des Satzes, was verschiedenen Sätzen gemeinsam ist; im andern etwas, was nur diese Worte, in diesen Stellungen, ausdrücken. Verstehen eines Gedichts.

MS-116, 31.5.1945, S. 333f.

Wie kann man aber in jenem/dem zweiten Falle den ›Sinn‹/Ausdruck erklären?, das Verständnis übermitteln? Frage Dich: Wie führt man jemand zum

Verständnis eines Gedichts, oder eines Themas? Die Antwort darauf sagt, wie man hier den Sinn erklärt.

MS-116, 31.5.1945, S.334

»Das Bild sagt mir sich selbst«, möchte ich sagen. D.h., daß es mir etwas sagt, besteht in seiner eigenen Struktur, in *seinen* Formen und Farben. (Was hieße es, wenn man sagte »Das musikalische Thema sagt mir sich selbst«?)

TS-228, 1944–46 , S.113

»Er erlebt das Thema intensiv. – Es geht etwas in ihm vor, während / wenn er es hört.« Und *was*?

Weist das Thema auf nichts außer sich? Oh ja! Das heißt aber: – Der Eindruck den es mir macht, läuft ~~mit einer Menge~~ Dingen in seiner Umgebung zusammen – z.B. mit der Existenz der deutschen Sprache + ihrer Intonation, das heißt aber mit dem ganzen Feld unsrer Sprachspiele.
Wenn ich z.B. sage: Es ist als ob hier ein Schluß gezogen würde, oder, als ob *dies* eine Antwort auf das Frühere wäre, – so setzt mein Verständnis eben die Vertrautheit mit Schlüssen, Bekräftigungen, Antworten, ~~etc.,~~ voraus.

Ein Thema hat nicht weniger einen Gesichtsausdruck, als ein Gesicht.
»Die Wiederholung ist *notwendig*«. Inwiefern ist sie notwendig. Nun singe es, so wirst Du sehen, daß ihm erst die Wiederholung seine ungeheure Kraft gibt. – Ist es uns denn nicht, als müsse hier eine Vorlage für das Thema in der Wirklichkeit existieren, + das Thema käme ihr nur dann nahe, entspräche ihr nur, wenn dieser Teil wiederholt würde? Oder soll ich die Dummheit sagen: »Es klingt eben schöner mit der Wiederholung«? (Da sieht man übrigens welche dumme Rolle das Wort »schön« in der Aesthetik spielt.)
Und doch *ist* da eben kein Paradigma außerhalb des Themas. Und doch *ist* auch wieder ein Paradigma außerhalb des Themas: nämlich

der Rhythmus unsrer Sprache, unseres Denkens + Empfindens. Und das Thema ist auch wieder ein neuer Teil unsrer Sprache, es wird in sie einverleibt; wir lernen eine neue Gebärde.

Das Thema ist in Wechselwirkung mit der Sprache.

MS-132, 25.9.1946, S. 59 ff.

Man könnte sich in der Musik eine Variation auf ein Thema denken, die, etwa ein wenig anders phrasiert, als eine ganz andere Art der Variation des Themas aufgefaßt werden kann. (Im Rhythmus gibt es solche mehrdeutigkeiten [sic].) Ja, was ich meine, findet sich wahrscheinlich überhaupt immer wenn eine Wiederholung das Thema in ganz anderem Licht erscheinen läßt.

MS-132, 9.10.1946, S. 162

Wenn Dir plötzlich ein Thema, eine Wendung, etwas sagt, so brauchst Du Dir's nicht erklären zu können. Es ist Dir plötzlich auch diese Geste zugänglich.

MS-133, 26.11.1946, S. 43r

Ein Zusammenhang zwischen den Stimmungen + Sinneseindrücken ist, daß wir die Stimmungsbegriffe zur Beschreibung von Sinneseindrücken + Vorstellungen benützen. Wir sagen von einem Thema, einer Landschaft sie seien traurig, fröhlich etc. Aber viel wichtiger ist es natürlich, daß wir das menschliche Gesicht, die Haltung, das Benehmen durch alle Stimmungsbegriffe beschreiben.

MS-134, 10.4.1947, S. 133

Das Sehen des Aspekts eine Willenshandlung. Man kann Einen auffordern: Schau es jetzt so an. Trachte die Ähnlichkeit wieder zu sehen. Hör das Thema so etc. Aber ist damit das Sehen eine Willenshandlung? nicht vielmehr die Art des Anschauens die dies Sehen hervorruft?
Ich kann z. B. das Würfelschema so sehen, indem ich den Blick auf

diese Kanten besonders richte. Wenn ich es tue, dann folgt das Umschlagen des Aspekts. Hier weiß ich wie ich es herbeiführe. Anderseits [sic], wenn ich so + so betrachte so bin ich mir dessen nicht bewußt.

MS-137, 11./12.12.1948, S. 122bf.

›Feine Abschattungen des Benehmens‹ – Wenn sich mein Verstehen eines Themas darin äußert, daß ich es mit dem richtigen Ausdruck pfeife, so ist das ein Beispiel dieser feinen Abschattungen.
Wenn aber »Jetzt ist es ein Haus« auch nicht das Aufleuchten des Aspekts ausdrückt, kann es nicht den stabilen Aspekt ~~ausdrücken~~ berichten?

MS-137, 9.1.1949, S. 143af.

## TON

Der Fleck im Gesichtsfeld muß zwar nicht rot sein aber eine Farbe muß er haben; er hat sozusagen den Farbenraum um sich. Der Ton muß eine Höhe haben der Gegenstand des Tastsinnes eine Härte etc.

MS-104, 1915–18, S. 80

Es verhält sich übrigens mit Farben nicht anders als mit Tönen oder elektrischen Ladungen.
Es handelt sich immer um die vollständige Beschreibung eines gewissen Zustandes in einem Punkt oder zur selben Zeit.

MS-105, 1929, S. 76

Freilich könnte man so schreiben: Es gibt drei Kreise, die die Eigenschaft haben rot zu sein. Aber hier tritt der Unterschied zu Tage zwischen den uneigentlichen Gegenständen, Farbflecken im Gesichtsfeld, Tönen, etc. etc. und den Elementen der Erkenntnis, den eigentlichen Gegenständen.
Es fällt auf, daß der Satz von den drei Kreisen nicht die Allgemeinheit oder Unbestimmtheit hat die ein Satz der Form

$$(\sum xyz)\varphi x \cdot \varphi y \cdot \varphi z$$

besitzt. In diesem Fall kann man nämlich sagen: Ich weiß zwar daß 3 Dinge die Eigenschaft $\varphi$ haben, weiß aber nicht welche. Im Fall von den 3 Kreisen kann man das nicht sagen.
»Es sind jetzt drei rote Kreise von der + der Größe + Lage in meinem Gesichtsfeld« bestimmt die Tatsache vollständig + es wäre unsinnig zu sagen, ich wisse noch nicht welche Kreise es sind.

MS-107, 1929, S. 12

Ist die Zeit in der die Erlebnisse des Gesichtsraums vor sich gehen ohne Tonerlebnisse denkbar? Es scheint ja! + doch wie seltsam daß etwas eine Form sollte haben können die auch ohne eben diesen Inhalt denkbar wäre. Oder lernt der dem das Gehör geschenkt würde, damit auch eine neue Zeit kennen?
Die ~~alten~~ hergebrachten Fragen taugen zur logischen Untersuchung

der Phänomene nicht. Diese schaffen sich ihre eigenen Fragen oder vielmehr, geben ihre eigenen ~~(Arten von)~~ Antworten.

MS-108, 22.12.1929, S.30

Die Wörter »Farbe«, »Ton«, »Zahl«, etc. können in den Kapitelüberschriften unserer der Grammatik erscheinen. In den Kapiteln müssen sie nicht vorkommen sondern da wird die Struktur gegeben.

MS-108, 28.2.1930, S.99

Die Mathematik »abrunden« kann man so wenig wie man sagen kann »runden wir die 4 primären Farben auf 5 oder 10 ab« oder runden wir die 8 Töne einer Oktave auf 10 ab (oder auf).

MS-108, 11.5.1930, S.156

Kann man eine Farbe oder gar einen Ton vergessen?

MS-108, 18.6.1930, S.189

Wenn man gefragt würde: was ist der Unterschied zwischen einem Ton + einer Farbe + die Antwort wäre »Töne hören wir dagegen Farben sehen wir« so ist das nur eine durch Erfahrung gerechtfertigte Hypothese, wenn es überhaupt einen Sinn haben soll das zu sagen. Und in diesem Sinn ~~dann~~ ist es denkbar, daß ich einmal Töne mit den Augen wahrnehmen also sehen werde, + Farben hören. Das Wesentliche der Töne + Farben ist offenbar in der Grammatik der Wörter für Töne + Farben gezeigt.

MS-109, 2.12.1930, S.271

D.h. die Sprache funktioniert als Sprache nur durch die Regeln nach denen wir uns in ihrem Gebrauch richten. (Wie das Spiel nur durch Regeln als Spiel funktioniert.)

Und zwar, ob ich zu mir oder Andern rede. Denn auch mir teile ich nichts mit, wenn ich Lautgruppen ad hoc mit irgend welchen Fakten associiere.

Ich muß, wenn ich zu mir rede, schon auf einem bestehenden gegebenen Sprachklavier spielen.

Wenn ich ein Wort in der Sprache gebrauche, so ist es entweder, weil ich es als einen bereits bekannten Ton anschlagen, oder: oder aber anschlagen will, oder indem ich festsetzen will, daß ich das Wort in Hinkunft so gebrauchen werde.

MS-109, 30.1.1931, S.284f.

Aber kann man sich nicht einbilden (wenn man etwa nicht deutsch kann) »rot« heiße laut (d.h. werde so gebraucht wie in Wirklichkeit »laut« gebraucht wird). Wie wäre aber die Aufklärung dieses Mißverständnisses? Etwa so: »rot ist eine Farbe, keine Tonstärke«? – Eine solche Erklärung könnte man natürlich geben, aber sie wäre nur dem verständlich der sich bereits ganz in der Grammatik auskennt.

MS-109, 31.1.1931, S.287

[…] – Denken wir uns nun aber doch einen Menschen der vorgäbe »er könne die Schattierungen von Rot in Grün kopieren« + auch wirklich beim Anblick des roten Täfelchens, mit allen (äußeren) Zeichen des genauen Kopierens (nebeneinanderhalten, genaues Hinschauen, etc.) einen ~~Farb~~ grünen Ton mischte + so fort bei allen ihm gezeigten roten Tönen. Der wäre für uns auf derselben Stufe wie Einer, der auf die gleiche Weise (durch genaues hinhorchen [sic]) Farben nach Violintönen mischte. Wir würden in dem Fall sagen: »Ich weiß nicht wie er es macht«, aber nicht in dem Sinne ~~daß~~ wir verstünden nicht die verborgenen Vorgänge in seinem Gehirn oder seinen Muskeln ~~nicht verstehen~~, sondern wir verstehen nicht was es heißt »dieser Farbton sei eine Kopie dieses Violintones«. Es sei denn daß damit nur gemeint ist daß ein bestimmter Mensch erfahrungsgemäß einen bestimmten Farbton mit einem bestimmten ~~musikalischen~~ Klang assoziiert (ihn zu sehen behauptet, malt, etc.). Der Unterschied zwischen dieser Assoziation + dem Kopieren, auch wenn ich selbst beide Verfahren kenne, besteht zeigt sich darin daß es für die assoziierte Gestalt keinen Sinn hat von Projectionsmethoden zu reden + daß ich von dem assoziierten Farbton sagen kann »jetzt fällt mir bei dieser Farbe (oder diesem Klang) diese Farbe ein vor fünf Minuten war es eine andere«, etc. Wir könnten auch niemandem sagen »Du hast nicht richtig associiert« wohl aber »Du hast nicht richtig kopiert«. Und die Kopie einer Farbe – wie ich das Wort gebrauche – ist nur eine; + es hat keinen Sinn hier von verschiedenen Projectionsmethoden zu reden.

MS-112, 11.11.1931, S. 80rf.

Ich sagte: »Eine Schwierigkeit der Fregeschen Theorie ist die Allgemeinheit der Worte ›Begriff‹ + ›Gegenstand‹. Denn, da man Tische, Töne, Schwingungen + Gedanken zählen kann, so ist es schwer, sie alle unter einen Hut zu bringen.« – Aber was heißt es: »man kann sie zählen«? Doch, daß es Sinn hat sie zu zählen / auf sie die Kardinalzahlen anzuwenden. Wenn wir aber das wissen, diese grammatische Regel wissen, was brauchen wir uns da den Kopf über die andern grammatischen Regeln zu zerbrechen, wenn es sich uns nur um eine Rechtfertigung der Anwendung der Kardinalarithmetik handelt? Es ist nicht schwer »sie alle unter einen Hut zu bringen«, sondern sie sind, soweit das für diesen Fall / Zweck nötig ist, unter einen Hut gebracht.

MS-112, 28.11.1931, S. 135v f.

Wir weisen zur Erklärung der Bedeutung des Namens auf seinen Träger. Man kann dadurch den Gebrauch des Wortes lehren, wenn dieser Gebrauch, sozusagen, schon bis auf eine letzte Bestimmung bekannt ist.

Erinnere Dich daran, daß durch dieselbe hinweisende Geste auf den gleichen Körper die Bedeutung von Wörtern verschiedener Art erklärt werden kann. Z. B.: »das (worauf ich zeige) heißt ›Holz‹«, »das heißt ›braun‹«, »das heißt ›Stab‹«, »das heißt ›Federstiel‹«.

Der erklärende Hinweis entscheidet da nur noch eine Frage von der Art: »Welcher dieser Leute ist Herr N«, »welcher Ton ist das hohe C«, »Welche Farbe heißt ›violett ~~lila~~‹«.

MS-114, 1933, S. 51vf.

[…]
Man ist versucht die Regeln der Grammatik durch Sätze zu rechtfertigen von der Art: »Aber es gibt doch wirklich 4 primäre Farben« + gegen die Möglichkeit dieser Rechtfertigung die nach dem Modell der Rechtfertigung eines Satzes durch den Hinweis auf seine Verification gebaut ist richtet sich das Wort, daß die Regeln der Grammatik willkürlich sind.
Kann man aber nicht doch in irgend einem Sinne sagen, daß die Grammatik der Farbwörter die Welt wie sie tatsächlich ist charakterisiert? Man möchte sagen: kann ich nicht wirklich vergebens nach einer fünften primären Farbe suchen? – (Und wenn man suchen kann, dann ist ein Finden denkbar.) Nimmt man nicht die primären Farben zusammen, weil sie eine Ähnlichkeit haben oder zum mindesten die Farben im Gegensatz z. B. von Formen oder Tönen weil sie eine Ähnlichkeit haben? […]

MS-113, 27.2.1932, S. 34rf.

[…] Der Satz »Man kann ein 100-Eck nicht von einem Kreis unterscheiden« hat nur Sinn, wenn man die beiden auf irgend eine Weise unterscheiden kann, + sagen will man könne sie ~~so unterschiedene~~ etwa ~~mit~~ den ~~freien~~ ~~Augen nicht~~ visuell nicht unterscheiden. Wäre keine Methode der Unterscheidung vorgesehen, so hätte es also keinen Sinn zu sagen, daß diese ~~zwar wie ein Kreis~~ zwei Figuren (zwar) gleich aussehen aber »tatsächlich / in Wirklicheit« verschieden sind. Und jener Satz wäre dann etwa die Definition

100-Eck = Kreis.

Ist in irgend einem Sinne ein genauer Kreis im Gesichtsfeld undenkbar, dann muß der Satz »ich sehe nie einen genauen Kreis im Gesichtsfeld« von der Art des Satzes sein: »ich sehe nie ein hohes C im Gesichtsfeld« / »im Gesichtsfeld ist nie ein genauer Kreis« von der Art des Satzes sein: »im Gesichtsfeld ist nie ein hohes C«.

MS-114, 27.5.1932, S. 5vf.

Mit einer Sirene Dauer und Höhe eines Tones messen.

TS-219, 1932–33, S. 14

Aber zeigen wir nicht zur Erklärung der Bedeutung auf den Gegenstand, den der Name vertritt? Ja; aber dieser Gegenstand ist nicht ›die Bedeutung‹, obwohl sie durch das Zeigen auf diesen Gegenstand bestimmt wird.

Aber es bestimmt hier schon das richtige Verstehen des Wortes ›Träger‹ in dem besondern Fall (Farbe, Gestalt, Ton, etc. die Bedeutung sozusagen bis auf eine letzte Bestimmung. D.h. der erklärende Hinweis auf den Träger entscheidet nur noch eine Frage nach der Bedeutung von der Art: »Welcher dieser Leute ist Herr N?«, »Welche Farbe heißt ›lila‹?«, »Welcher Ton ist das hohe C?«.

TS-213, 1933, S. 32r

Kann man sagen »die Sirene kann entweder die genaue Höhe, oder die genaue Dauer des Tones geben, aber nicht beides«?

Kann man nun aber sagen, ein Ton müsse sozusagen einen verschwommenen Anfang haben, da die Schwingung nicht eigentlich einen Anfang zugleich mit einer Wellenlänge habe?

MS-156a, 1933, S. 24r

[Denk an andere Mittel der Verneinung, etwa durch die Tonhöhe.] Wir können uns ~~ganz~~ leicht Menschen mit ›primitiverer‹ einer ›primitiveren‹ Logik denken, in der es etwas unserer Verneinung entsprechendes nur für gewisse Sätze gibt; für solche etwa, die keine Verneinung enthalten. In der ~~dieser~~ Sprache dieser Menschen könnte man dann einen Satz wie »er geht in dieses Haus« verneinen; ~~würde man~~ ihnen ~~aber einem von ihnen einen Satz sagen in welchem zwei~~ sie würden aber eine Verdopplung der Verneinung immer nur als Wiederholung der Verneinung nie als ihre Aufhebung verstehen.

MS-115, 1933, S. 64f.

Gegen die Zusammenfassung der vier Elemente könnte man einwenden daß »Feuer« jedenfalls einer andern Kategorie angehört als die drei anderen Elemente da Feuer keine Substanz ist. Aber könnten wir nicht die Flamme als eine Substanz einen Stoff ~~betrachten~~ ansehen? Sie sieht jedenfalls so aus wie eine? Und warum sollten wir nicht eine wenn auch äußerst unpraktische physikalische Theorie mit ~~auf~~ dieser Auffassung konstruieren? Inwiefern greifen wir damit nun in die Grammatik der Worte »Feuer«, »Flamme« etc. ein? Ist dieser Eingriff in die Grammatik nicht mit dem zu vergleichen, wenn man etwa statt von einem Punkt immer von einem Kreis mit dem Radius 0 spräche oder von einer Geraden als einem Rechteck von der Breite 0 + der Länge ∞? (Vergleiche die Idee des Elektrons, das nicht zugleich einen bestimmten Ort + eine bestimmte Geschwindigkeit haben kann + der Ton der nicht zugleich eine bestimmte Höhe + eine bestimmte Dauer haben kann.)

MS-147, 1934, S. 2v f.

»Zahnschmerzen äußern«
»Mutwillen äußern«
»Bläue äußern«. Denken wir die Menschen reagierten auf Farben mit bestimmten Tönen.

MS-147, 1934, S. 42v

[…]
~~Vorstellungsbilder~~ Es ist oft klärend ~~nützlich~~ sich das Vorstellen von Farben, Gestalten, Tönen, etc. etc., das im Gebrauche der Sprachen eine Rolle spielt ersetzt zu denken durch das Anschauen wirklicher Farbmuster ~~wirklich gesehener Farben~~, das Hören wirklicher ~~gehörte~~ Töne, etc. ~~etc. u.s.w. ersetzt zu denken~~ also z. B. das Aufrufen eines Erinnerungsbildes einer Farbe durch das Ansehen ~~Anschauen~~ eines wirklichen Farbmusters, das wir bei uns tragen, viele der Vorgänge beim Gebrauch der Sprache verlieren, wenn man an die Möglichkeit dieser Ersetzung denkt, den Schein des Ungreifbaren, Okulten ~~ihren scheinbar okulten Charakter~~.
[…]

MS-115, 1936, S. 138 f.

Warum sagt man ein Ton + seine Oktav seien derselbe Ton? »Was haben die beiden mit einander gemein?«

MS-162b, 1939, S. 14r

Beschreib das Aroma des Kaffees! – Warum geht es nicht? Fehlen uns die Worte? Und *wofür* fehlen sie uns? – Woher aber der Gedanke, es müsse doch so eine Beschreibung möglich sein? Ist dir so eine Beschreibung je abgegangen? Hast du versucht, das Aroma zu beschreiben, und es ist nicht gelungen?
((Ich möchte sagen »Diese Töne sagen etwas herrliches, aber ich weiß nicht was.« Diese Töne sind eine starke Geste, aber ich kann ihr nichts erklärendes an die Seite stellen. Ein tief ernstes Kopfnicken. James: »Es fehlen uns die Worte«. Warum führen wir sie dann nicht ein? Was müßte der Fall sein, damit wir es könnten?))

TS-227a, 1944–46, S. 298

Die Anwendung des Imperativs. Man kann befehlen ~~sagen~~:
Heb den Arm.
Stell Dir … vor.
Rechne … im Kopf.
~~Mache diese~~ Überlege Dir …
Konzentrier Deine Aufmerksamkeit ~~auf diesen Ton,~~ auf ~~dieses Gefühl,~~ in diese Rechnung.
Konzentriere Deine Aufmerksamkeit auf das Gefühl in Deinem Arm.
Horch genau auf diesen Ton hin.
Sieh diese Figur als Swastika an.
Entschließe Dich, es zu tun!
Aber ~~nicht~~ auch dies?
~~Sieh~~ Beabsichtige es ~~das~~ zu tun!
Meine mit diesen Worten ihn!
Vermute, daß es sich so verhält!
Glaube, daß es so ist!
Sei der festen Überzeugung …!

Erinnere Dich daran, daß dies geschehen ist!
Zweifle daran, ob es geschehen ist!
Hoffe auf seine Rückkehr!
Ist das der Unterschied, daß die erste, willkürliche, die zweite unwillkürliche Bewegungen des Geistes sind? Eher kann ich sagen: Die Verben der zweiten Gruppe bezeichnen keine Handlungen.

MS-129, 1944, S. 201 f.

Was läßt sich gegen den Ausdruck »spezifische psychologische Erscheinung«, oder »unreduzierbares Phänomen« vorbringen? Sie sind irreführend, aber woher sind sie ~~eigentlich~~ genommen? Man will ~~natürlich~~ ~~etwa~~ sagen: »Wer süß, bitter, rot, grün, Töne + Schmerzen nicht kennte, dem kann man, was diese Worte heißen, nicht begreiflich machen.« Wer dagegen noch keinen sauern ~~bittern~~ Apfel gegessen hat, dem kann man, was gemeint ist, erklären. Rot ist eben dies + bitter dies + Schmerz dies. Aber wenn man das sagt, muß man nun wirklich demonstrieren vorführen, was diese Worte meinen; d.h. etwas rotes zeigen, etwas bitteres kosten, oder kosten lassen, sich oder dem Andern Schmerz zufügen etc. Nicht während man Schmerz hat sagen »das ist Schmerz« denken, man könne privat in sich auf den Schmerz zeigen. Wie wird man aber dann, was »vorstellen«, »erinnern«, »beabsichtigen«, »glauben« heißt, vorführen? Der Ausdruck »spezifische psychologische Erscheinung« entspricht aber dem der privaten hinweisenden Definition.

MS-130, 4.8.1946, S. 263 f.

»Farben sind etwas Spezifisches. Durch nichts anderes zu erklären.« Wie gebraucht man dieses Instrument? – Beschreibe das Spiel mit Farben! Das Benennen von Farben, das Vergleichen von Farben, das Erzeugen von Farben, den Zusammenhang zwischen Farbe + Licht + Beleuchtung, ~~u.s.f.~~ den Zusammenhang der Farbe mit dem Auge, der Töne mit dem Ohr, + unzähliges andere. Wird sich hier nicht das ›Spezifische‹ der Farbe zeigen? Wie zeigt man Einem eine Farbe; + wie einen Ton?

MS-133, 6.11.1946, S. 27r f.

Die Neigung einen tiefen Ton »tief« zu nennen. Ein Volk, das tiefe Töne hoch nennst. Es vergleicht sie dem Donner, der aus der Höhe zu kommen scheint. Bei hohen Tönen ›denkt es‹ an das feine, hohe Summen von Insekten, die dort [tief] im Grase leben. – Wohl; aber was heißt das alles? – Es sind diesem Volk gewisse Gesten, gewisse Bilder, + also auch, gewisse Worte natürlich. Und zwar ist manches davon Tradition, manches [sind ursprüngliche] Reaktionen, die nicht (oder doch nicht direkt) durch Beeinflussung des Kindes ~~seitens der Erwachsenen~~ [bedingt] hervorgerufen worden sind.

MS-133, 17.11.1946, S.40vf.

Ist es nicht eine wichtige Tatsache, daß das Theater uns Farben + Töne vorführt, aber nicht Tastempfindungen? Man könnte sich freilich die Verwendung von Gerüchen + von Temperaturempfindungen vorstellen, aber nicht von Tastempfindungen.

MS-133, 12.2.1947, S.86v

»Der Schmerz, der Ton, der Geschmack, Geruch, hat eine bestimmte Farbe.« Was heißt das? (Qualität. Eigenschaftswort.)

Eine Farbe kann grünlich sein, oder bläulich – es gibt ein Gemisch von Farben; + so auch ein Gemisch von Gerüchen, Klängen, Geschmäcken; qualitative Zwischenstufen. Wie unterscheidet man qualitative von quantitativen Zwischenstufen, ich meine, von Stufen der ›Intensität‹?
Noch auszuhalten – nicht mehr auszuhalten, das sind z. B. Grade der intensität [sic]. Denke, jemand fragte: »Wie kann ich wissen, daß, was ich als verschiedene Grade, der Lautheit z. B., empfinde, der Andre nicht als verschiedene Qualitäten, vergleichbar verschiedenen Farben, empfindet?« – Vergleiche die Reaktion zu einer Änderung der Stärke mit der zu einer Änderung der Qualität.

MS-133, 12.2.1947, S.88vf.

»Ist Vergnügen eine Empfindung?« (I. A. Richards) Das heißt also etwa: Ist Vergnügen so etwas, wie ein Ton, oder ein Geruch?« – Aber ist ein Ton so etwas wie ein Geruch? Inwiefern?

MS-133, 12.2.1947, S.95

~~Er~~ Würde er etwa sagen: »Ich sehe jetzt ganz das Gleiche, was ich auch höre«? Oder wüßte er nicht, ob er den Eindruck durchs Auge oder Ohr erhält? Wäre es etwa möglich mit einem einzigen langgezogenen gleichförmigen Ton + mit einer einförmigen Farbe, die das ganze Gesichtsfeld ausfüllt? Fragte ich ihn dann »was siehst Du«, so könnte er durch Summen eines Tons antworten, oder auch durch ein Farbwort, etc. etc. Es wären gewiß ähnliche Relationen denkbar, die tatsächlich nicht bestehen. So daß man z. B. eine Farbe sähe, + wenn dazu ein bestimmter Ton gespielt würde könnte man ihn nicht von der Farbe unterscheiden, ihn also nicht hören; man wüßte nicht, ob er jetzt erklingt, oder nicht.

MS-134, 1.4.1947, S.82f.

[…]
Man könnte sich einen Eindruck ohne Sinnesorgan denken. Es könnte Einer hören + so ziemlich alle Sprachspiele mit den Wörtern für für Gehöreindrücke ~~laut, leise, etc., etc.~~ lernen, ohne Ohren zu haben + ohne daß man weiß ›womit‹ er hört. Daß man mit den Ohren hört, zeigt sich ja verhältnismäßig sehr selten. Ja es könnte sein, daß Einer hört, wie wir Alle, + man erst später darauf kommt, daß seine Ohren taub sind.
Den Inhalt der Erlebnisse. Man möchte sagen »So sehe ich Rot«, »So höre ich den Ton, den Du anschlägst«, »So fühle ich Vergnügen«, »So empfinde ich Trauer«, oder auch »Das empfindet man, wenn man traurig ist; das, wenn man sich freut«, etc.
Man möchte eine Welt, analog der physikalischen, mit diesen so + Das [sic] bevölkern. Das hat aber nur dort Sinn, wo es ein Bild des Erlebten gibt, worauf man bei diesen Aussagen Sätzen zeigen kann.

MS-134, 2.4.1947, S.84f.

Die Dauer der Empfindung — Vergleiche die Dauer einer Tonempfindung mit der Dauer der Tastempfindung, die Dich lehrt, daß Du eine Kugel in der Hand hältst; und mit dem »Gefühl« das Dich lehrt, daß Deine Knie gebogen sind. Und hier haben wir wieder einen Grund, warum wir von der Empfindung der Positur sagen möchten, sie habe keinen Inhalt.

MS-134, 25.4.1947, S.152f.

Aber es ist eben nicht wahr, daß eine Erfahrung, die nachweisbar mit der Augenbewegung zusammenhängt, von ihr erzeugt werden kann, darum durch eine Folge von Gesichtsbildern beschrieben werden kann.
(Etwa so wenig, wie der, welcher sich einen Ton vorstellt, sich eine Folge von Luftstößen vorstellt.)

MS-134, 27.6.1947, S.183

Es scheint hier das Objekt des Sehens zu sein, was nicht Objekt des Sehens sein kann. Als sagte man, man sehe Töne. (Aber man sagt ja wirklich ein Vokal sei gelb oder braun / habe diese Farbe.)

MS-135, 15.7.1947, S.10r

Aber wie ist es: W/wenn ich ein Gedicht, oder ausdrucksvolle Prosa lese, besonders wenn ich sie laut lese, so geht doch beim Lesen etwas ~~in mir~~ vor, was nicht vorgeht, wenn ich z.B. die Zeilen / die Sätze nur ihrer / der Information wegen durchlese / lese / überfliege. Ich kann doch, z.B. einen Satz mehr, oder weniger eindringlich lesen. Ich bemühe mich den Ton genau zu treffen. Dabei sehe ich oft ein Bild, gleichsam eine Illusion vor mir / ~~geht oft auch ein Spiel der Vorstellungen vor sich~~. Ja ich kann auch einem Wort einen Ton verleihen, der seine Bedeutung, beinahe als wäre das Wort ein Bild, hervortreten lässt / wie ein Bild, beinahe, heraushebt. Man könnte sich selbst eine Schreibweise denken, in der gewisse Wörter durch Bildzeichen dargestellt / durch bildliche Zeichnen ersetzt + so hervorgehoben werden. Ja dies geschieht ~~doch~~ manchmal / ~~ja wörtlich~~, wenn wir ein Wort unterstreichen, oder es im Satz gleichsam / förmlich auf ein Postament stellen. [... »there lay a something ...«]

MS-135, 24.7.1947, S.41vf.

Ich höre einen Ton – höre ich also nicht, wie laut er ist? — Ist es richtig zu sagen: wenn ich den Ton höre, müsse ich mir des Grades seiner Lautheit bewußt sein? – Anders ist es, wenn seine Stärke sich ändert.

MS-132, 13.10.1947, S.183

Ich will von einem ›Bewußtseinszustand‹ reden, und das Sehen eines bestimmten Bildes, das Hören eines Tons, eine Schmerzempfindung, Geschmacksempfindung, etc. so nennen. Ich will sagen: Glauben, Verstehen, Wissen, Beabsichtigen, u.a. seien nicht Bewußtseinszustände. Wenn ich diese letzteren für einen Augenblick »Dispositionen« nenne, so ist ein wichtiger Unterschied zwischen Dispositionen + Bewußtseinszuständen, daß eine Disposition durch eine Unterbrechung des Bewußtseins, oder eine Verschiebung der Aufmerksamkeit nicht unterbrochen wird. (Und das ist natürlich keine kausale Bemerkung) Man sagt wohl überhaupt kaum, man habe etwas seit gestern »ununterbrochen« geglaubt, oder verstanden, eine Unterbrechung des Glaubens wäre aber ~~nur~~ eine Periode des Unglaubens, aber nicht z.B. die Abwendung der Aufmerksamkeit von dem Gegenstand des Glaubens Geglaubten, oder z.B. der Schlaf.

MS-135, 13.12.1947, S.91rf.

Das wichtigste Mittel um dem Andern das Gesichtsbild, das ich habe, mitzuteilen, ist das Bild. ~~Was entspricht dem für die anderen Sinne?~~ Man denkt es sich manchmal als die Wiedergabe der Gesichtsempfindung. Was entspricht ihm für die andern Sinne?
Nun, wie ich ein Bild verwende ~~Einem ein Bild zeige~~, um zu zeigen, was ich sehe, so ahme ich einen den Ton nach, um zu zeigen, was ich höre + ich könnte den Andern z.B. eine scharfe Kante einen Gegenstand anfassen lassen um ihm mitzuteilen, was ich fühle. Was aber wäre ein Bild für den kinästhetischen Sinn?

MS-136, 18.12.1947, S.3a

Wenn er nun den Satz einmal beim Sprechen denkt, ein andermal ihn als bloße Sprachübung sagt spricht, – begleiten das Sprechen da verschiedene andere Vorgänge? Der Satz hat etwa ein halbes Dutzend Wörter. Wenn verschiedene Vorgänge ihn begleiten, – sind sie z.B. für ein jedes Wort verschieden? Oder zieht/geht ein verschiedener Grundton durch den ganzen Satz? Und müssen jene/diese Vorgänge unbedingt während des Aussprechens statthaben, oder können sie dem Satz folgen, oder vorangehen? Eine allgemeingültige klare Antwort scheint es nicht zu geben.

MS-136, 5.1.1948, S.64bf.

Man spricht von einem Gefühl der Überzeugung, weil es einen Ton der Überzeugung gibt. Ja das Charakteristikum aller ›Gefühle‹ ist, daß es einen Ausdruck, d.i. eine Miene, Gebärde, des Gefühls gibt.

MS-136, 20.1.1948, S.133a

Sinneseindrücke. Sie scheinen ihrer Natur nach ähnlich. Was meinen wir damit?
»Kann es denn Unähnlicheres geben als einen Ton + eine Farbe?« möchte man fragen. Aber auch hier macht man einen seltsamen Fehler. Denn was ist die Funktion dieser Aussage? Wem macht man diese Mitteilung? Vielleicht Einem, dem unsre Sprache + dessen Sprache uns fremd ist, + dem wir ein großes Mißverständnis erklären wollen. Es handelt sich also um eine Erklärung einer Bedeutung.

MS-137, 4.2.1948, S.4b

Es ist doch etwas anderes: die Furcht ruhig gestehen – + ihr ungehemmten Ausdruck geben. Die Worte können dieselben sein, der Ton + die Gebärden verschieden.

MS-137, 25.10.1948, S.79b

Das Wort »Beschreibung des Seelenzustandes« charakterisiert ein gewisses Spiel. Und wenn ich bloß die Worte »Ich fürchte mich« höre so mag ich zwar erraten, welches Spiel hier gespielt wird (aus dem Ton etwa), aber ich werde es erst wissen, wenn ich den Zusammenhang kenne.

MS-137, 27.10.1948 , S.81b

Zur ›unwägbaren Evidenz‹ gehört gewiß der Ton, der Blick, die Gebärde / gehören die Feinheiten des Tons, des Blicks, der Gebärde. Ist es hier nicht wirklich, als sähe man das Arbeiten des Nervensystems. Denn ich möchte wohl, daß meine geheuchelte Gebärde ganz einer / der echten gleicht, aber es geschieht eben doch nicht das gleiche.

MS-138, 26.2.1949, S.27a

»Sind diese Töne denn nicht der beste Ausdruck dessen, was hier ausgedrückt werden soll?« Wohl; aber das heißt nicht, daß sie nicht durch ein Verständnis ihrer Umgebung zu verstehen + also zu erklären sind.

MS-144, 1.6.–31.7.1949, S.3

TONARTEN

Eine Kirchentonart verstehen heißt nicht sich an die Tonfolge gewöhnen in dem Sinne in dem ich mich an einen Geruch gewöhnen kann + ihn nach einiger Zeit nicht mehr unangenehm empfinde. Sondern es heißt etwas neues [sic] hören was ich früher noch nicht gehört habe etwa in der Art ~~wie~~ – ja ganz analog – wie es wäre Zehn Striche | | | | | | | | | | die ich früher nur als 2 mal 5 Striche habe sehen können plötzlich als ein charakteristisches Ganzes sehen zu können. Oder die Zeichnung eines Würfels die ich nur als flaches Ornament habe sehen können auf einmal räumlich zu sehen.

MS-108, 23.2.1930, S.90f.

Der Gegensatz zwischen Komödie + Tragödie wurde seinerzeit immer wie ein den dramatischen Raumbegriff / Raum a priori teilender herausgearbeitet. Und es konnten einen dann gewisse Bemerkungen wundern, daß etwa die Komödie es mit Typen die Tragödie mit Individualitäten zu tun habe. In Wirklichkeit ist / sind Komödie + Tragödie kein Gegensatz so daß die eine das von der andern ausgeschlossene Stück des dramatischen Raumes wäre. (So wenig wie Moll + Dur solche v[57] Gegensätze sind.) Sondern sie / es sind zwei von vielen möglichen Arten des Dramas, die nur

57 Das v verweist auf die logische Operation ›oder‹

einer bestimmten – vergangenen – Kultur als die einzigen erschienen sind erschienen. Der richtige Vergleich ist wäre der mit den modernen Tonarten.

MS-183, 6.5.1931, S.79f.

Verstehen der Kirchentonarten. Verstehen einer chinesischen Darstellung.

MS-156a, 1932–33, S.56r

[…]
Ferner wenn ich fünf Punkte in einer Reihe in verschiedenen Gruppierungen sehe und ebenso, wenn ich vier Punkte innerhalb eines Kreises einmal als Gesicht sehe, einmal nicht. Auch das gehört hierher, was man z.B. das Verstehen einer Kirchentonart nennt.
[…]

TS-302, S.9, 1933–34

[…]
Verstehen des Schlusses in einer Kirchentonart.

MS-146, 12.12.1933, S.42r

Was geschieht wenn wir lernen den Schluß einer Kirchentonart als Schluß zu empfinden?

MS-115, 1933, S.28,

Die Schwierigkeit ist, sich unter den Begriffen der ›psychologischen Erscheinungen‹ auszukennen.
Sich unter ihnen zu bewegen, ohne immer wieder gegen ein Hindernis anzurennen.
D.h., man muß die Verwandtschaften und Unterschiede der Begriffe beherrschen. Wie einer den Übergang von jeder Tonart in jede man den Übergang von jeder einer Tonart in jede die andere beherrscht, von der einen in die andere moduliert.

TS-229, 1947, S.436

Ein solcher Begriff wäre dann wirklich mit den Begriffen ›dur‹ + ›moll‹ zu vergleichen, die ja auch einen Gefühlswert haben, aber auch einzig ~~bloß~~ zur Beschreibung der Struktur des Wahrgenommenen gebraucht werden können.

›Dur‹ + ›moll‹ ist also hier verglichen mit ›schiefwinkelig‹ + ›rechtwinkelig‹, z. B.

Aber wäre er nicht auch richtig zu sagen, daß wer nicht unsern Begriff des ›zaghaften‹, ›kindischen‹, ›gemeinen‹, hätte, die Schrift, den Gesichtsausdruck, nicht so empfinden könnte wie wir, selbst wenn er einen Begriff hat, der immer dort anwendbar ist, wo ›zaghaft‹ z. B. es ist? Soll Könnte ich, also sagen nicht sagen: Die Beiden sehen das Gleiche, empfinden es aber anders? Wie sie beide Dur hören ~~können~~, aber es verschieden empfinden können.

MS-138, 21. 1. 1949, S. 6a

Das Epitheton Adjektiv »traurig« ~~»Traurigkeit«~~, auf das Strichgesicht angewendet, z. B. ~~beschreibt~~ charakterisiert die Gruppierung von Strichen im Oval. (Dur, Moll) Angewendet auf den Menschen hat es eine andere, obgleich wenn auch verwandte, Bedeutung. (Das heißt aber nicht, daß der Gesichtsausdruck dem Gefühl der Traurigkeit ähnlich sei!)

MS-138, 22. 1. 1949, S. 7a

Ein + dasselbe Thema hat in Moll einen andern Charakter als in Dur, aber von einem Charakter des Moll im Allgemeinen zu sprechen ist ganz falsch. Dur + Moll bei Schubert Bei Schubert klingt das Dur oft trauriger als das Moll·

Und so ist es, glaube ich, müßig + ohne Nutzen für das Verständnis der Malerei von den Charakteren der einzelnen Farben zu reden. Man denkt eigentlich dabei nur an spezielle Verwendungen. Daß Grün als Farbe einer Tischdecke die, Rot jene Wirkung hat, läßt auf ~~sagt nichts~~ ihre ~~die~~ Wirkung ~~dieser Farbe~~ in einem Bild keinen Schluß zu.[58]

MS-173, 1950, S. 69r f.

58 Wolfgang Amadeus Mozart: Klaviersonate F-Dur KV 332, 2. Satz, Notenbeispiel S. 253

Es scheint mir so wenig festzustehen, daß es nur ~~einen~~ echten oder ~~einen~~ ~~falschen~~ verstellten Gefühlsausdruck geben kann, wie daß es nur dur ~~und~~ oder moll Ton~~leitern~~arten geben kann.

MS-174, 1950, S. 14v

#### TONFOLGEN / TONREIHEN

Multiplizieren mit ~~Melodien~~ musikalischen Themen: Multipliziere die Tonreihe ~~des~~ eines ~~ersten~~ Taktes ~~des Kaiserliedes~~ eines gleichförmig fortschreitenden Themas[59] mit der Tonreihe ~~derersten~~ zweier Takte. Pfeife die ersten zwei Takte des Themas langsam + nach jedem Ton einen Takt des Themas + sieh wie weit Du in ihm kommst.

MS-118, 29.8.1937, S. 33v

#### TONLEITER

Kann man denn die Idee der unendlichen Reihe auf jedes beliebige Gebiet anwenden? Etwa auf Töne? kann ich mir einen unendlich hohen oder einen unendlich tiefen Ton denken? Oder vielmehr kann ich mir denken daß die Tonleiter nach oben + unten beliebig weit verlängert werden könnte.

MS-106, 3.–8.1929, S. 31

Man kennt es den Tönen der Tonleiter an, daß sie oben + unten zu einem Ende kommen. Tonleiter + Gesichtsfeld

TS-212, 1932–33, S. 1295

Wenn wir eine Tonleiter hören, ~~so~~ sagen wir daß nach je~~dem~~ sieben Tönen der gleiche Ton wiederkehrt. Wenn ~~wir~~ Einer gefragt würde, warum er das den ›gleichen‹ Ton nennt, so würde~~n~~ ~~wir~~ er vielleicht ~~sagen~~ antworten: »Es ist ja wieder ein c«. Aber das ist nicht, was ich hören ~~will~~ möchte, denn ich

59 »Kaiserlied«: die österreichische Kaiserhymne, mit der 1797 von Joseph Haydn komponierten Melodie, auf die heute die deutsche Nationalhymne gesungen wird. In Österreich wurde der ursprüngliche Text »Gott erhalte Franz den Kaiser« mit jedem Thronwechsel passend zum neuen Kaisernamen umgedichtet, während man die Melodie ausnahmslos beibehielt. Haydn benutzte die Melodie auch zu subtil komponierten Variationen, im 2. Satz des Streichquartetts C-Dur, op. 76 Nr. 3, dem »Kaiserquartett«.

~~würde~~ ~~nun~~ frage~~n~~: »Warum nennt man ~~nennst Du~~ diesen Ton wieder ›c‹?« – Darauf wäre die Antwort vielleicht: »Hörst Du denn nicht, daß es derselbe Ton ist, nur um eine Oktav höher?!« – Auch hier könnten wir uns vorstellen, jemandem sei der Gebrauch des Wortes ›gleich‹ gelehrt worden […] nun werde … ~~und~~ nun werde ihm die C-Dur Tonleiter vorgespielt + er gefragt, ob etwa die ›gleichen Töne‹ in ihr immer wiederkehren. Und wir könnten uns leicht verschiedene Antworten auf diese Frage vorstellen. […]

MS-115, 1936, S.255

[…] Wir sagen, in der Tonleiter kehre nach je 7 Tönen der gleiche Ton wieder. Was heißt es: »wir empfinden ihn als den gleichen«? Ist, daß wir ihn den gleichen nennen, nur ein sprachlicher Zufall?

MS-133, 11.11.1946, S.34vf.

Leute die in der Tonleiter singend zählen + daher ein 7-System haben. Warum aber singen sie diese Tonleiter?
»Es liegt in ihrer Natur.« Da es in unserer liegt kommt es uns nicht merkwürdig vor.

MS-137, 1.7.1948, S.61

Wenn man frägt ob die Tonleiter eine unendliche Möglichkeit der Fortsetzung in sich trägt so ist die Antwort nicht dadurch gegeben daß man Luftschwingungen die eine gewisse Schwingungszahl überschreiten nicht mehr als Töne wahrnimmt denn es könnte ja die Möglichkeit bestehen höhere Tonempfindungen auf andere Art und Weise hervorzurufen. Die Endlichkeit der Tonleiter kann vielmehr nur aus ihren internen Eigenschaften hervorgehen. Etwas so indem man es einem Ton selber anerkennt daß er der Abschluß ist daß also dieser letzte Ton oder die letzten Töne innere Eigenschaften zeigen die die mittleren nicht haben.
So wie dünne Linien in unserem Gesichtsfeld interne Eigenschaften zeigen die die dickeren nicht haben so daß es eine Linie in unserem Gesichtsfeld gibt die keine Farbgrenze ist sondern selbst Farbe hat +

doch in einem bestimmten Sinne keine Breite so daß bei ihrem Schnitt mit einer anderen ebensolchen nicht vier Punkte A, B, C, D gesehen werden.

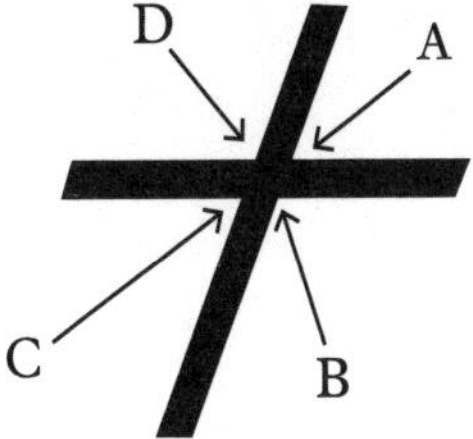


MS-108, 23.2.1930, S. 89 f.

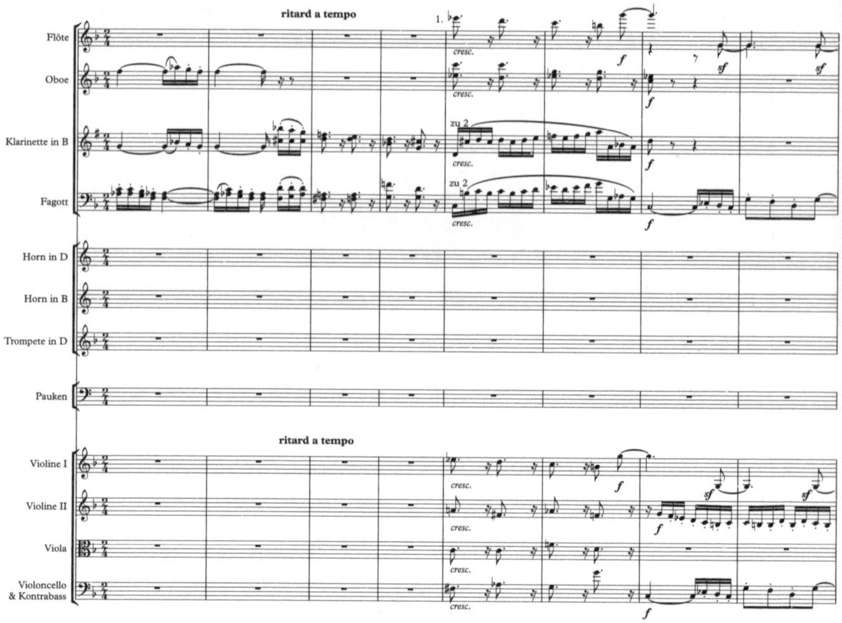

ritard a tempo

Flöte
Oboe
Klarinette in B
Fagott
Horn in D
Horn in B
Trompete in D
Pauken
Violine I
Violine II
Viola
Violoncello & Kontrabass

1. cresc. f sf
zu 2

ritard a tempo

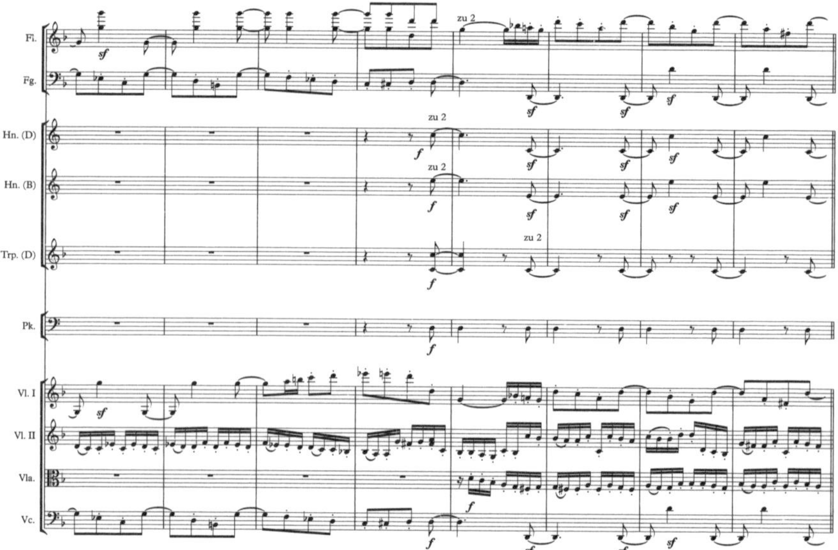


Ludwig van Beethoven: Symphonie Nr. 9 Op. 125, 1. Satz → SEITE 19

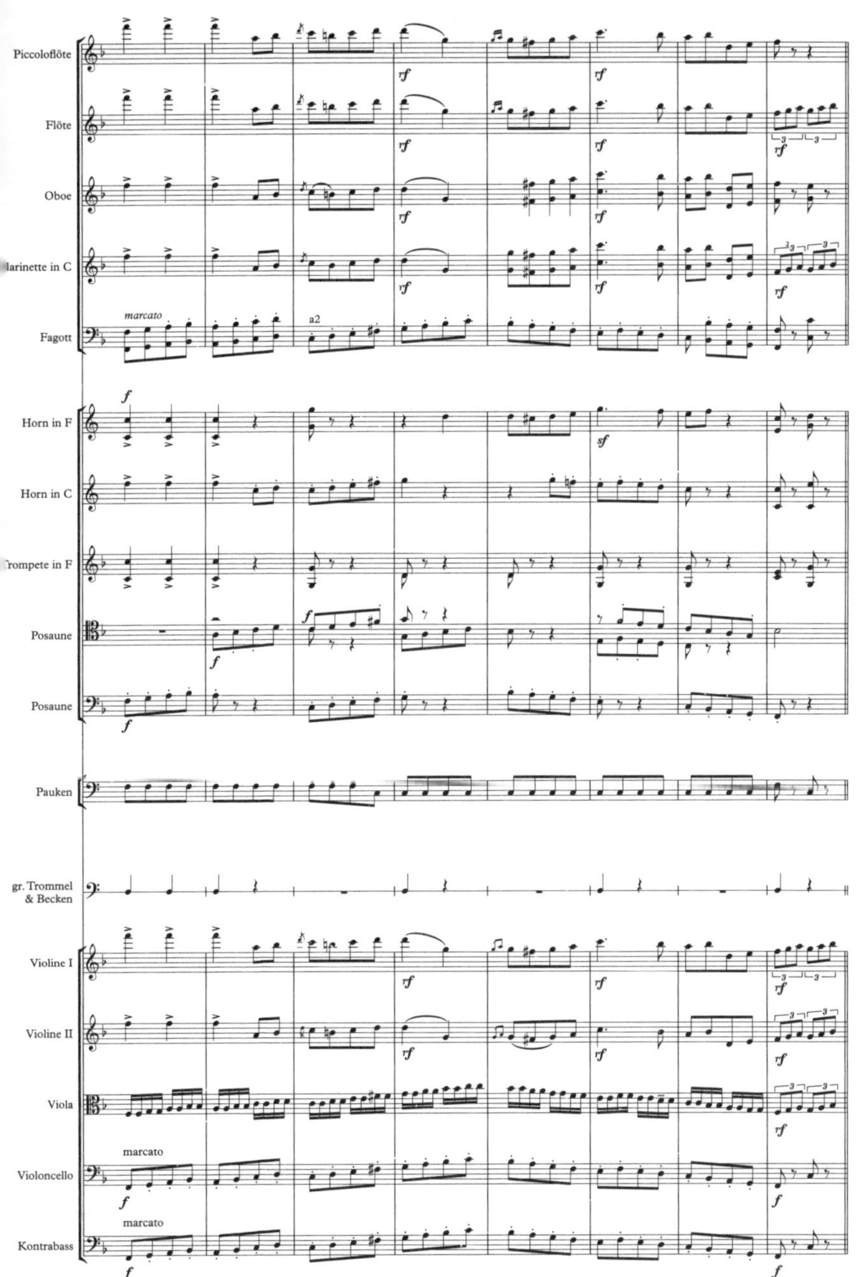


Otto Nicolai: *Die Lustigen Weiber von Windsor* (Ouvertüre) → SEITE 21

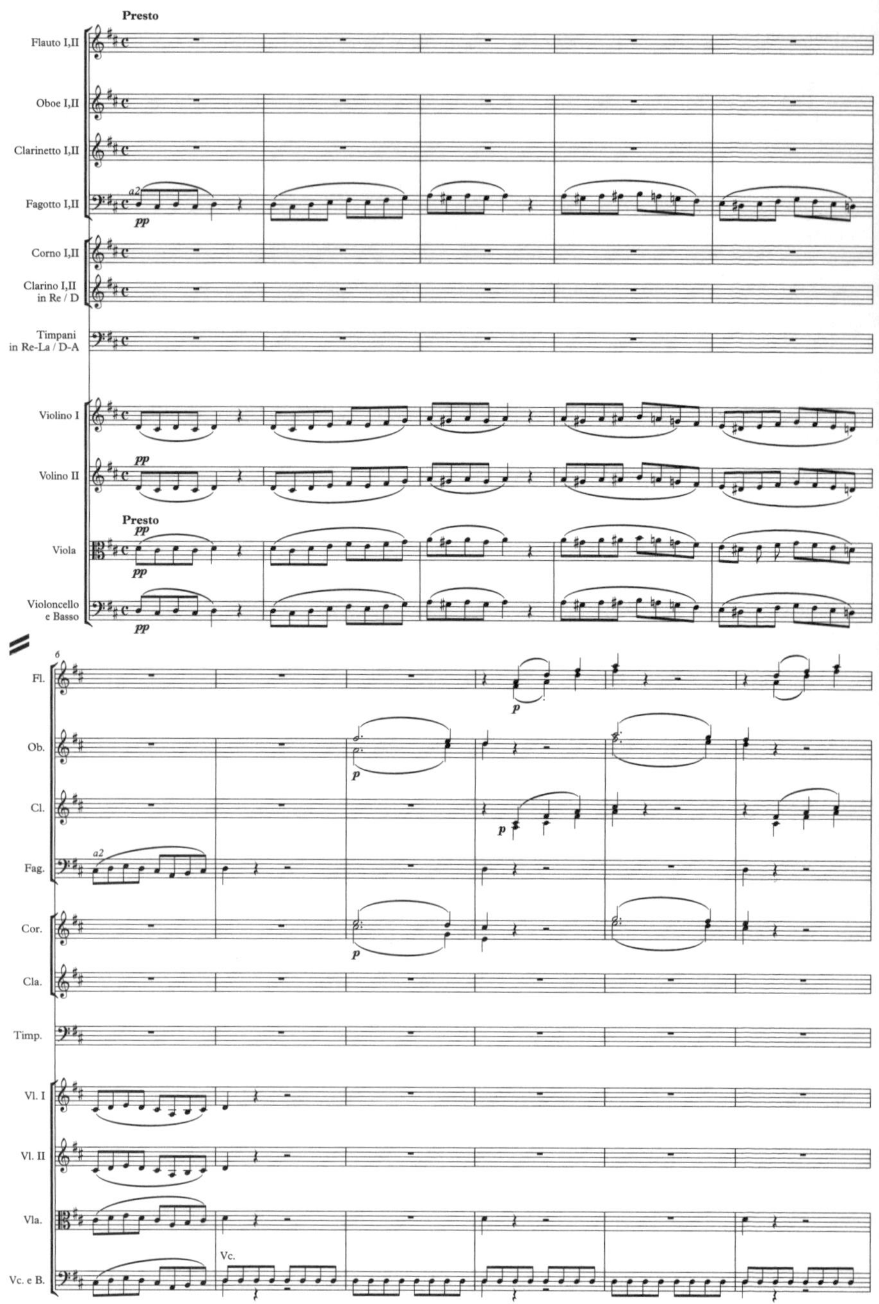


Wolfgang Amadeus Mozart: *Figaros Hochzeit* (Ouvertüre) → SEITE 21

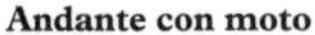


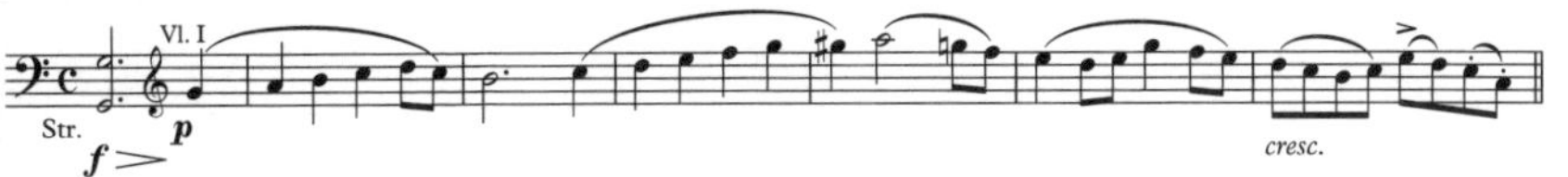


Leonoren-Ouvertüre Nr. 2 op. 72a

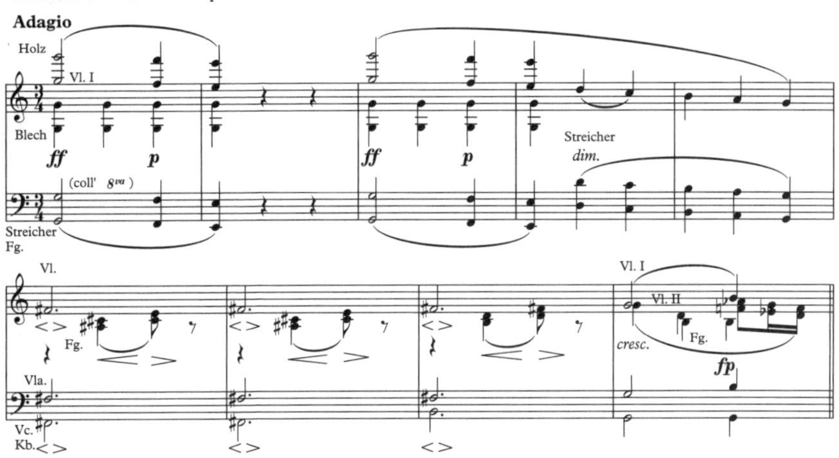


Leonoren-Ouvertüre Nr. 3 op. 72b

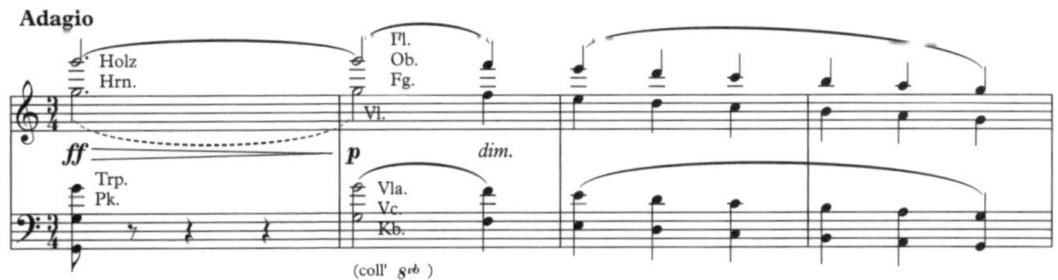


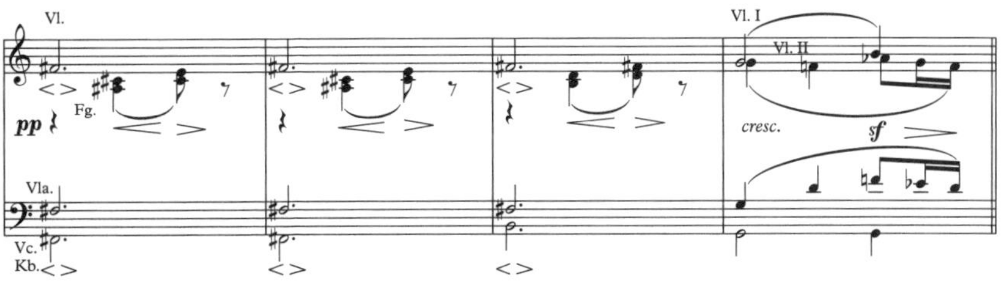


Ludwig van Beethoven: Anfänge der drei *Leonoren-Ouvertüren* → SEITE 21

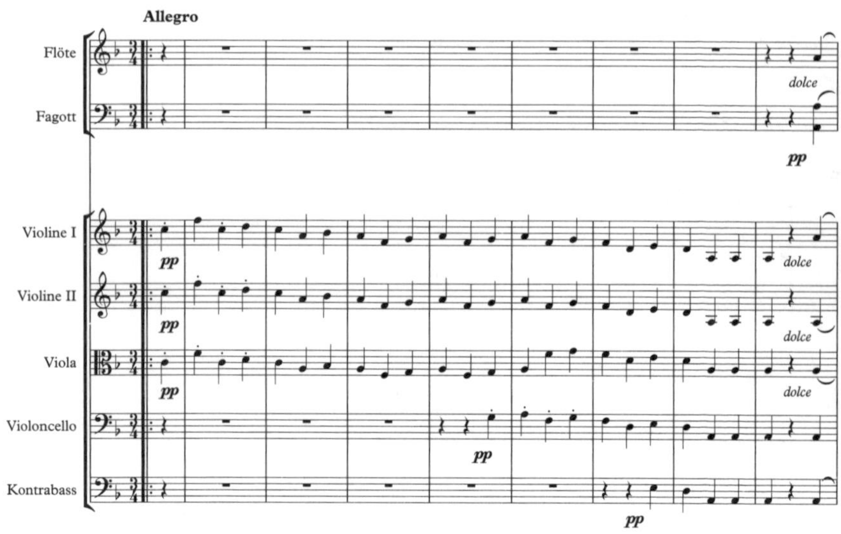

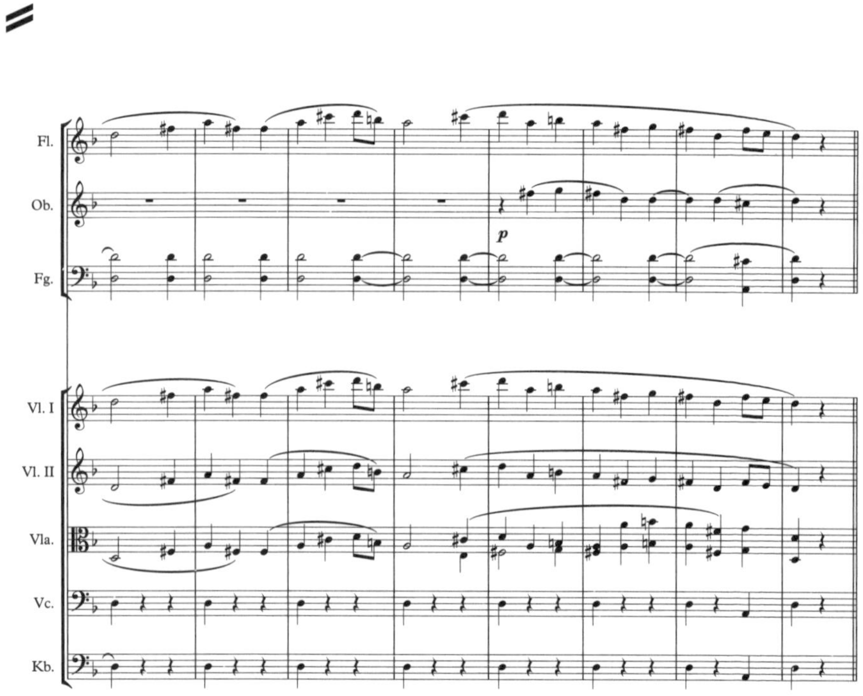

Fl.
Ob.
Fg.
Vl. I
Vl. II
Vla.
Vc.
Kb.
p

Ludwig van Beethoven: Symphonie Nr. 6 Op. 68, 3. Satz:
*Lustiges Zusammensein der Landleute* → SEITE 22

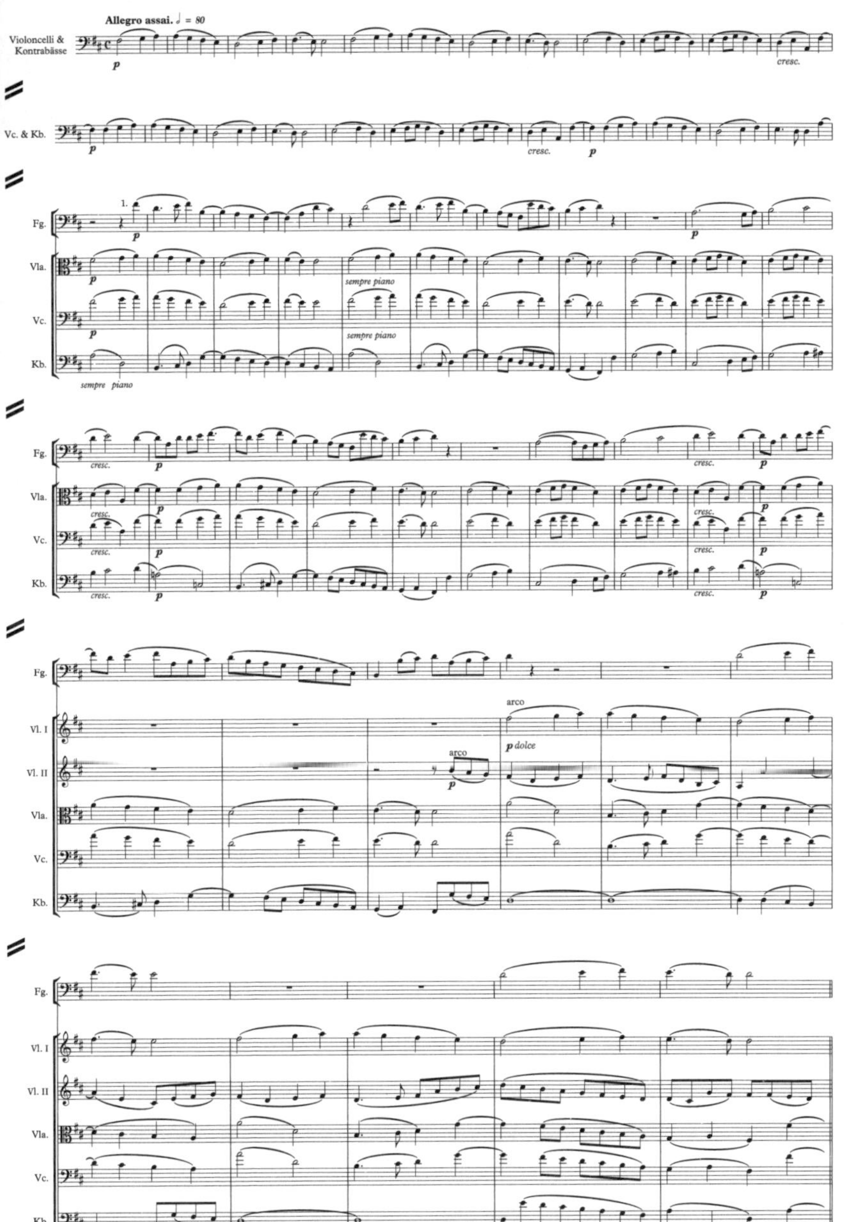


Ludwig van Beethoven: Symphonie Nr. 9 Op. 125, 1. Satz → SEITE 24

Andante

Piccolo
Flöte
Oboe
p ten. ten. f
Klarinette in B
Fagott
p ten. ten. f
Kontrafagott
p ten. ten. f
Horn in B
p mf
Horn in Es
mf
Trompete in B
mf
Pauken

Andante

Triangel
Violine I
Violine II
Viola
Violoncello
pizz. p f
Kontrabass
pizz. p f

Johannes Brahms: Variationen über ein Thema von Haydn Op. 56a (Thema) →SEITE 24

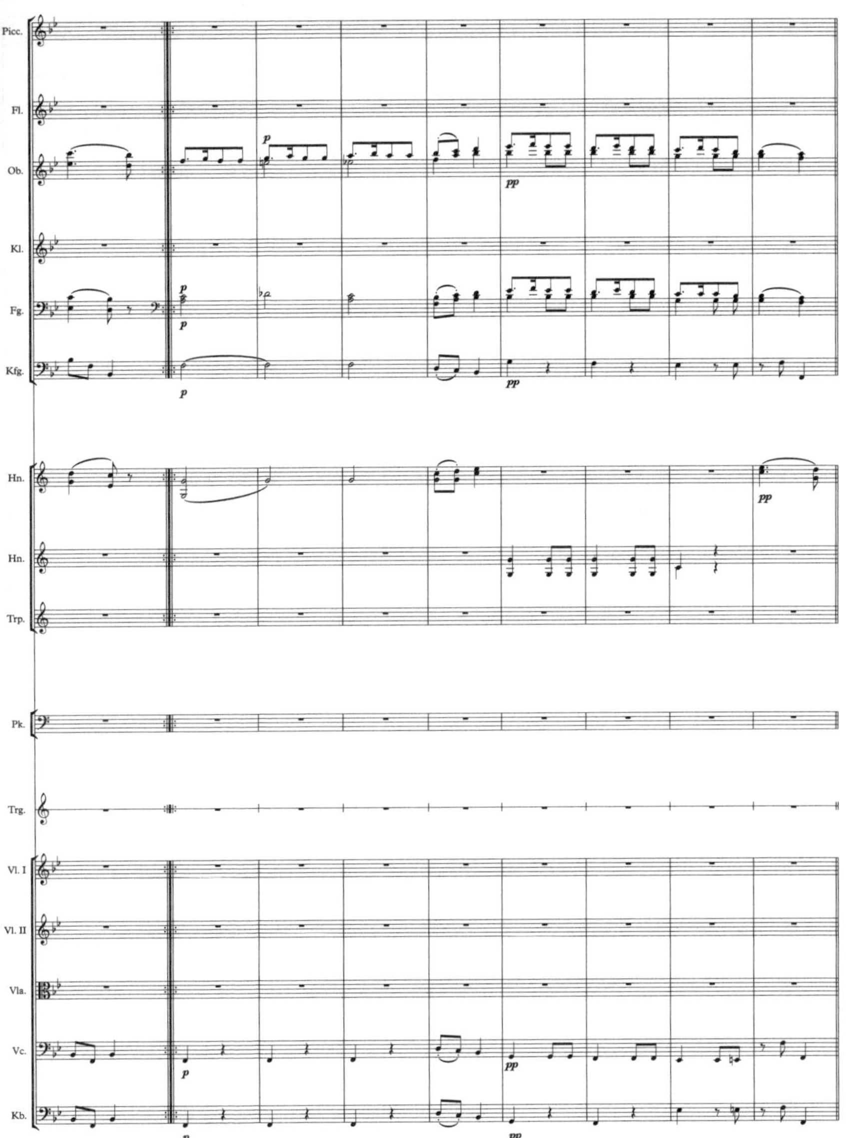


Johannes Brahms: Variationen über ein Thema von Haydn Op. 56a (Thema) →SEITE 24

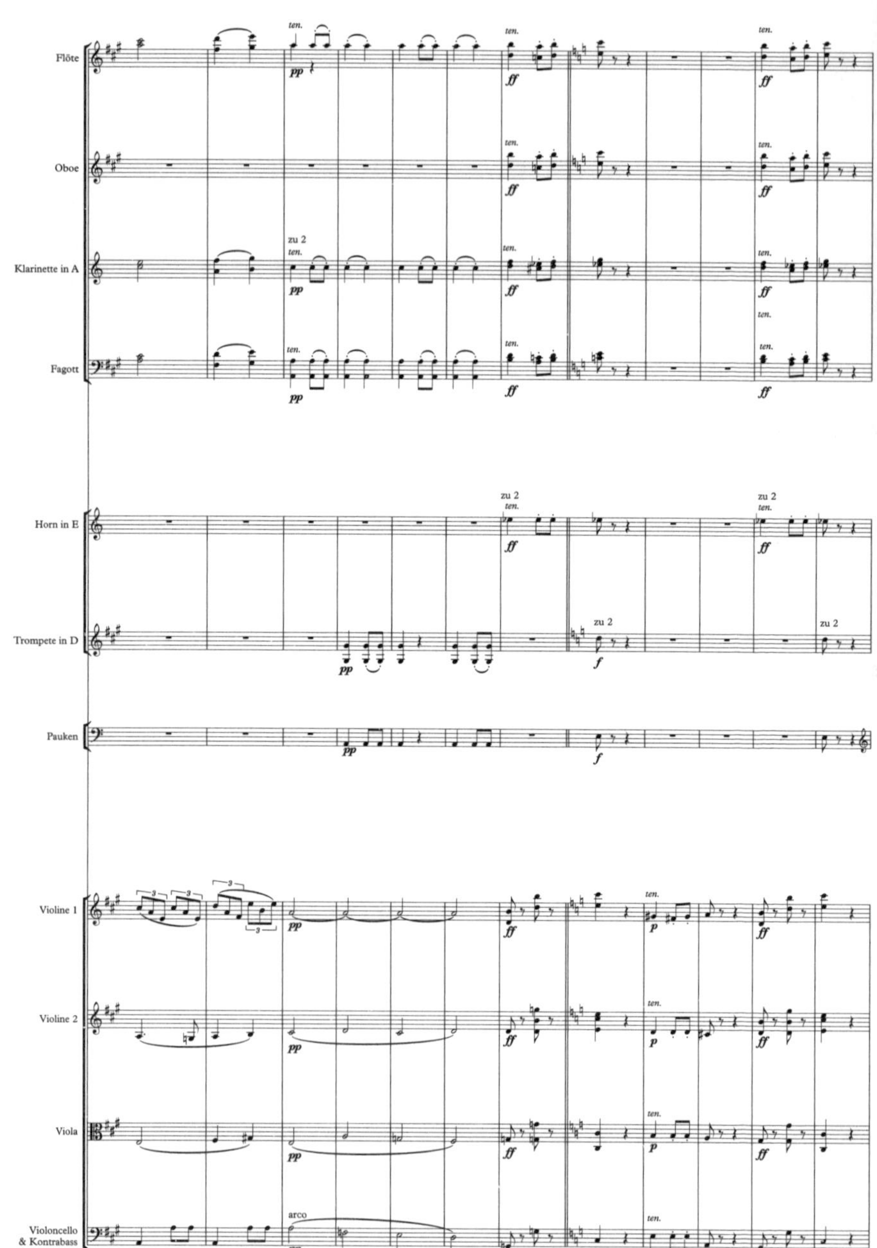


Ludwig van Beethoven: Symphonie Nr. 7 Op. 92, 2. Satz → SEITE 25

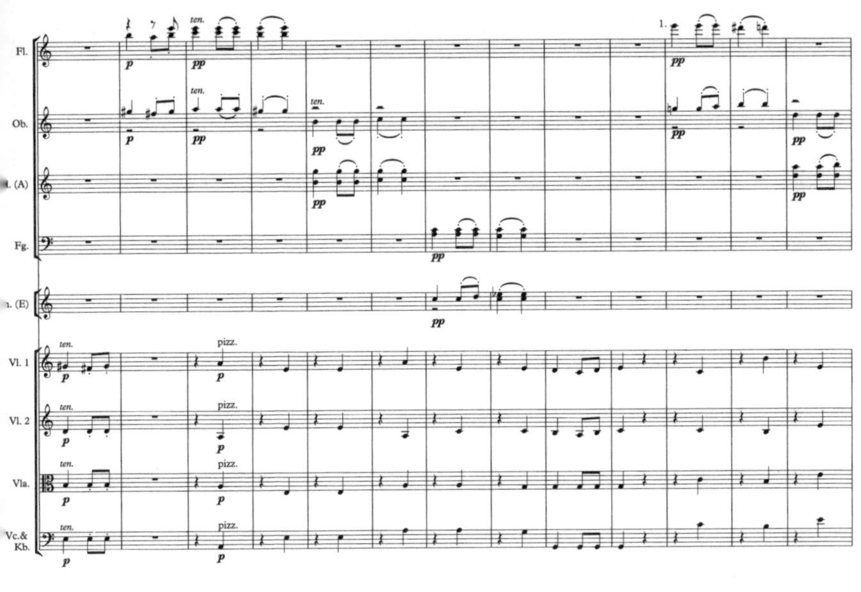


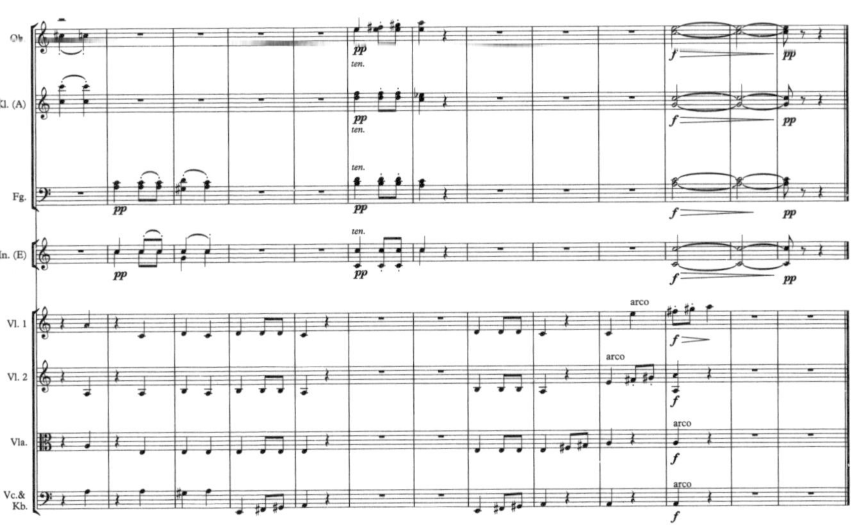


Ludwig van Beethoven: Symphonie Nr. 7 Op. 92, 2. Satz → SEITE 25

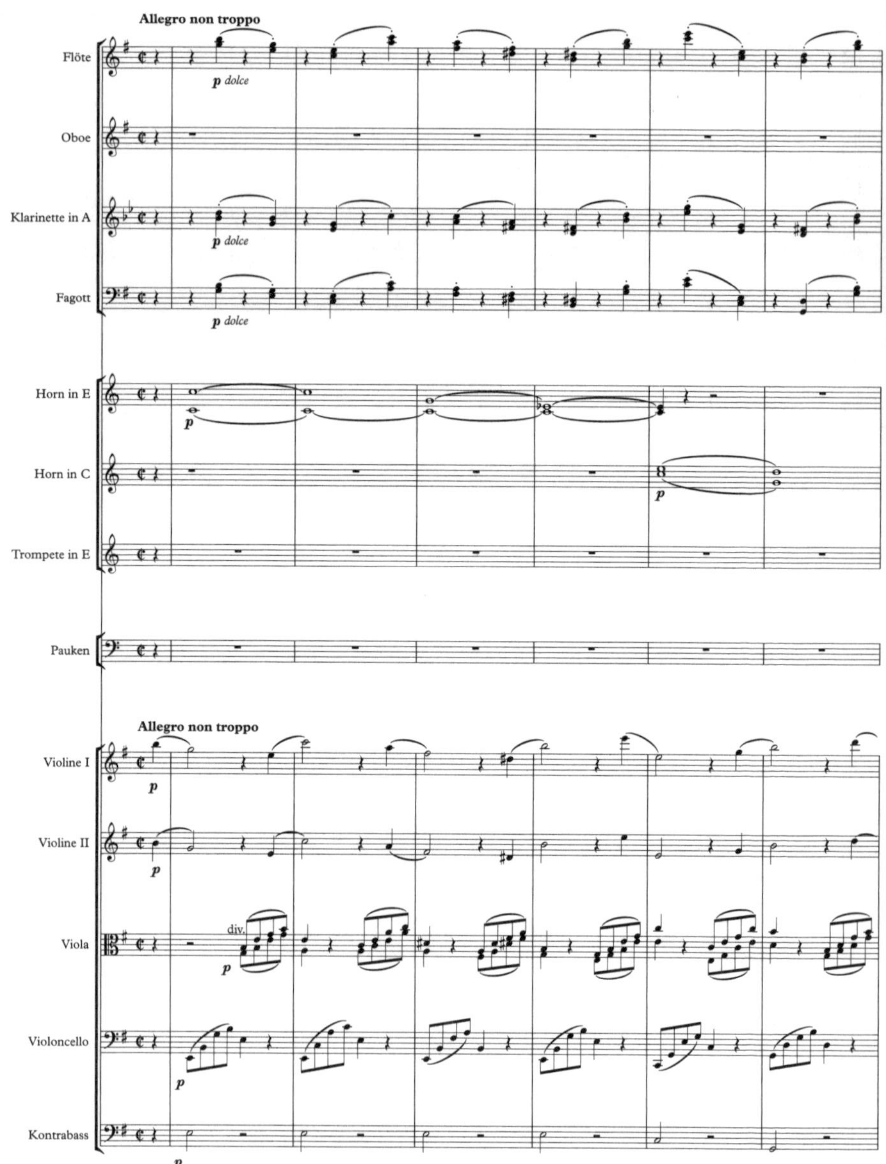


Johannes Brahms: Symphonie Nr. 4 Op. 98, 1. Satz → SEITE 26

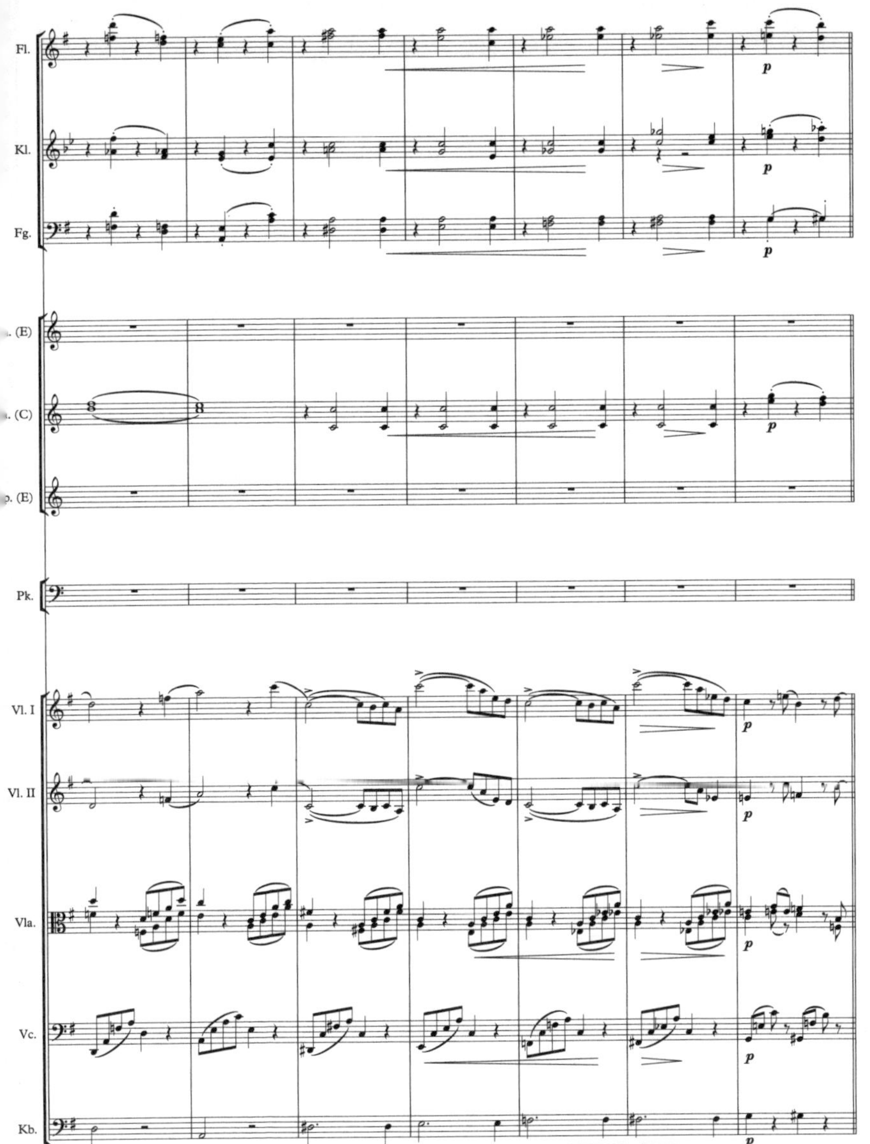


Johannes Brahms: Symphonie Nr. 4 Op. 98, 1. Satz →SEITE 26

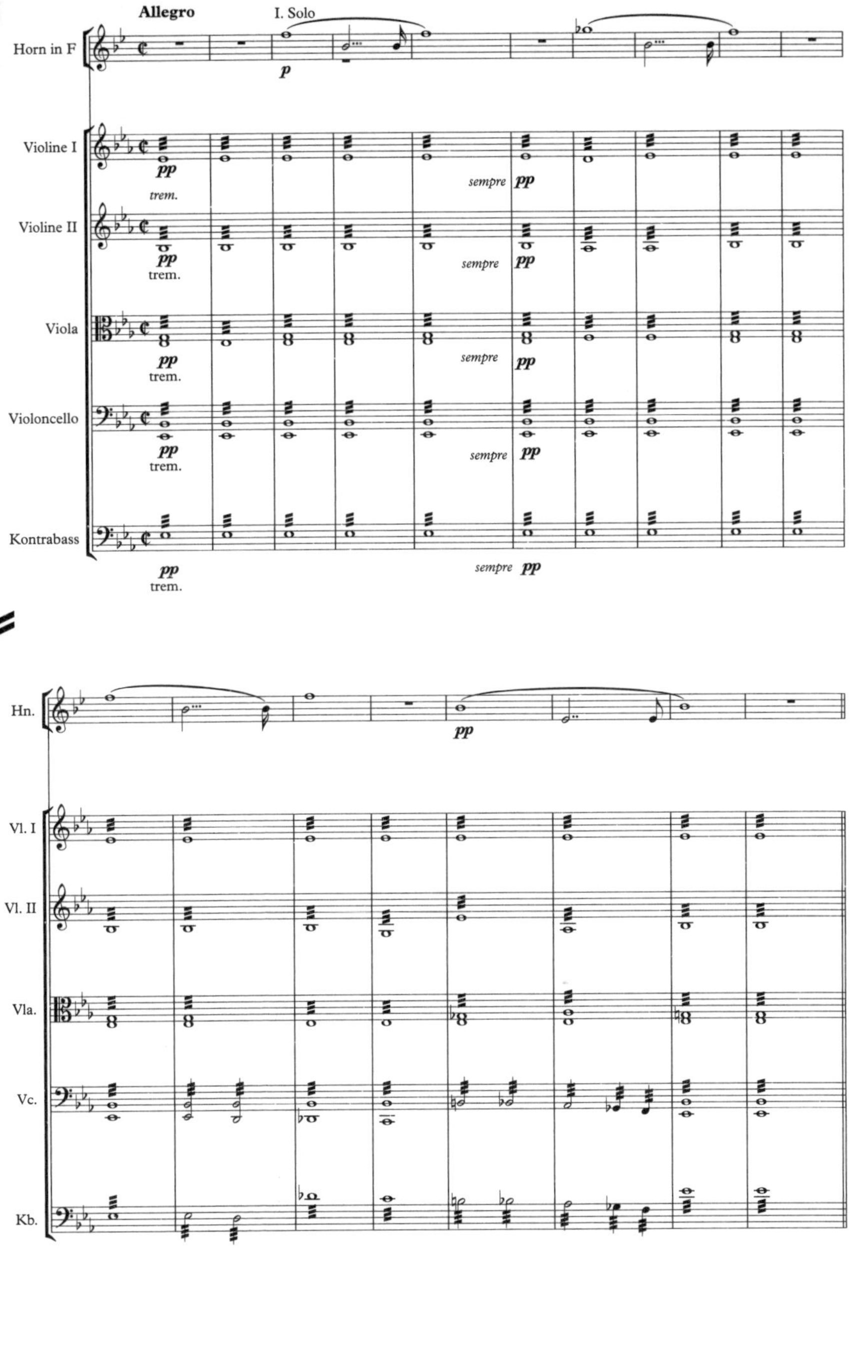

Allegro
I. Solo
Horn in F
p
Violine I
pp
trem.
sempre pp
Violine II
pp
trem.
sempre pp
Viola
pp
trem.
sempre pp
Violoncello
pp
trem.
sempre pp
Kontrabass
pp
trem.
sempre pp

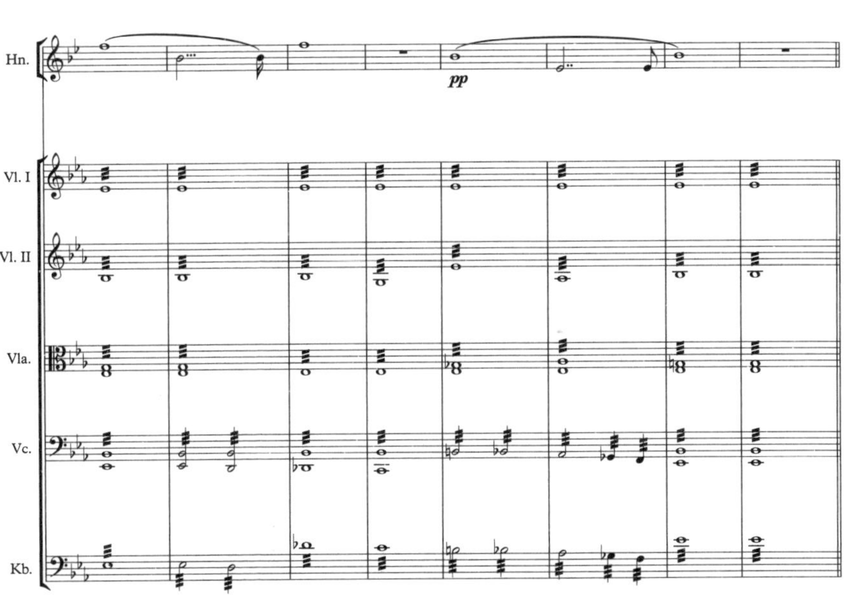


Anton Bruckner: Symphonie Nr. 4 WAB 104, 1. Satz → SEITE 54

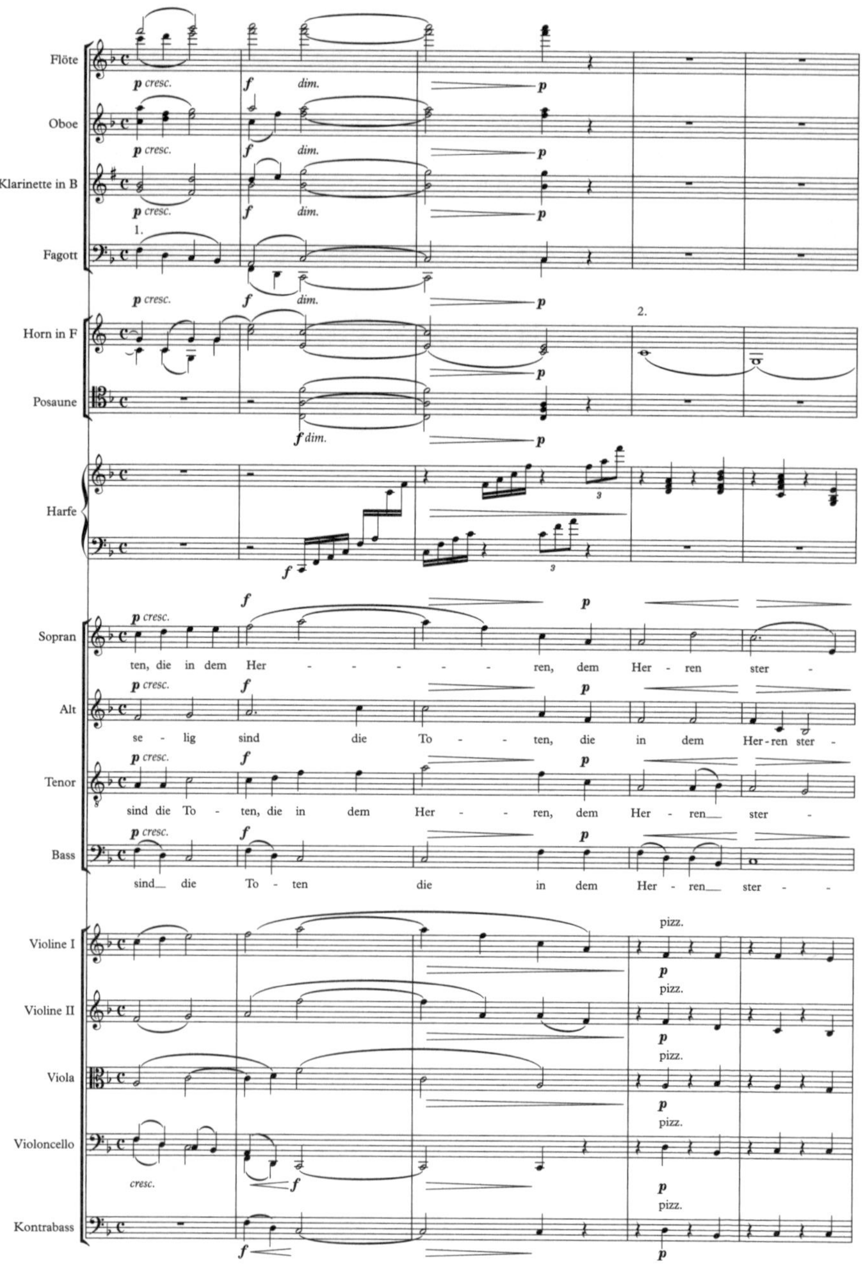


Johannes Brahms: Ein deutsches Requiem Op. 45, 7.: *Selig sind die Toten* → SEITE 54

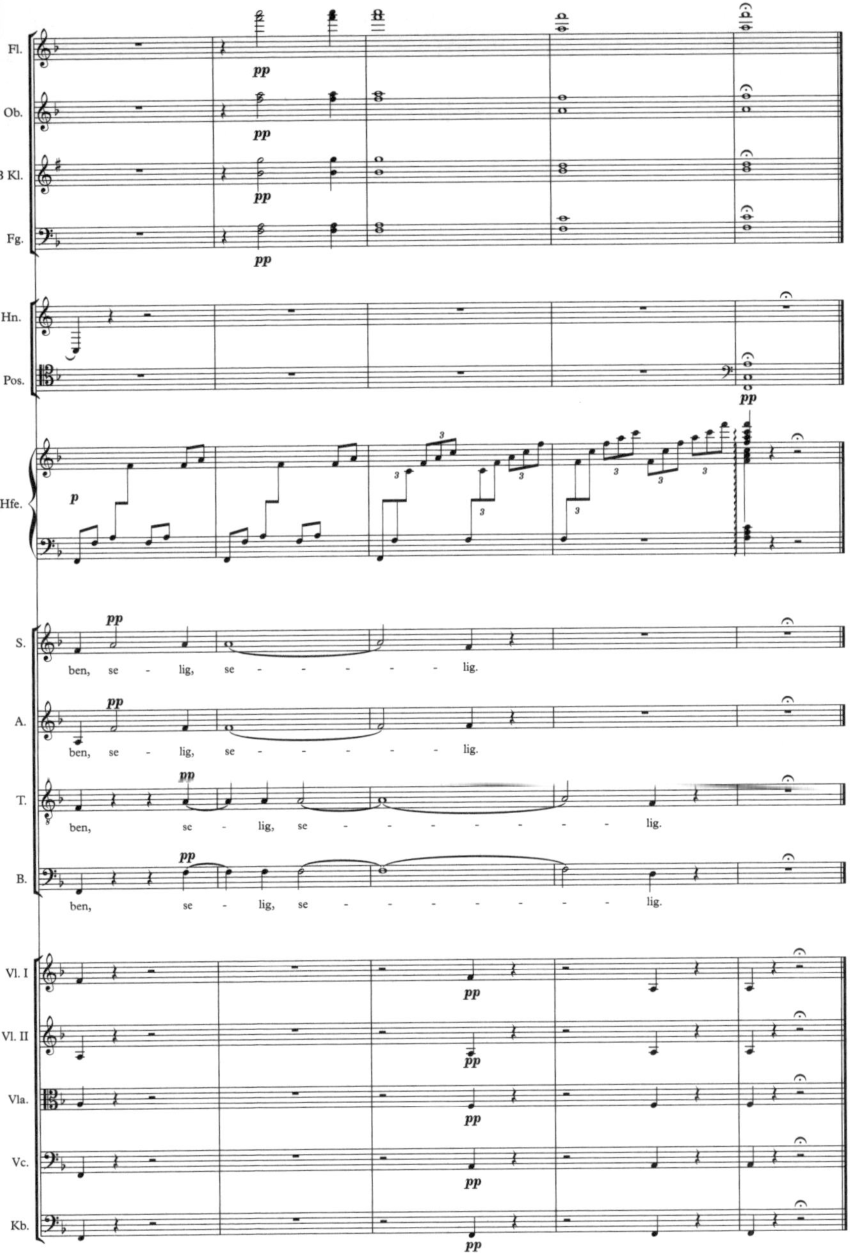


Johannes Brahms: Ein deutsches Requiem Op. 45, 7.: *Selig sind die Toten* →SEITE 54

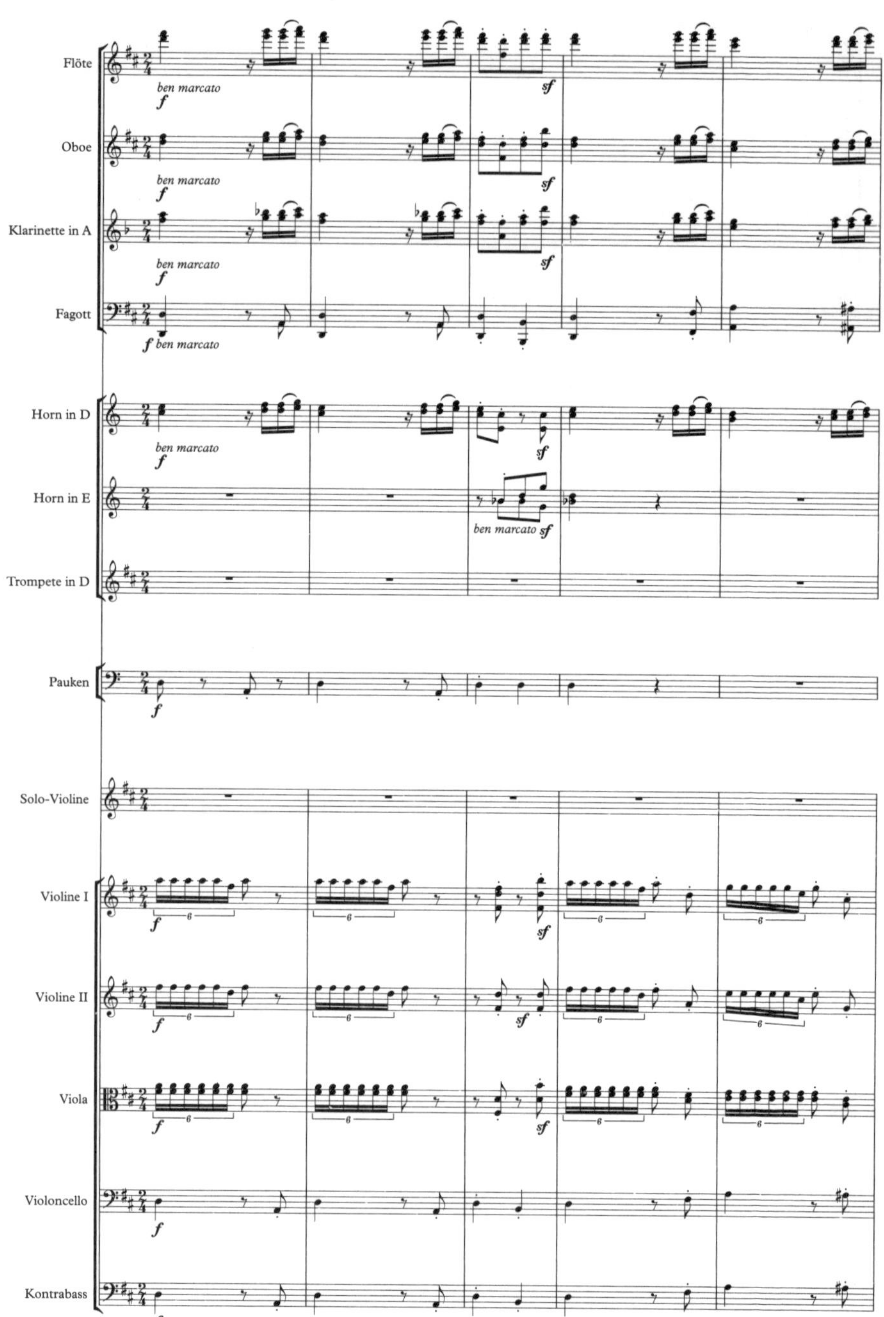


Johannes Brahms: Violinkonzert Op. 77, 3. Satz →SEITE 54

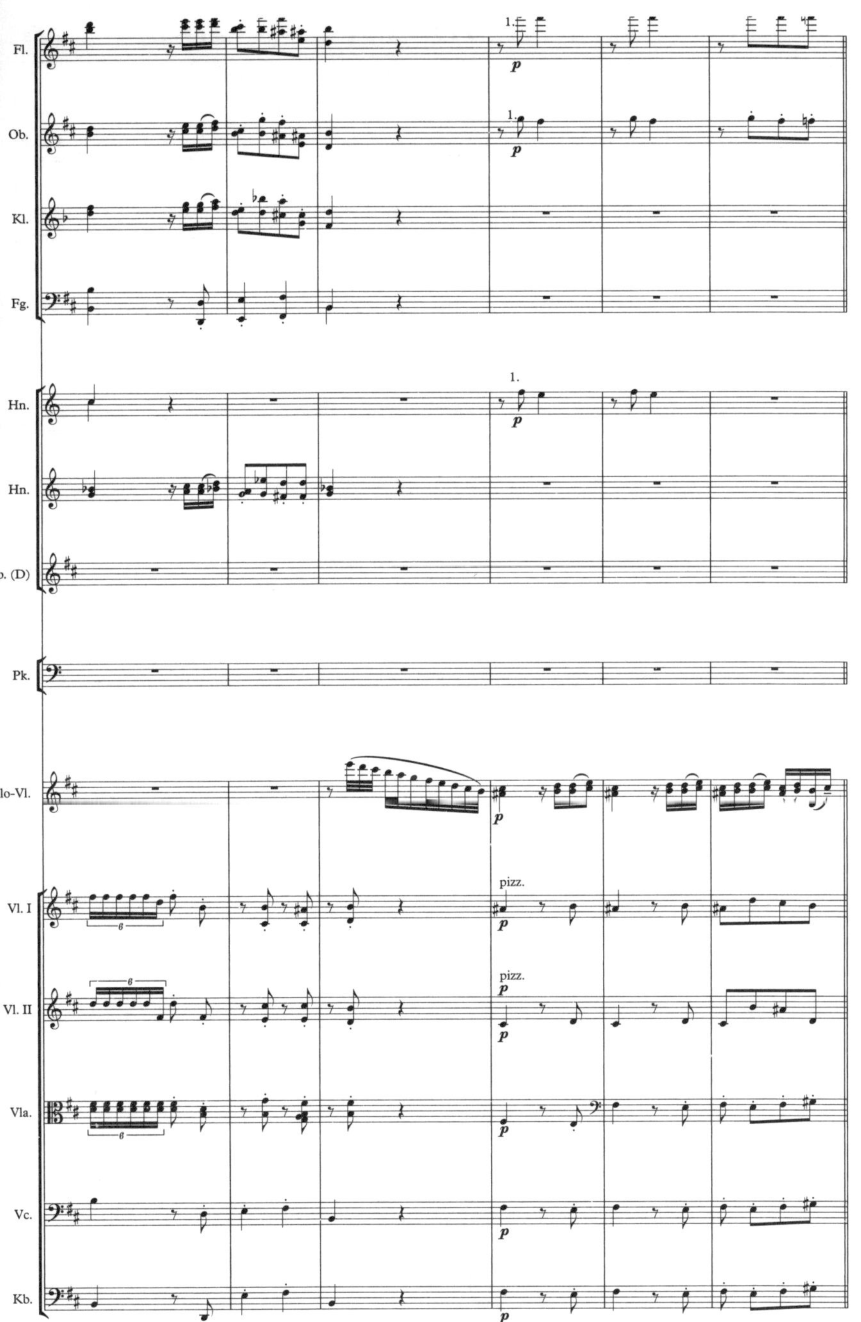


Johannes Brahms: Violinkonzert Op. 77, 3. Satz → SEITE 54

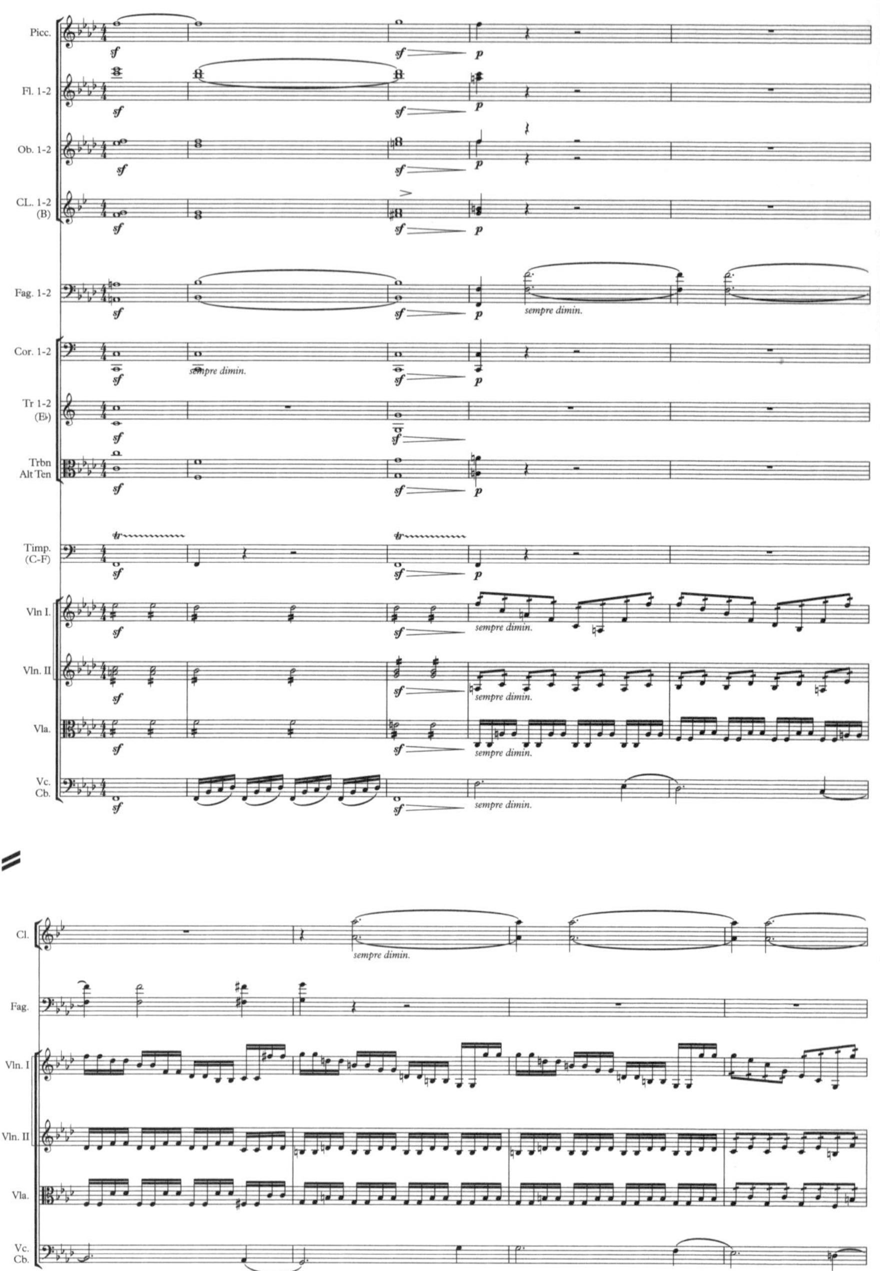


Ludwig van Beethoven: Symphonie Nr. 6 in F-Dur Op. 68, 4. Satz:
*Gewitter. Sturm.* →SEITE 92

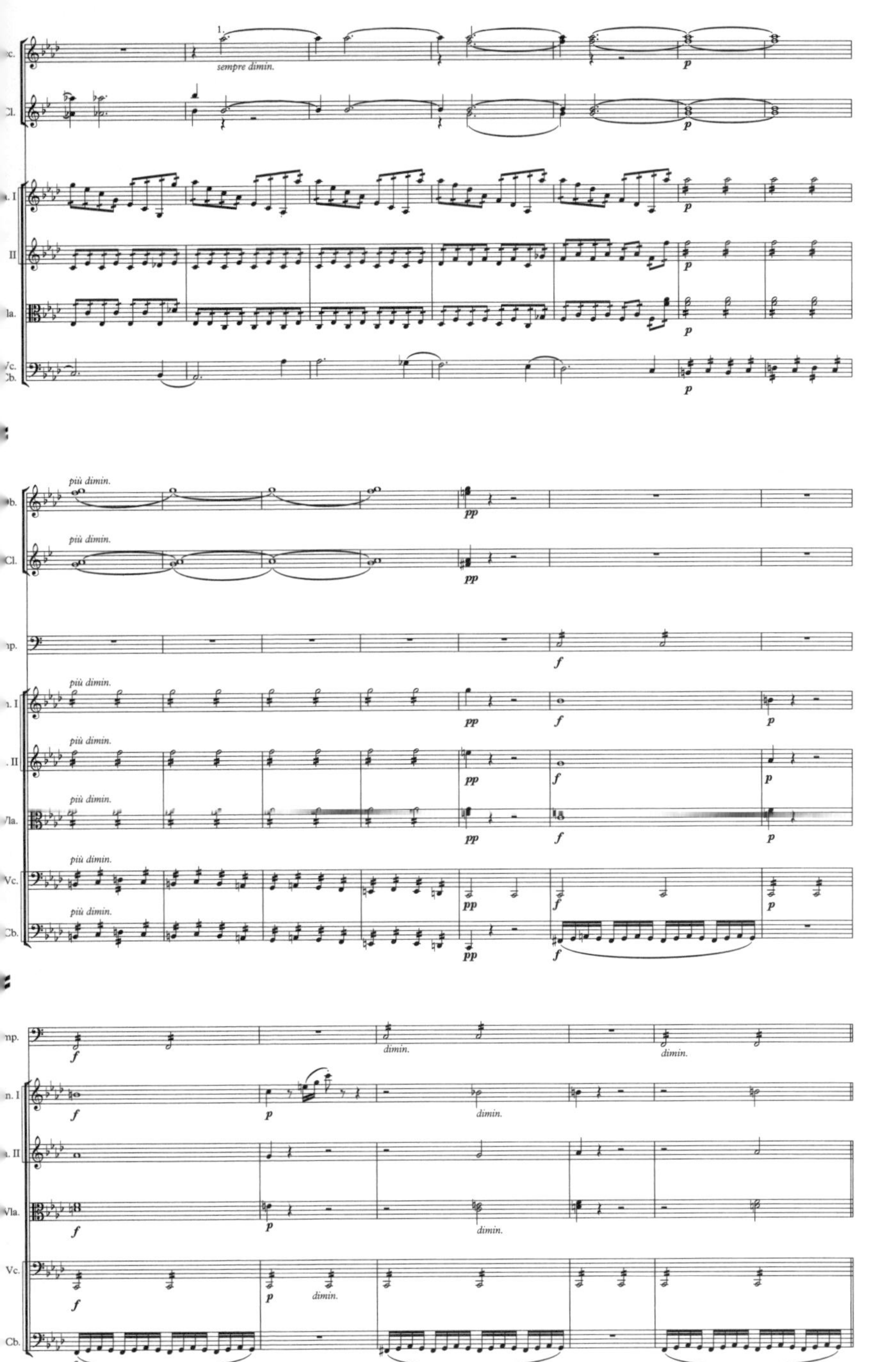


Ludwig van Beethoven: Symphonie Nr. 6 in F-Dur Op. 68, 4. Satz:
*Gewitter. Sturm.* →SEITE 92

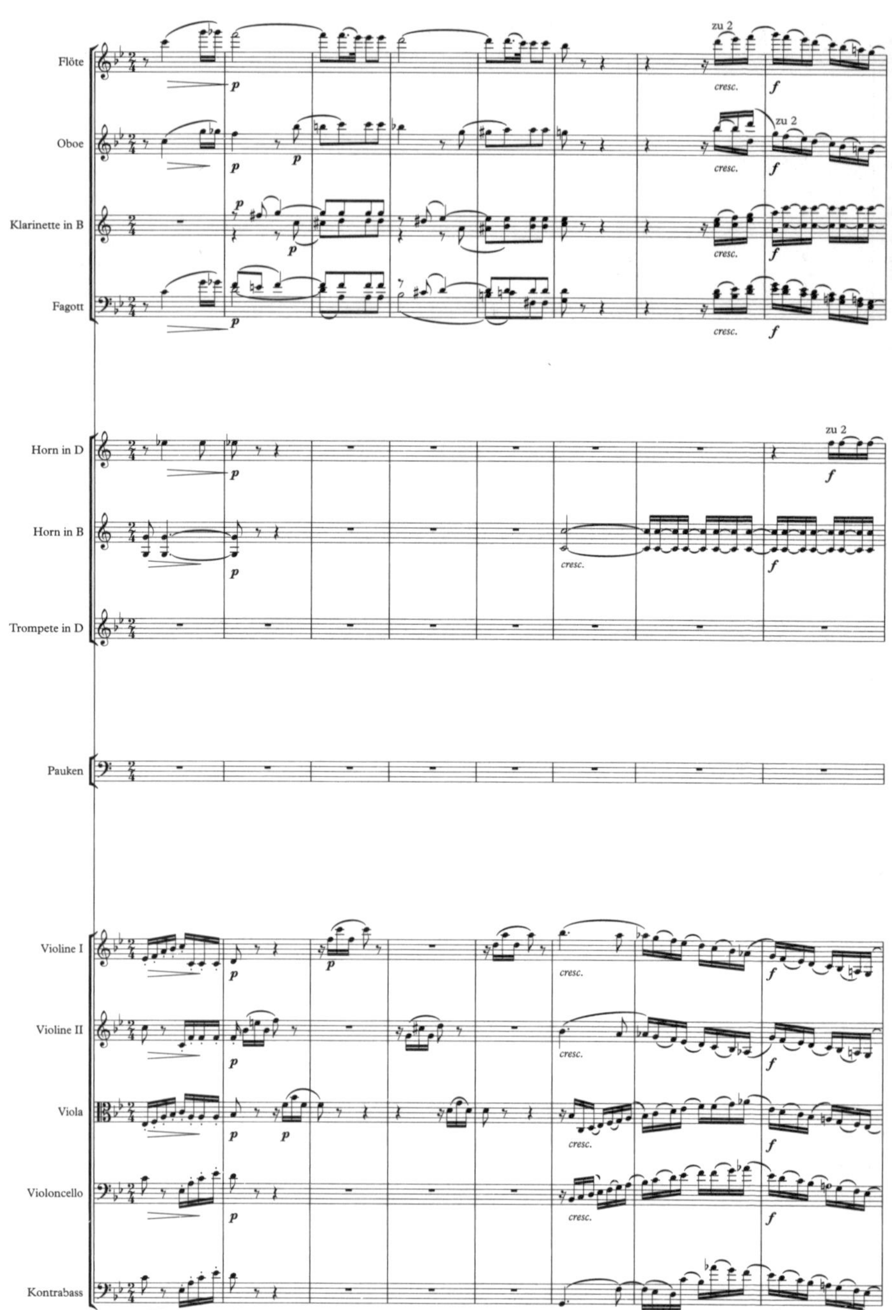


Ludwig van Beethoven: Symphonie Nr. 9 Op. 125, 1. Satz → SEITE 94

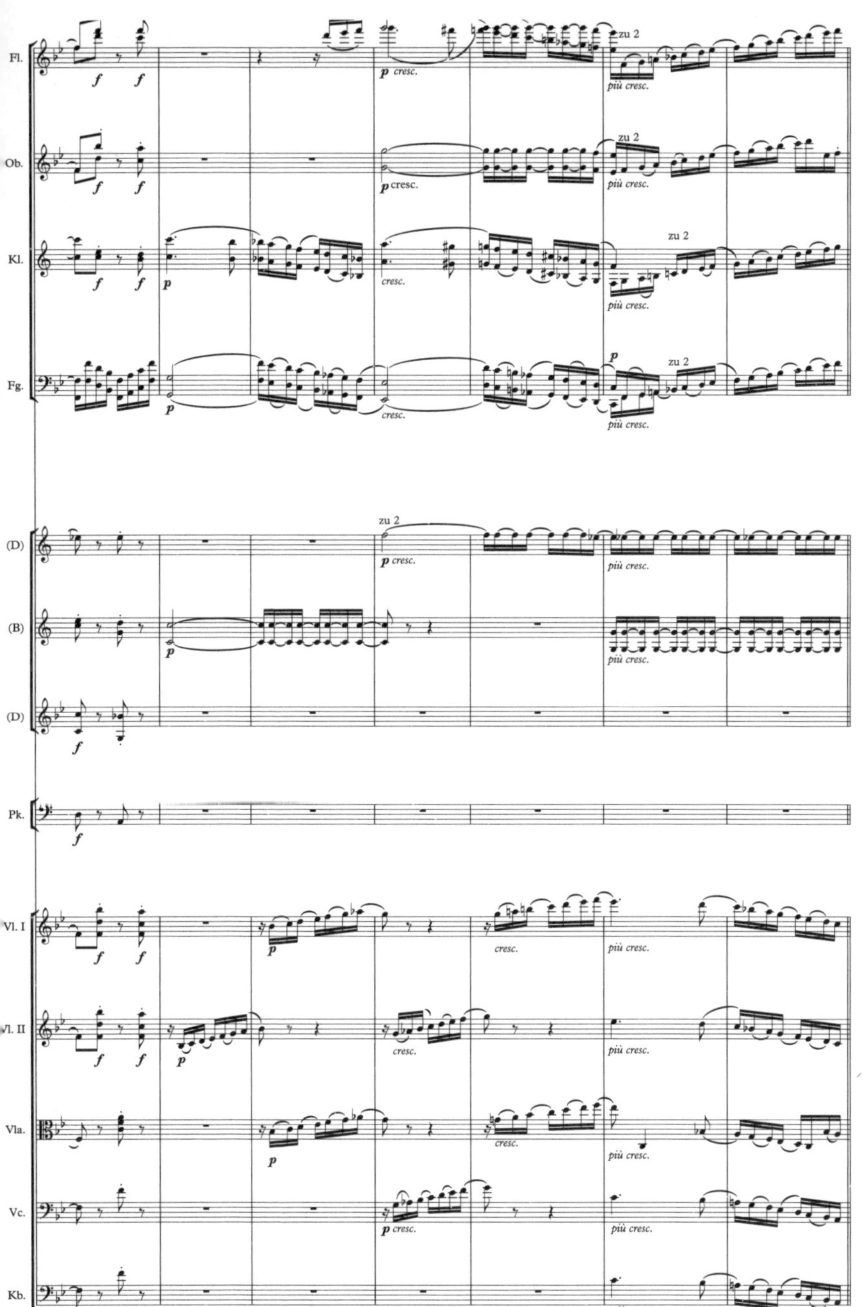


Ludwig van Beethoven: Symphonie Nr. 9 Op. 125, 1. Satz → SEITE 94

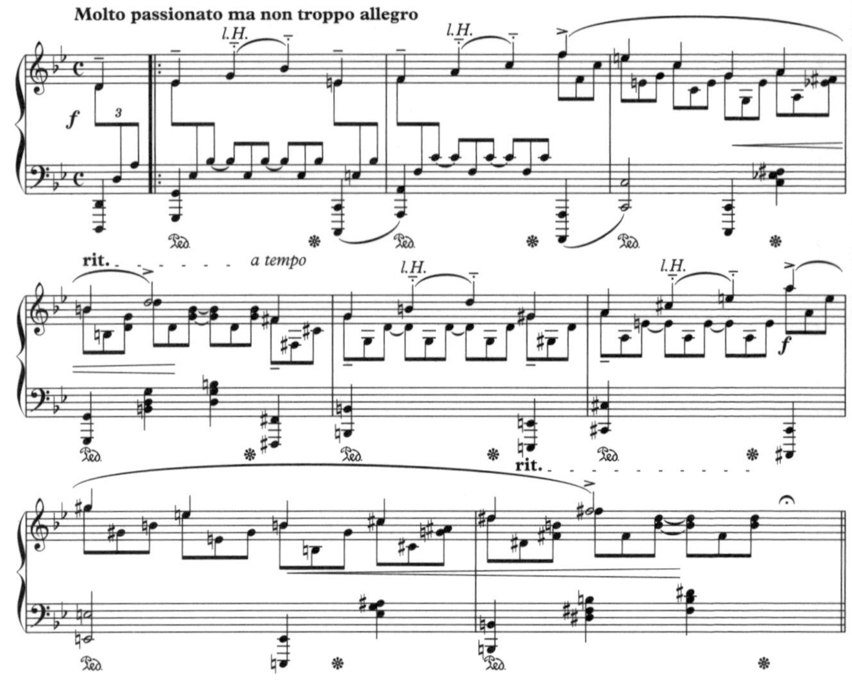


Johannes Brahms: Rhapsodie Op. 79 Nr. 2 → SEITE 95

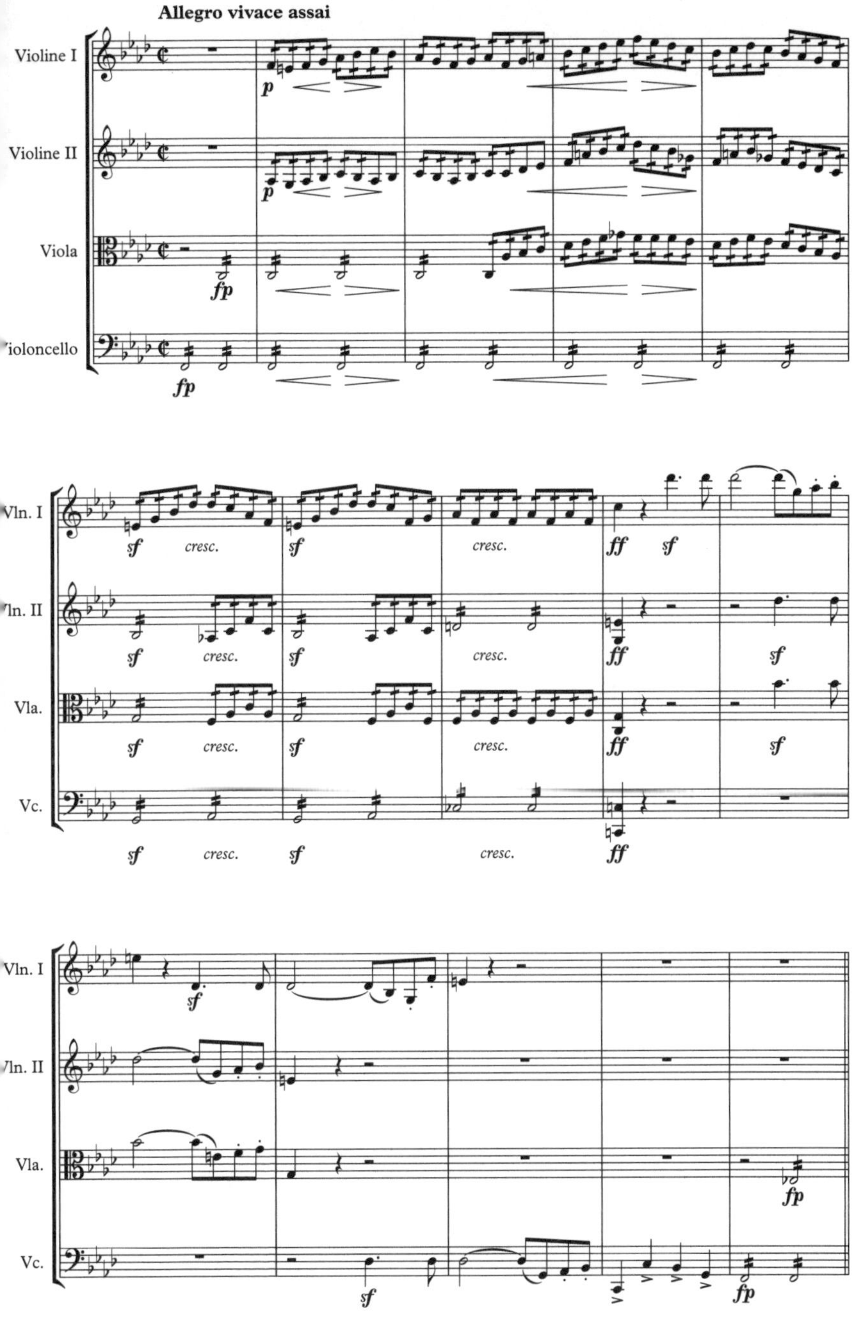

**Allegro vivace assai**

Violine I
Violine II
Viola
Violoncello

*p*
*p*
*fp*
*fp*

Vln. I
Vln. II
Vla.
Vc.

*sf* *cresc.* *sf* *cresc.* *ff* *sf*
*sf* *cresc.* *sf* *cresc.* *ff* *sf*
*sf* *cresc.* *sf* *cresc.* *ff* *sf*
*sf* *cresc.* *sf* *cresc.* *ff*

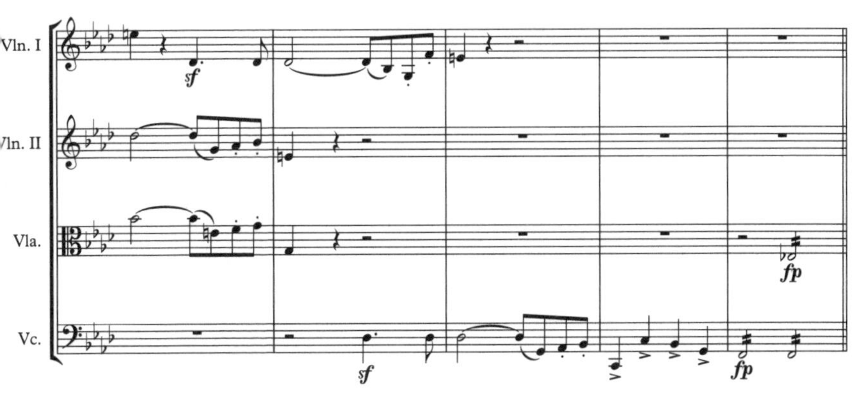


Felix Mendelssohn-Bartholdy: Streichquartett Nr. 6 Op. 80, 1. Satz →SEITE 96

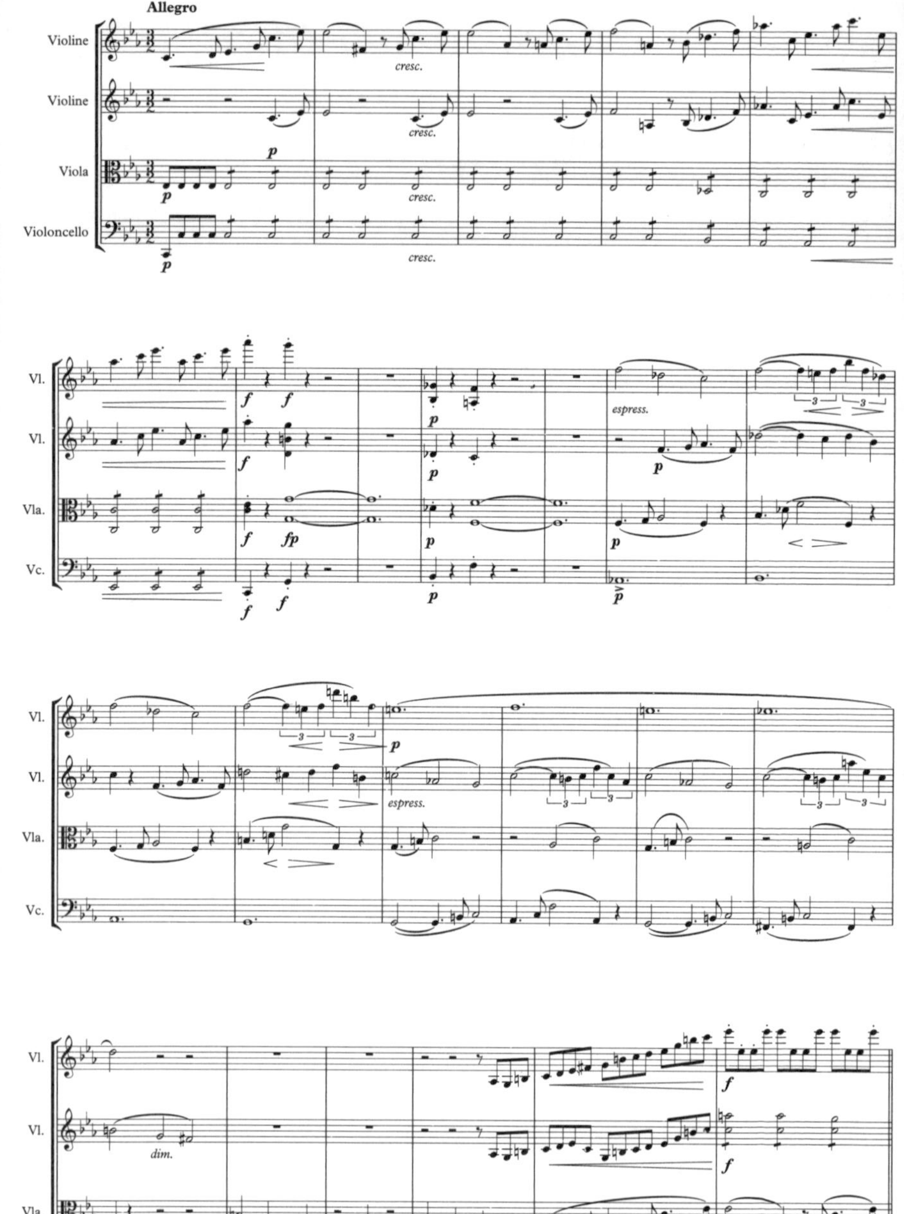


Johannes Brahms: Streichquartett Nr. 1 Op. 51, 1. Satz → SEITE 96

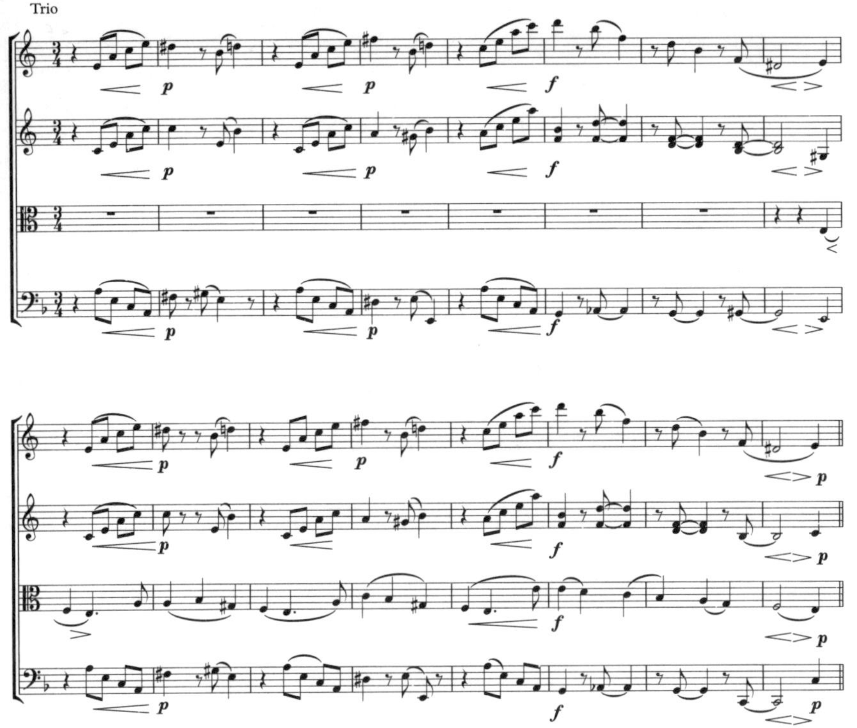


Johannes Brahms: Streichquartett Nr. 3 Op. 67, 3. Satz: Trio →SEITE 97

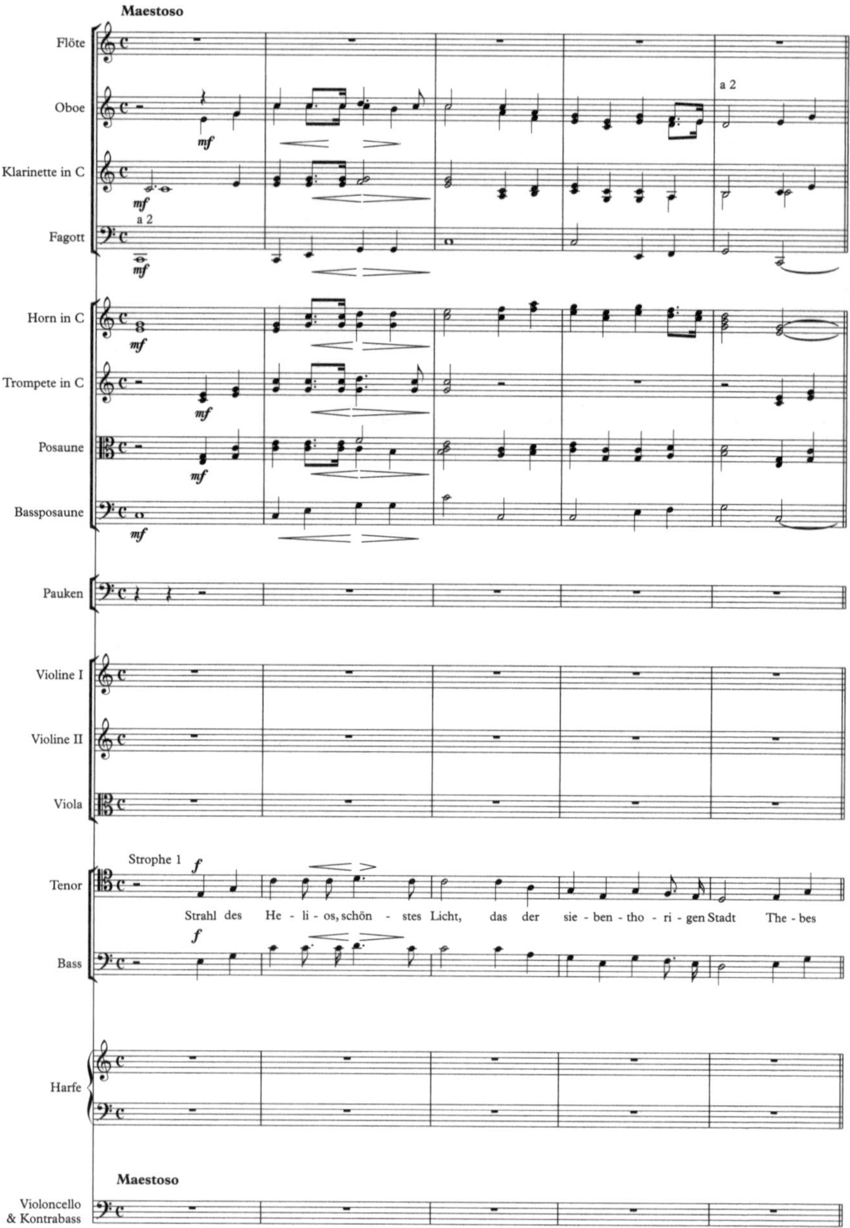


Felix Mendelssohn-Bartholdy: Schauspielmusik zu *Antigone* Op. 65 (Beginn) →SEITE 103

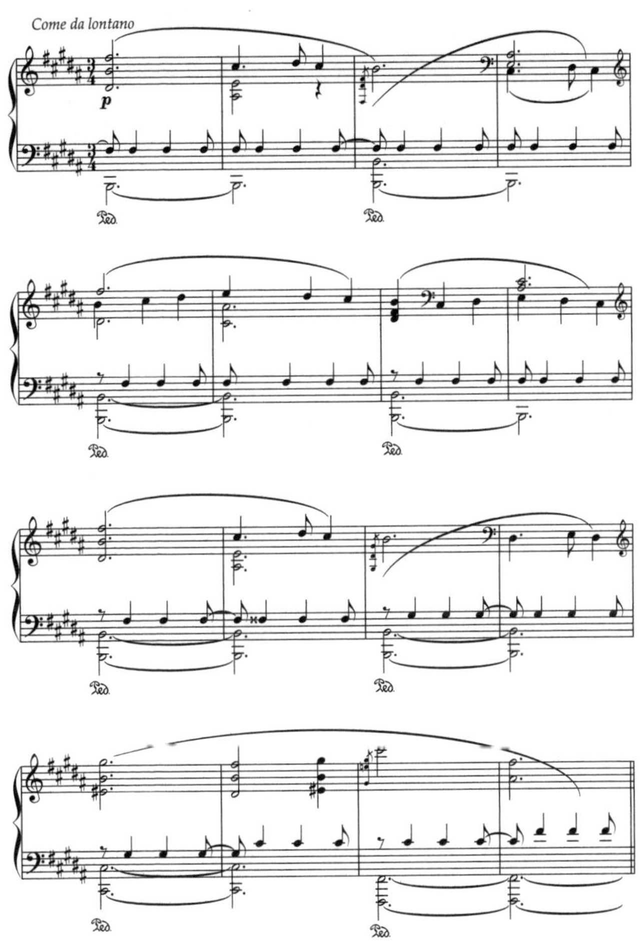


Robert Schumann: *Davidsbündlertänze* Op. 6 Heft II Nr. 8 »Wie aus der Ferne« →SEITE 116

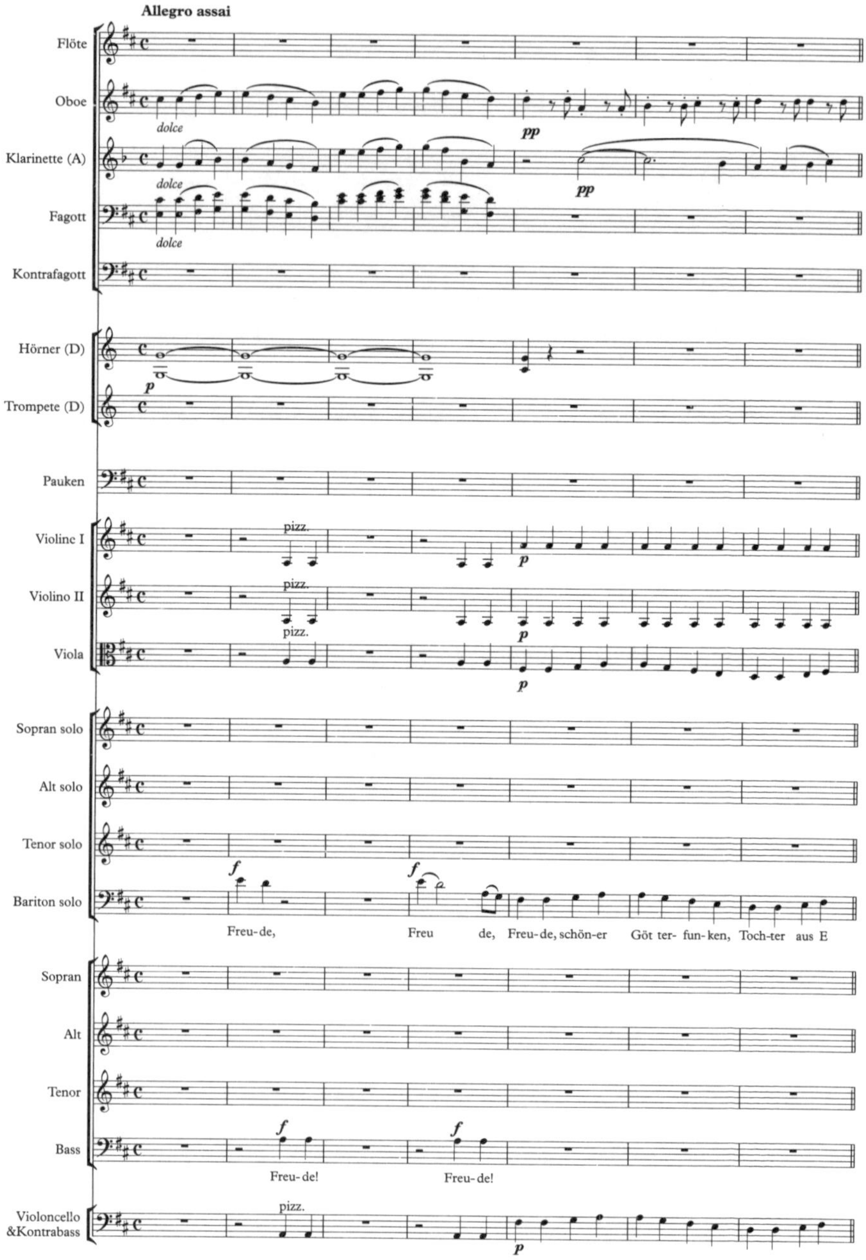


Ludwig van Beethoven: Symphonie Nr. 9 Op. 125, 4. Satz →SEITE 141

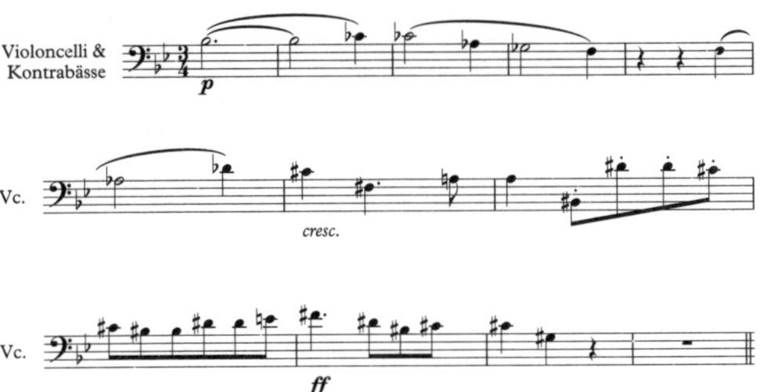


Ludwig van Beethoven: Symphonie Nr. 9 Op. 125, 4. Satz → SEITE 164

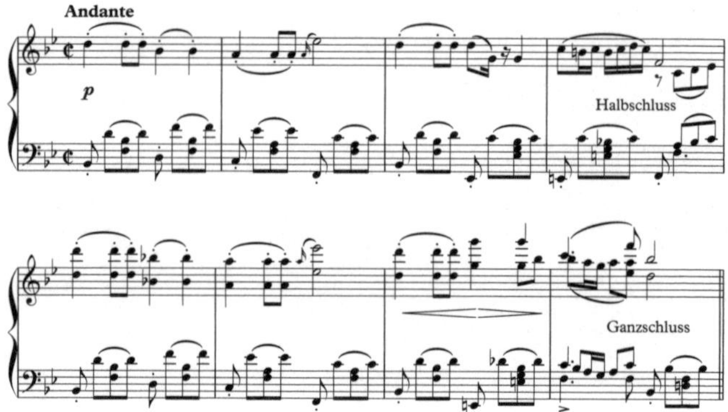


Franz Schubert: Impromptu B-Dur D. 935 Op. post. 142 Nr. 3 →SEITE 174

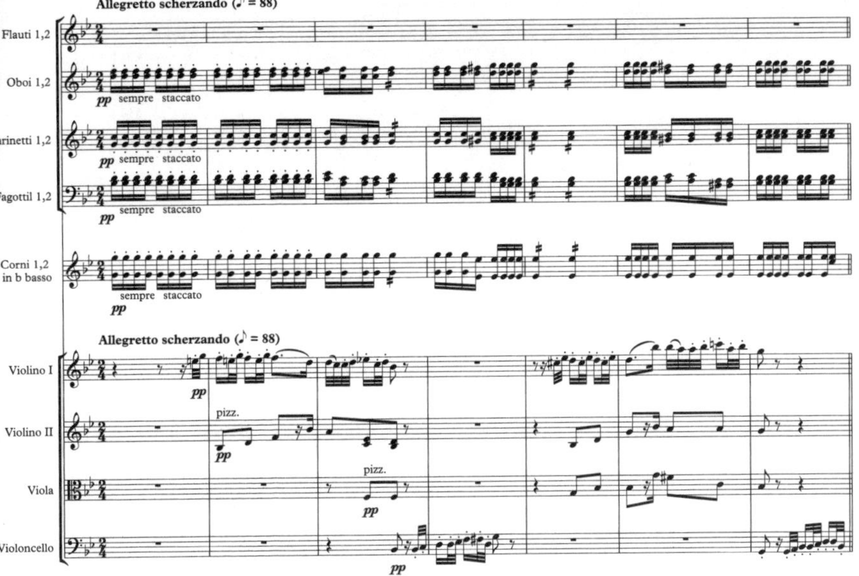


Ludwig van Beethoven: Symphonie Nr. 8 Op. 93, 2. Satz → SEITE 179

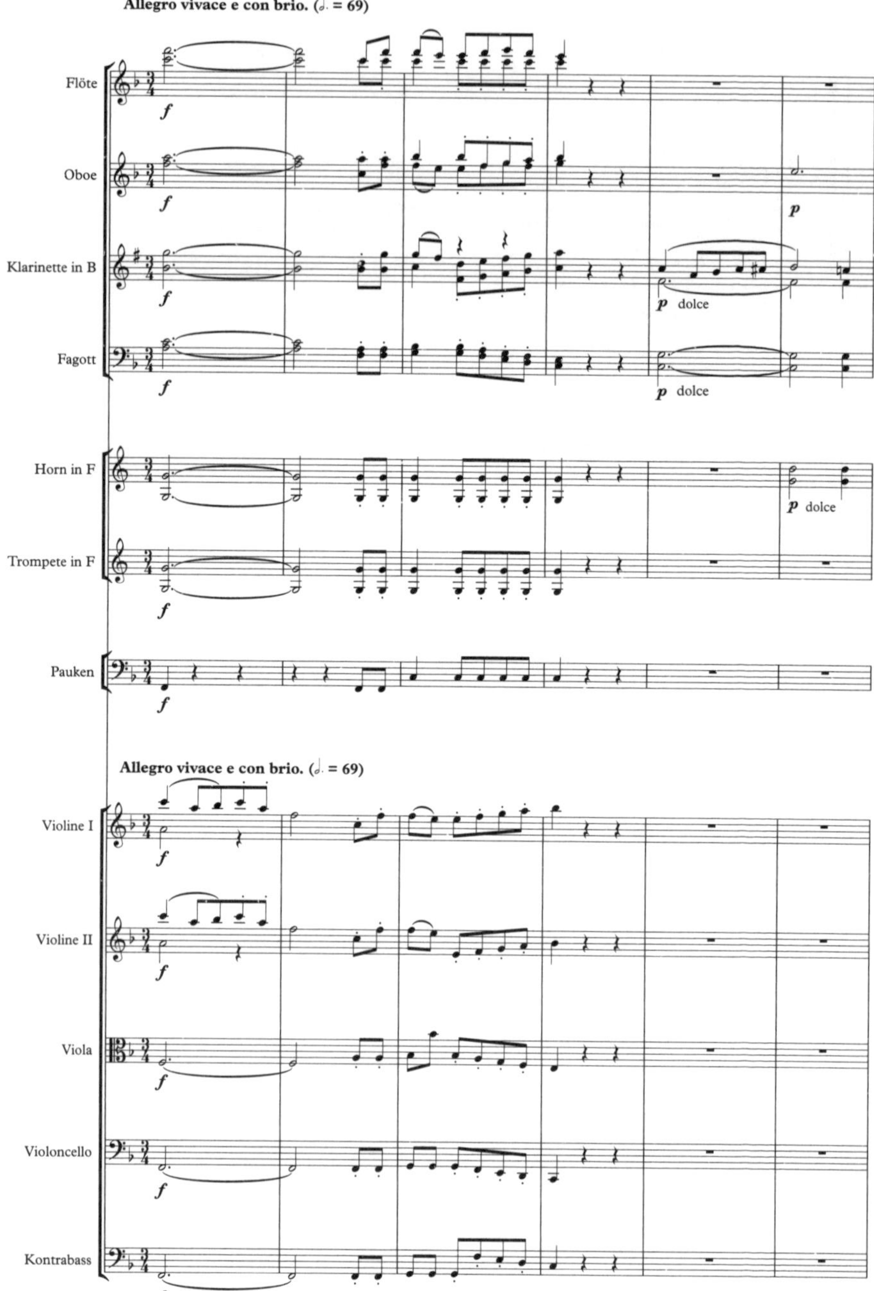


Ludwig van Beethoven: Symphonie Nr. 8 Op. 93, 1. Satz → SEITE 179

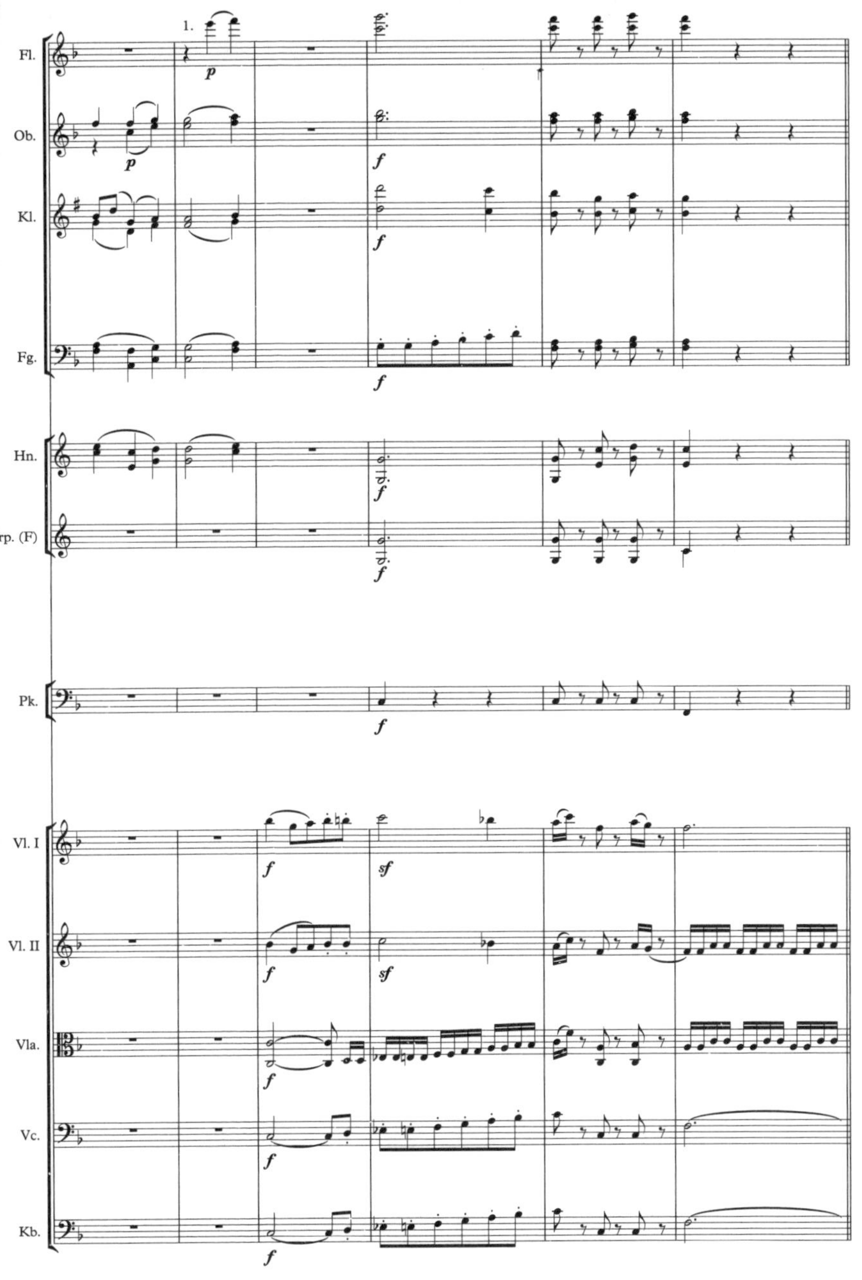


Ludwig van Beethoven: Symphonie Nr. 8 Op. 93, 1. Satz → SEITE 179

WALTER ZIMMERMANN
MUSIK FÜR WITTGENSTEIN #1
- 1981 -

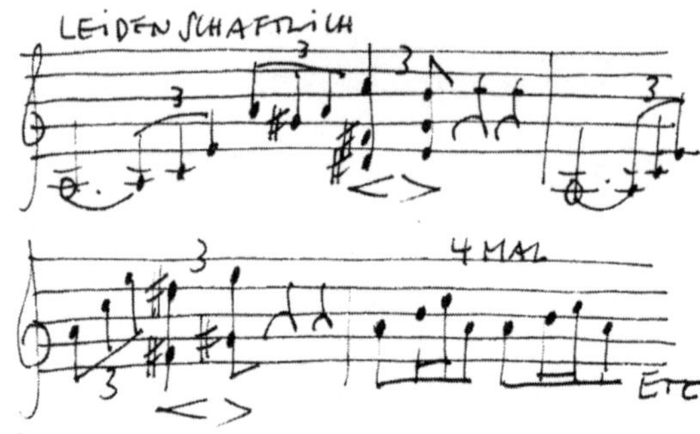


DAS WÄRE DAS ENDE EINES THEMAS, DAS ICH NICHT WEISS. ES FIEL MIR HEUTE EIN ALS ICH ÜBER MEINE ARBEIT IN DER PHILOSOPHIE NACHDACHTE & MIR SAGTE: "I DESTROY I DESTROY, I DESTROY —" L. WITTGENSTEIN (1931)

Improvisation über dieses Thema dergestalt, dass das "I DESTROY" in Aufhebung des Tastenspiels geschieht, Luftgestik über den Tasten, ähnlich den gestischen Stücken von GIUSEPPE CHIARI: "GESTI SUL PIANO" [1980 kleine DESTROYGRESSIVITÄT!]

Walter Zimmermann: Musik für Wittgenstein #1 → SEITE 189

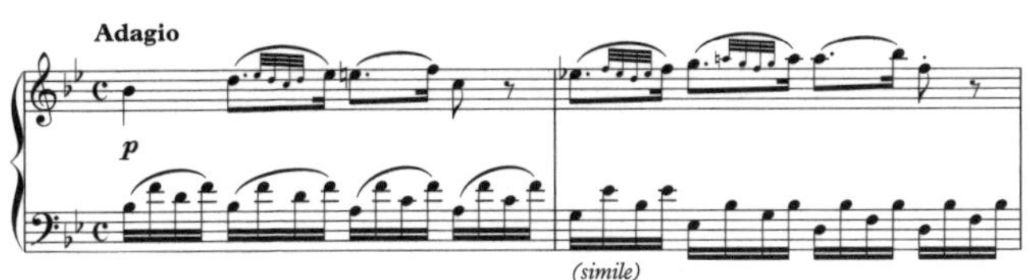


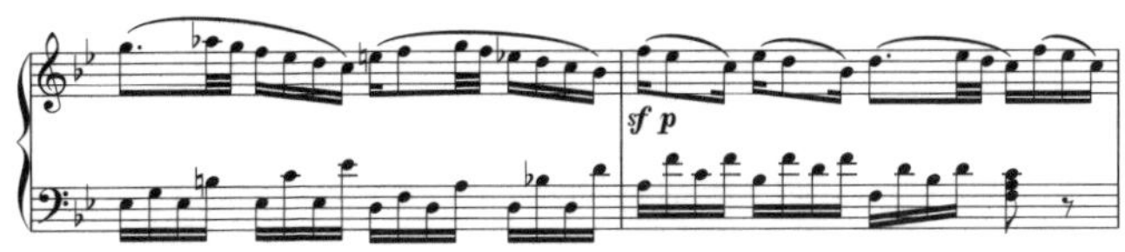


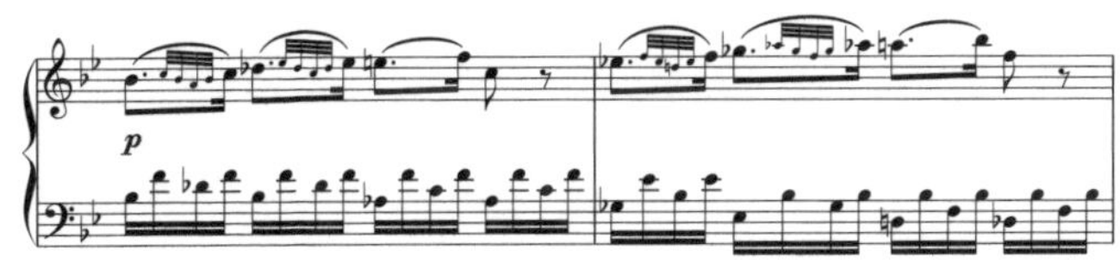


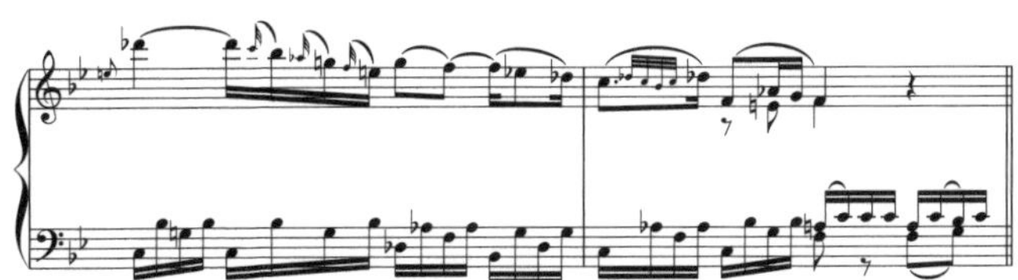

Wolfgang Amadeus Mozart: Klaviersonate F-Dur KV 332, 2. Satz →SEITE 214

# Bibliothek Suhrkamp
Verzeichnis der letzten Nummern

1430 Helmut Heißenbüttel, Über Benjamin
1431 Henri Thomas, Das Vorgebirge
1432 Arno Schmidt, Traumflausn
1433 Walter Benjamin, Träume
1434 M. Blecher, Beleuchtete Höhle
1435 Edmundo Desnoes, Erinnerungen an die Unterentwicklung
1436 Nazim Hikmet, Die Romantiker
1437 Pierre Michon, Rimbaud der Sohn
1438 Franz Tumler, Der Mantel
1439 Munyol Yi, Der Dichter
1440 Ralf Rothmann, Milch und Kohle
1441 Djuna Barnes, Nachtgewächs
1442 Isaiah Berlin, Der Igel und der Fuchs
1443 Frisch, Skizze eines Unglücks/Johnson, Skizze eines Verunglückten
1444 Alfred Kubin, Die andere Seite
1445 Heiner Müller, Traumtexte
1446 Jannis Ritsos, Monovassiá
1447 Volker Braun, Der Stoff zum Leben 1–4
1448 Roland Barthes, Die helle Kammer
1449 Siegfried Kracauer, Straßen in Berlin und anderswo
1450 Hermann Lenz, Neue Zeit
1451 Siegfried Unseld, Reiseberichte
1452 Samuel Beckett, Disjecta
1453 Thomas Bernhard, An der Baumgrenze
1454 Hans Blumenberg, Löwen
1455 Gershom Scholem, Die Geheimnisse der Schöpfung
1456 Georges Hyvernaud, Haut und Knochen
1457 Gabriel Josipovici, Moo Pak
1458 Ernst Meister, Gedichte
1459 Meret Oppenheim, Träume Aufzeichnungen
1460 Alexander Kluge/Gerhard Richter, Dezember
1461 Paul Celan, Gedichte
1462 Felix Hartlaub, Kriegsaufzeichnungen aus Paris
1463 Pierre Michon, Die Grande Beune
1464 Marie NDiaye, Mein Herz in der Enge
1465 Nadeschda Mandelstam, Anna Achmatowa
1467 Robert Walser, Mikrogramme
1468 James Joyce, Geschichten von Shem und Shaun
1469 Hans Blumenberg, Quellen, Ströme, Eisberge
1470 Florjan Lipuš, Boštjans Flug
1471 Shahrnush Parsipur, Frauen ohne Männer
1472 John Cage, Empty Mind
1473 Felix Hartlaub, Italienische Reise
1474 Pierre Michon, Die Elf
1475 Pierre Michon, Leben der kleinen Toten
1476 Kito Lorenc, Gedichte
1477 Alexander Kluge/Gerhard Richter, Nachricht von ruhigen Momenten

1478 E. M. Cioran, Leidenschaftlicher Leitfaden II
1479 Christa Wolf, Kein Ort. Nirgends
1480 Renata Adler, Rennboot
1481 Julio Cortázar/Carol Dunlop, Die Autonauten auf der Kosmobahn
1482 Lidia Ginsburg, Aufzeichnungen eines Blockademenschen
1483 Ludwig Hohl, Die Notizen
1484 Ludwig Hohl, Bergfahrt
1485 Ludwig Hohl, Nuancen und Details
1486 Ludwig Hohl, Vom Erreichbaren und vom Unerreichbaren
1487 Ludwig Hohl, Nächtlicher Weg
1488 Fritz Sternberg, Der Dichter und die Ratio
1489 Felix Hartlaub, Aus Hitlers Berlin
1490 Renata Adler, Pechrabenschwarz
1491 Pierre Michon, Körper des Königs
1492 Joseph Beuys, Mysterien für alle
1493 T. S. Eliot, Vier Quartette/Four Quartets
1494 Walker Percy, Der Kinogeher
1495 Raymond Queneau, Stilübungen
1496 Charlotte Beradt, Das Dritte Reich des Traums
1497 Nescio, Werke
1498 Andrej Bitow, Georgisches Album
1499 Gerald Murnane, Die Ebenen
1500 Thomas Kling, Sondagen
1501 Georg Baselitz/Alexander Kluge, Weltverändernder Zorn
1502 Annie Ernaux, Die Jahre
1503 Roberto Calasso, Die Literatur und die Götter
1504 Friederike Mayröcker, Pathos und Schwalbe
1505 Cees Nooteboom, Mönchsauge
1507 Gerald Murnane, Grenzbezirke
1508 Miron Białoszewski, Erinnerungen aus dem Warschauer Aufstand
1509 Annie Ernaux, Der Platz
1510 Sophie Calle, Das Adressbuch
1511 Szilárd Borbély, Berlin-Hamlet, Gedichte
1512 Annie Ernaux, Eine Frau
1513 Fabjan Hafner, Erste und letzte Gedichte
1514 Gerald Murnane, Landschaft mit Landschaft
1515 Friederike Mayröcker, da ich morgens und moosgrün. Ans Fenster trete
1516 Marie-Claire Blais, Drei Nächte, drei Tage
1517 Annie Ernaux, Die Scham
1518 Rosmarie Waldrop, Pippins Tochters Taschentuch
1519 Sophie Calle, Wahre Geschichten
1520 Elke Erb, Das ist hier der Fall
1521 Carl Seelig, Wanderungen mit Robert Walser
1522 Cees Nooteboom, Abschied
1523 Wolf Biermann, Mensch Gott!
1524 Peter Handke, Mein Tag im anderen Land
1525 Annie Ernaux, Das Ereignis
1526 Andrej Bitow, Leben bei windigem Wetter
1527 Mary Ruefle, Mein Privatbesitz
1528 Nicolas Mahler; Arno Schmidt, Schwarze Spiegel
1529 Guido Morselli, Dissipatio humani generis